交通调查与数据分析

邵长桥　编著

人民交通出版社股份有限公司

北　京

内 容 提 要

本书主要有两部分内容:交通调查与调查数据分析。在交通调查部分,主要介绍交通调查内容、交通调查方法、交通调查方案设计、抽样调查方法和调查问卷设计。交通调查数据分析内容部分则围绕交通调查数据处理技术、交通调查数据汇总技术和分析技术(线性回归模型、广义线性回归模型和 Logistic 回归分析)展开。

本书共分 12 章,具体章节名称为:引论、交通调查方案设计、交通调查方法、抽样调查、调查问卷设计、调查数据预处理、调查数据的汇总、调查分析中的统计检验、相关分析方法、线性回归分析方法、广义线性回归模型、Logistic 回归分析。

本书可作为交通工程、交通规划、交通运输和交通管理专业本科生、研究生的教学用书,也可作为交通运输工程领域的教学、科研、管理人员的参考用书。

图书在版编目(CIP)数据

交通调查与数据分析/邵长桥编著. —北京:人民交通出版社股份有限公司, 2016.8

ISBN 978-7-114-13034-2

Ⅰ.①交… Ⅱ.①邵… Ⅲ.①交通调查②交通分析—数据处理 Ⅳ.①U491.1

中国版本图书馆 CIP 数据核字(2016)第 111357 号

Jiaotong Diaocha yu Shuju Fenxi

书　　名:交通调查与数据分析
著 作 者:邵长桥
责任编辑:任雪莲　钱　堃
出版发行:人民交通出版社股份有限公司
地　　址:(100011)北京市朝阳区安定门外外馆斜街 3 号
网　　址:http://www.ccpcl.com.cn
销售电话:(010)59757969
总 经 销:人民交通出版社股份有限公司发行部
经　　销:各地新华书店
印　　刷:北京虎彩文化传播有限公司
开　　本:787×1092　1/16
印　　张:11.5
字　　数:288 千
版　　次:2016 年 8 月　第 1 版
印　　次:2023 年 8 月　第 3 次印刷
书　　号:ISBN 978-7-114-13034-2
定　　价:46.00 元
(有印刷、装订质量问题的图书由本公司负责调换)

前　言

交通调查和数据分析是交通研究的重要环节之一，其在交通研究中的重要作用日益受到重视。例如，住房和城乡建设部为了规范和指导城市交通规划，发布了《城市综合交通体系规划交通调查导则》（建城[2010]80号），内容涵盖了居民出行、城市道路交通、出入境交通、公共交通、商用车辆、停车、流动人口出行等调查内容和调查方法。

然而，交通是个大系统，需要研究的交通问题多种多样，应用的调查方法和分析方法也千差万别，随着数据采集和分析技术的发展，新的调查和分析方法也被逐渐应用到交通研究中。因此，笔者深切地感受到，需要结合交通研究和交通调查发展的特点，编写一本能够系统地介绍交通调查和数据分析方法的参考书。

本书内容可以分为两部分：交通调查与调查数据分析方法。在交通调查部分，主要介绍交通调查内容、交通调查方法、交通调查方案设计、抽样调查方法和调查问卷设计。交通调查数据分析方法部分则围绕交通调查数据处理技术、交通调查数据汇总技术和分析技术（线性回归模型、广义线性回归模型和Logistic回归分析）展开。

本书的特点是突破了已有交通调查类书籍过多专注于具体“专项交通调查”内容的现状，更多强调了对交通调查系统知识的介绍。为了适应现代交通调查的需要，专门介绍了问卷调查设计方法和抽样调查方法等内容，并结合交通调查数据特点，突出了以“交通调查数据类型”为导向的数据处理方法。

本书可以作为交通工程专业本科及研究生教材，也可以作为汽车运输专业、土木工程专业的教学参考书，同时可供城市交通规划、交通运输、公共交通和交通管理部门的技术人员参考。

本书在编写过程中，参阅了大量的文献并引用了部分数据，笔者向这些文献的作者致以深深的敬意和感谢。

由于作者水平有限，书中难免存在不足之处，恳请读者批评指正。

作　者

2016年6月

前言

目　　录

第 1 章　引论……………………………………………………………………………… 1
§1.1　交通调查定义 ……………………………………………………………… 1
§1.2　交通调查内容 ……………………………………………………………… 2
§1.3　交通调查分类 ……………………………………………………………… 3
§1.4　交通调查步骤 ……………………………………………………………… 4
思考题……………………………………………………………………………… 6
第 2 章　交通调查方案设计……………………………………………………………… 7
§2.1　交通调查方案设计概念 …………………………………………………… 7
§2.2　交通调查方案主要内容 …………………………………………………… 8
§2.3　交通调查方案设计步骤 …………………………………………………… 9
§2.4　交通调查方案评价………………………………………………………… 12
思考题 …………………………………………………………………………… 14
第 3 章　交通调查方法 ………………………………………………………………… 15
§3.1　定性调查方法……………………………………………………………… 15
§3.2　定量调查方法……………………………………………………………… 19
§3.3　抽样调查方法……………………………………………………………… 25
§3.4　调查方法的选择…………………………………………………………… 29
思考题 …………………………………………………………………………… 30
第 4 章　抽样调查 ……………………………………………………………………… 31
§4.1　引言………………………………………………………………………… 31
§4.2　抽样误差与精度…………………………………………………………… 33
§4.3　简单随机抽样……………………………………………………………… 35
§4.4　分层抽样…………………………………………………………………… 39
§4.5　抽样步骤…………………………………………………………………… 47
思考题 …………………………………………………………………………… 48
第 5 章　调查问卷设计 ………………………………………………………………… 49
§5.1　调查问卷基本知识………………………………………………………… 49
§5.2　问卷设计程序……………………………………………………………… 51
§5.3　调查问卷设计技巧………………………………………………………… 54
§5.4　设计调查问卷应注意的问题……………………………………………… 57
§5.5　调查问题评价和筛选……………………………………………………… 60
思考题 …………………………………………………………………………… 61

第 6 章　调查数据预处理 …… 62
§6.1　数据检查和校正 …… 62
§6.2　缺失数据处理 …… 63
§6.3　异常数据处理 …… 65
§6.4　数据变换 …… 69
思考题 …… 70
第 7 章　调查数据的汇总 …… 71
§7.1　交通调查中的数据类型 …… 71
§7.2　常用统计量 …… 73
§7.3　常用统计表 …… 77
§7.4　常用统计图 …… 80
思考题 …… 85
第 8 章　调查分析中的统计检验 …… 86
§8.1　基本概念 …… 86
§8.2　总体均值检验 …… 88
§8.3　总体方差比较 …… 94
§8.4　分布的拟合优度检验 …… 95
§8.5　变量独立性检验 …… 102
思考题 …… 104
第 9 章　相关分析方法 …… 105
§9.1　引言 …… 105
§9.2　定比变量相关分析 …… 106
§9.3　定类变量相关分析 …… 109
§9.4　定序变量相关分析 …… 112
§9.5　其他相关性分析 …… 114
思考题 …… 115
第 10 章　线性回归分析方法 …… 116
§10.1　一元线性回归方法 …… 116
§10.2　多元线性回归模型 …… 122
§10.3　建模过程中注意的几个问题 …… 132
思考题 …… 138
第 11 章　广义线性回归模型 …… 139
§11.1　引言 …… 139
§11.2　广义线性回归模型 …… 139
§11.3　广义线性模型参数估计和检验 …… 141
§11.4　广义线性模型选择 …… 143
§11.5　案例分析 …… 144
思考题 …… 145

第 12 章　Logistic 回归分析 ………………………………………………… 146
§12.1　Logistic 线性回归模型 ………………………………………………… 146
§12.2　Logistic 回归模型参数估计 ………………………………………… 147
§12.3　模型检验……………………………………………………………… 150
§12.4　Logistic 回归模型效果评价 ………………………………………… 154
§12.5　Logistic 回归模型解释 ……………………………………………… 155
§12.6　多项 Logistic 回归模型 ……………………………………………… 155
思考题……………………………………………………………………………… 157
附录……………………………………………………………………………… 158
附表 1　标准正态分布函数表 ……………………………………………………… 158
附表 2　t 分布临界值(t_α)表 ……………………………………………… 160
附表 3　χ^2 分布分位数表……………………………………………………… 162
附表 4　F 分布的分位数表 ……………………………………………………… 164
附表 5　柯尔莫哥洛夫检验的临界值表 …………………………………………… 166
附表 6　计算 W 的系数 $\{a_{n+1-i}\}$（正态性检验） …………………………… 168
附表 7　W 统计量分位数(正态性检验)…………………………………………… 171
附表 8　t 化分布极差统计量 $q_\alpha(r,f)$ 的分位数表 ………………………… 173
参考文献………………………………………………………………………… 175

第1章　引　　论

随着社会经济的发展,交通拥堵问题越来越严重,交通问题日益突出。为了科学合理地解决交通问题,交通调查已经成为必不可少的一项工作。如何展开调查、如何进行数据分析都是交通工程科研人员需要关注并研究的问题。

本章将主要介绍交通调查的含义以及交通调查步骤等内容。

§1.1　交通调查定义

1.1.1　交通调查的定义

对交通调查的理解有狭义和广义之分。广义的交通调查包括一切与交通调查有关的活动,如交通调查方案的制订、交通问卷设计、交通调查组织与实施、交通调查资料的整理与分析以及交通调查报告的撰写等内容。狭义的交通调查可以理解为交通资料收集的过程。本书指的是广义的交通调查。

交通调查是获取所研究交通问题信息的过程。调查结果最终是否可靠,与调查人员对所研究问题的理解、调查方法的科学性、相关人员的态度以及分析方法的选择等密切相关,任何一个环节出现问题,都会对所研究问题产生影响。因此,交通调查不仅是单纯的资料搜集,而是包括了交通调查设计、调查实施(资料搜集)、资料分析(研究)、撰写调查报告等内容的完整过程。

交通调查可以定义为:以科学的方法、客观的态度,明确所研究的交通问题需要调查的信息,并对调查资料进行有效收集和分析,从而获取相关信息的过程。

上述定义说明了交通调查应按照科学的方法进行;交通调查是一系列的活动,不仅仅是收集资料,还应包括分析资料等;交通调查结果应是获取交通信息。

1.1.2　交通调查目的与意义

交通调查的目的就是为交通规划以及交通政策的制定提供基础性数据和资料。其在实际工作中的意义主要体现在以下两个方面:

(1)交通调查是交通研究、规划设计的基础。通过交通调查,研究人员、规划设计人员可以了解交通问题、认识交通问题,并对交通系统中存在问题、问题产生原因进行分析,预测交通发展趋势,制订相应措施。

(2)交通调查是交通决策的基础。决策者通过对交通调查资料和信息的分析,可以制订相关措施或政策,并通过调查资料来对决策进行可行性分析和评价,减少决策风险。

因此,交通调查对交通研究、交通规划设计、交通管理决策至关重要。在实际工作中,应重视交通调查的组织和实施,提高调查质量,并重视调查成果(数据库调查、分析报告)的应用,充分发挥其在交通研究、交通规划设计、交通改善和政府决策中的基础性作用。

§1.2 交通调查内容

1.2.1 交通调查的内容

交通系统是复杂的系统,由人、车、路、环境等构成。不同的交通问题正是系统作用的结果,其影响因素呈现出差异性和多样性。不同的问题对应着不同的研究内容,交通调查的内容也因研究问题不同而存在差异。例如,《城市综合交通体系规划交通调查导则》(建城[2010]80号)列出了8类调查类型,每类调查对应不同的调查对象和调查内容,如表1-1所示。

交通调查类型与调查内容 表1-1

序号	调查类型	调查对象	调查内容
1	居民出行调查	住户	住户特征、个人特征、车辆特征和出行特征
2	城市道路交通调查	城市路段上的车辆、人	道路横断面形式和车道数量
3	出入境交通调查	城市出入境道路上的车辆、人	出入境交通量、出发地、目的地、出行目的、额定座位数(客车)、载客人数(客车)、额定载货吨数(货车)、载货种类(货车)、主要行驶道路等
4	公交调查	城市公共交通系统使用者	客流调查、车辆运行调查、乘客出行调查
5	商用车辆调查	商用车辆(出租车、货车等)	出租车注册公司、夜间停放地点、营运里程、载客次数、乘客上下车地点与时间
6	交通生成源调查	选定交通枢纽、大型公建等的就业者、访客	生成源的车辆、人数和货运量;进出车辆和人员的出行特征
7	停车调查	选定停车场的车辆	服务对象、使用频次、便利性、(使用者)出行目的、步行距离、付费方式、到达/离开时间
8	流动人口出行调查	住在旅馆中的客人、其他流动人口集中地	人口基本信息,出发地、出行时间、交通方式、出行目的、到达地等

综合表1-1以及交通工程学领域内的交通调查内容,可以从宏观和微观两个层面来分析交通调查内容。

1)宏观层面调查内容

(1)交通系统特性。包括交通技术、交通设施、车辆、服务特性、政策等。

(2)交通需求特性。包括研究范围内人口、各种主要社会经济指标、交通需求现状以及未来的发展趋势。

(3)交通流特性。包括研究范围内交通发生量、交通吸引量、交通流量等现状数据及相应的交通服务状况(旅行时间、速度、交通密度、拥挤度、出行成本、安全性等)。

(4)社会、环境(影响)特性。主要包括社会发展(经济、技术)、资源(能源)以及环境(噪声、污染等)等。

2)微观层面调查内容

(1)人的交通特性。主要包括个人的基本信息(性别、年龄、收入水平、受教育程度、健康状况)、人的行为特征(出行方式、出行目的、出行时间、出行次数、出行起讫点)等。

(2)车的交通特性。主要是单个车辆的属性(注册公司、类型、载客人数、载货量)、车辆出行特性(出发时间、到达时间、出行次数、出行起讫点)、营运特征(行驶里程、费用、付费方式、行驶路线、停驻时间)等。

(3)交通设施特性。主要包括道路名称、道路等级、断面形式(中央分隔)、车道数、车道宽度、路侧净空、坡度、曲率、路面状况(干燥情况、平整度)、道路是否封闭等。

(4)其他因素。

1.2.2 实地调查内容和文案调查内容

从交通研究的角度对比数据调查渠道和数据获取方式可以发现,有些调查内容需要通过现场调查直接得到,有些则可以通过间接方式调查获取,例如查阅统计资料、文献以及研究报告等。

(1)实地调查内容。主要是指根据已有的资料无法获取所需要信息,而需要通过调查得到相关内容。例如,交通规划中的居民出行调查。

(2)文案调查内容。主要是指可以利用各种文献、统计资料、发展规划资料获取所需要信息的调查方法。例如,交通规划中的社会经济发展资料、人口、车辆保有量等可通过这种调查方式获取。

在实际研究中,对实地调查和文案调查内容进行区分有助于调查方案的设计和具体实施。

由于现场调查往往花费成本高,并且调查需求会随时间发生变化,因此在交通调查过程中应依情况选择合适的调查方案。

§1.3 交通调查分类

在交通研究领域内,交通问题涉及内容很多,调查分类也相对复杂。一般而言,交通调查可以按调查范围、调查对象、调查方法和调查资源来源进行分类。

1.3.1 按调查范围分类

按调查范围,交通调查可分为以下几种:

(1)全国范围或全省(市、地区)等大范围的交通调查

该类调查主要是为了把握大范围区域内交通需求和交通运行状况,为交通规划和宏观管理政策的制定提供依据。例如,国家干线公路(国道)交通量和车速调查、城市客流与货运调查、居民出行调查等。

(2)以服务建设项目(包括新建道路和改、扩建道路以及城市建设项目)为目的的交通调查

这类调查主要围绕建设项目影响范围内的交通进行调查。例如,对新建道路需要调查道路沿线范围内交通组成、交通量变化以及交通起讫点等信息。

对城市建设项目进行的交通影响调查也在该类调查之中。

(3)以制订局部交通改善措施为目的的交通调查

该类调查主要是为了了解或解决局部不良路段和交叉口交通运行状况(包括安全状况)进行的交通调查,内容包括交通量调查、车速调查、道路设施调查等。

此外,交通调查还可划分为城市交通调查和公路交通调查。

城市交通调查,这里泛指在城市范围内开展的交通调查,主要包括与交通有关的居民出行特征、机动车(客车、货车)属性和出行特征、交通设施、交通环境、停车状况、安全设施和管理等影响因素的调查。

公路交通调查则指在城市范围以外开展的交通调查,主要包括与交通有关的机动车(客车、货车)、交通设施、交通环境、安全设施和管理等方面的调查。

1.3.2 按调查对象分类

按调查对象交通调查可分为作为交通主体的人或群体的调查(包括行为特性)、交通工具调查和交通设施调查。

作为交通主体的人或群体的调查主要包括对交通参与者和各种交通工具使用者为对象的调查。例如,居民出行调查、行人交通调查、公共交通客流调查、轨道交通客流调查等。

交通工具调查则主要是指各种交通工具特征调查以及运行特性的调查。例如,交通量调查(机动车)、货运交通调查、车速调查、延误调查(机动车)等。

交通设施既包括道路基础设施又包括交通安全设施。交通设施调查主要是针对各种设施建设、使用、完善情况以及使用性能展开的调查。

1.3.3 按调查方法分类

按调查方法,交通调查主要分为两类:定性调查和定量调查。定性调查方法包括德尔菲法、小组座谈法等。定量调查方法又可分为人工调查法和机械自动调查法。人工调查法包括观测法、人工计数法、邮寄调查、面访调查(包括街头拦截和入户调查)等。机械自动调查法则主要是指借助观测设备(超声波、感应线圈、GPS、视频等)展开的交通调查。

在交通调查活动中,有时需要采取多种调查方法。例如,交通量调查可以采用机械调查(视频处理技术),对于不便于采用机械调查的道路,则可采用人工计数方法。

1.3.4 按调查资料来源分类

按调查资料来源分类,交通调查可分为实地调查和文案调查。实地调查是由调查人员对访问对象或观测对象进行直接调查,如居民出行调查、交通量观测调查、停车调查等都属于实地调查。文案调查就是通过收集已有的文献、统计资料、调查报告等材料,对资料进行整理和分析的一种调查方法,如交通规划调查中对当地经济、社会发展资料的收集,就可以看作是文案调查。

实地调查一般需要详细的调查方案作为指导,而文案调查一般做到列出调查清单即可。

§1.4 交通调查步骤

交通调查一般可分为调查规划、制订调查方案和实施计划、调查组织和实施、数据处理与分析和调查报告撰写五个阶段,每个阶段对应着不同的工作任务。

1.4.1 调查规划

交通调查的第一步就是要明确调查目的、待研究问题及影响因素,这是关键性的一步。如

果调查目的和研究问题不清楚,会直接影响后续的调查工作。调查规划一般可从以下几个方面进行考虑:

(1)研究问题的背景。为什么该交通问题引起了关注;政府以及民众对该问题的态度是什么;该交通问题以往是什么情况;相关问题(如经济、交通需求)发展趋势如何以及可能产生什么样的后果等。通过对背景问题的理解,可以发现交通问题以及要研究的内容。

例如,某城市交通问题越来越突出,其中乱停车现象特别严重,已经引起了广大市民和政府的关注,则针对该市停车问题研究而展开的停车调查,不仅需要了解该市机动车保有量情况、小区停车位供应情况、公共停车场车位供应情况,还要了解该市人口(经济)、停车需求发展趋势等问题。通过上述问题的分析,才能明确最终要解决什么样的问题,需要什么样的信息支撑,需要调查的内容是什么。

(2)决策问题。任何一项交通调查都是为决策服务的。明确决策问题,特别是明确决策者需要获取的信息或希望回答的问题,是一个调查最终成功的关键。因此,可以通过与决策者进行多次沟通、交流、讨论,了解决策者或管理部门的意图及要求。

(3)研究问题及影响因素。交通调查最终要解决的问题是什么以及影响因素有哪些是交通调查要明确的。例如,同样是针对某城市停车问题,最终希望能达到规范该市停车秩序、减少小汽车乱停乱放问题的目标,则需要了解哪些因素导致了停车秩序混乱。除了向相关专家咨询外,也可以通过查阅相关文献获取信息。

1.4.2 制订调查方案和实施计划

1)调查方案设计

明确了调查研究的问题后,研究人员就可以设计调查方案了。不同的研究问题对应不同的调查方案。在设计调查方案时应具体分析。详细的调查方案设计参见第2章。

2)调查工作计划

除了调查方案,交通调查一般还包括调查工作计划的编号。调查工作计划主要包括以下内容:

(1)调查范围:主要包括调查的空间范围,例如北京市、广州市、上海市等。

(2)调查时间:包括具体的调查时间点(包括开始时间和结束时间)、时间段以及调查持续时间。例如,居民出行调查包括一个完整的工作日,调查时间段应为24h,即00:00~24:00或6:00~次日6:00。

(3)样本数量:主要包括计划调查的样本数量,例如调查问卷共计3 000份。

(4)调查内容:包括调查的各类指标或变量名称。

(5)调查具体要求:包括详细的调查对象和相关指标的统计方法,例如在交通量调查时,应说明调查时间间隔、调查车辆类型等。

(6)组织实施:主要包括调查人员的安排以及调查工作的协调管理等。

(7)数据处理:包括数据的处理方法、模型的选择等内容。

1.4.3 调查组织和实施

在进行交通调查前应对调查工作进行协调和组织。如果调查涉及政府相关单位,则应由政府部门进行协调。例如,综合交通调查应由政府牵头,相关部门(规划部门、公安交通管理部门、交通运输部门等)参加并落实具体工作。

此外,调查组织和实施还包括调查人员的挑选、调查人员的培训、调查人员的分工和对调查人员的监督检查等。

1.4.4 数据处理与分析

调查完成后,则需要对调查资料进行整理、编码、录入、数据清洗、图表制作以及统计分析。

1.4.5 调查报告撰写

交通调查的最后一步就是调查报告的撰写。调查报告是整个调查的重要组成部分,也是调查的最后成果。调查报告,不仅是整个调查的总结,更是对所研究问题本质认识的升华,其对交通决策具有指导作用。因此,调查报告的撰写非常重要。

思　考　题

1. 交通调查的任务是什么?
2. 交通调查的目的和作用是什么?
3. 交通调查步骤有哪些?

第2章 交通调查方案设计

交通调查内容较多,调查环节相对复杂,为了确保调查工作的顺利进行并保证调查的科学性,在进行交通调查前要制订调查方案。交通调查方案设计是交通调查工作的一个关键环节。

本章主要介绍了交通调查方案设计、方案评价等相关内容。

§2.1 交通调查方案设计概念

2.1.1 交通调查方案定义

交通调查方案就是交通调查实施前所制订的实施计划,是全部调查过程的指导性文件。

交通系统是由人、车、路、环境组成的一个复杂的、相互联系的大系统。无论调查内容和范围如何,交通调查往往涉及相互联系的多个要素。为了保证整个调查工作的计划性、系统性、组织性和调查工作的顺利推进,避免调查内容的疏漏和不足,在调查前,调查人员需要根据调查研究的目的和调查对象特点,对整个调查工作的各个方面、各个阶段进行整体考虑,制订交通调查方案。

交通调查方案设计就是制订交通调查方案的工作程序。因此,调查方案是方案设计的结果,方案设计是调查方案的策划过程。

2.1.2 交通调查方案的作用

交通调查是一项复杂的、技术性很强的工作。为了在调查过程中明确调查内容、调查方法,并协调调查步调,需要设计调查方案。交通调查方案在交通调查中起着以下重要作用。

(1)帮助调查人员加深对调查工作的理解,认识调查工作的重要性。调查方案的设计是交通调查工作的开始。通过设计调查方案,研究人员可以对所研究的问题加深理解,认识到每个调查环节对整个研究工作的重要性,从而加深理解调查工作对整个研究的作用。对调查人员来讲,调查方案既是指导性文件也是工作纲领,不仅起着指导作用,还起着对调查工作的规范作用。因此,调查方案能够强调调查工作的严肃性和重要性。

(2)对交通调查起到统筹兼顾、统一协调的作用。交通调查是个复杂的过程,不仅是资料的收集过程,还包括对研究目的的理解、调查问题的界定、资料的分析等。因此,交通调查方案需要同时考虑研究目的、收集资料内容、研究精度、调查样本量、调查费用、调查方法、数据分析、研究报告撰写等内容,这些环节是相互联系、相互制约的,任何一个环节出现问题,都会影响整个调查工作的顺利实施。

交通调查往往涉及多个部门、多个领域,甚至需要多个调查机构共同承担调查工作。有些调查环节属于专业技术类工作,有些则不是,这就需要各个部门协调配合。例如,城市居民停车调查需要获得相应主管部门的支持,同时需要相应部门协调居委会或社区对该调查进行配合。

因此，通过设计调查方案，分清调查主次，明确方法和流程，才能保证整个调查工作的顺利实施。

(3)调查方案是交通调查规范化和市场化发展的需要。如前所述，交通调查是一个完整的过程，包括方案设计、资料收集和资料分析等环节。因此，调查方案设计是交通调查的一个必要组成部分。此外，随着社会的发展，一些专业的调查机构逐渐参与到交通调查中来，并以招标的方式通过竞争获取调查项目。调查机构能否提供一份高质量的调查方案对其能否获得该项目起着重要的作用。

§2.2 交通调查方案主要内容

交通调查方案一般由调查目的、调查范围和调查对象、调查内容、调查方式(方法)、调查时间、样本量、调查组织实施等内容构成。

1)调查目的

调查方案中的调查目的是指通过交通调查取得交通研究需要的数据，或解决交通研究中的相关问题。在调查方案中，可以根据交通研究目标说明本次调查的具体目的，也可简要介绍调查背景与要解决的问题。例如，某市在编写旅游交通调查方案时，对调查目的阐述如下：

"××市旅游交通调查"旨在全面掌握全市旅游业发展现状和存在问题，并在调查基础上，综合分析旅游业发展趋势以及存在不足，为加强和提升全市旅游服务水平提供决策依据和信息，促进本地区旅游业持续、快速、健康发展。

2)调查范围和调查对象

调查方案中的调查范围是指与研究对应的空间，如北京市、天津市等。

交通调查对象一般是调查范围内的人(住户)、车辆。如居民出行调查对象为居民住户；出入境交通调查对象为出入境的机动车。有些交通调查对象则不局限于人和车辆，如交通生成源调查对象为机场、火车站、长途客运站、货运枢纽、办公区、商业区、医院、学校、宾馆、旅游景点等，凡是在调查范围内的交通生成源都应是调查对象；货运交通调查也可以以运营单位作为调查对象；交通设施调查对象则是道路、公共交通(公共汽车、轨道交通等)、机场、港口的各种设施和站前广场、货物流通中转站、停车场等。

3)调查内容

调查内容是指调查的详细内容。例如，城市居民出行调查内容包括住户特征、个人特征、车辆特征和出行特征四大类。

(1)住户特征应包括住户住址、总人口、住房建筑面积、住房性质、住户拥有交通工具等信息；

(2)个人特征应包括性别、年龄、户籍、与户主关系、职业、文化程度、有无驾照等信息；

(3)车辆特征应包括车辆类型、车辆性质、车龄、车辆行驶总里程、工作日一天平均行驶里程等信息；

(4)出行特征应包括出行地点、出发时间、各出行段交通方式、主要交通方式、到达地点、到达时间、同行人数、出行支付费用、停车费等信息。

4）调查方式（方法）

调查方式一般包括普查和抽样调查。调查方法则有访问（问询法）、邮寄（信函）、电话、观测法、跟车法、人工计数法、自动观测法（借助信息化技术）等。

5）调查时间

调查时间是指调查工作起止时间。如果调查时间为一段时期，要明确说明调查起止时间。如果调查分多次进行，则要说明每次调查的时间安排。

例如，某市的公交出行调查时间为工作日 2d，节假日 1d，分早高峰（7:00 ~ 8:30）、晚高峰（17:30 ~ 19:00）两个时段。

6）样本量

样本量是指调查选取的样本数量。如果采用邮寄调查方式，样本量是指收回的问卷数量。当采用分层抽样时，调查方案应说明总样本量以及各层的具体分配比例。

7）调查组织实施

调查组织实施是指调查工作的协调、人员培训和分工等。

大规模或复杂的交通调查方案还应包含调查经费预算、调查资料整理和分析方法、调查报告撰写、调查注意事项等相关内容。

§2.3 交通调查方案设计步骤

交通调查方案设计是调查方案的策划过程，设计的方案是否科学、可行，决定了整个调查工作能否顺利完成并达到调查的目的。交通调查方案设计一般包括以下步骤。

1）确定调查目的和内容

确定调查目的就是明确调查要解决的问题、需要搜集的资料。在进行方案设计时，一定要目的明确。例如，“了解居民一天内的交通出行特征，以及交通参与者的家庭特征、个人特征，掌握交通出行总量、交通主要发生吸引源、交通量时空分布、交通使用方式等资料”，这段话比较明确地描述了居民出行调查的目的。

确定调查内容是指为了实现调查目的而列出调查条目。例如，居民出行调查内容包括住户特征、个人特征、车辆特征和出行特征四大类。显然，这四大类调查内容与调查目的相对应。在列出调查内容条目后，上述四类调查内容可细化为：

（1）住户特征应包括住户住址、总人口、住房建筑面积、住房性质、住户拥有交通工具等信息；

（2）个人特征应包括性别、年龄、户籍、与户主关系、职业、文化程度、有无驾照等信息；

（3）车辆特征应包括车辆类型、车辆性质、车龄、车辆行驶总里程、工作日一天平均行驶里程等信息；

（4）出行特征包括出行地点、出发时间、各出行段交通方式、主要交通方式、到达地点、到达时间、同行人数、出行支付费用、停车费等信息。

可以看出，调查目的确定了调查内容。反之，调查内容一定是服务于调查目的。不能列入与调查目的无关的内容，也不要遗漏主要的调查内容。调查内容要全面、具体，条理清晰、简练，避免内容过多和烦琐。

2) 确定调查范围和对象

在确定了调查目的后,就需要明确调查范围、调查对象和调查单元,即明确要向谁来开展调查。调查范围是指研究问题所针对的空间区域。调查对象则是指在调查范围内所要调查的总体。调查单元则是指调查对象中一个个具体的个体或单位,是调查信息的载体。例如,针对北京市居民私家车拥有者的出行行为调查,调查范围就是北京市,调查对象是北京市拥有私家车的居民,调查单元是具体的驾驶私家车出行的个人。

3) 确定调查项目

调查项目就是所要调查的一个个具体的问题,是调查表或调查问卷设计的基础。在进行方案设计时,要清楚列出每个调查内容对应的调查项目信息。表 2-1 列出了居民出行调查中关于住户特征调查的项目信息。

住户特征调查项目　　表 2-1

序号	调 查 项 目	说　明	选 项 分 类
1	住户住址	住户详细地址	—
2	家庭总人口	调查日居住在家庭中的人口数,包括在家中临时居住的亲友、老人和保姆等	—
3	住房建筑面积	受访住户实际居住房屋建筑面积	—
4	住房性质	受访住户实际居住房屋权属性质	1. 自有住房;2. 租(借)房屋;3. 雇主提供;4. 其他
5	家庭拥有交通工具情况	受访住户拥有各类交通工具数量	1. 小汽车;2. 摩托车;3. 电动自行车;4. 自行车;5. 其他

确定调查项目时,要注意以下几个问题:

(1) 调查项目要符合调查内容,与调查内容无关的不应列入调查项目中。

(2) 调查项目要能够获得答案,如果该项目通过调查不能获得答案,则不应列入调查项目。

(3) 调查项目要表达明确,答案要有确定的形式。

(4) 调查项目必须含义明确,必要时可附加调查项目解释。

(5) 调查项目之间要相互关联,能反映调查的现象发生变化的原因、条件和后果。

4) 确定调查方式和方法

调查方式分为普查、抽查、典型调查等。调查方式的选择需要考虑调查对象、调查内容、调查精度、调查费用等。当调查对象数量不大、精度要求高,则可采用普查的方式;当调查数量大、调查费用有限,可采用抽样调查方式;如果需要对一些问题进行针对性研究,则可采用典型调查方式。例如,针对某地区干线公路调查,可采用普查方式;而对干线公路上货运车辆出行特征调查则可采用抽样调查方式。

调查方法是指具体的资料收集方法。传统调查方法有观测调查、电话调查、面访调查、邮寄调查、网络调查、专家座谈、文案调查等。随着调查技术的进步,自动检测技术也被应用到交通调查中,如感应线圈采集技术、视频采集技术、微波检测技术、GPS 定位技术、蓝牙技术、手机定位技术、遥感技术等。

调查方法的选择应考虑调查资料搜集的难易程度、调查对象的特点、数据源、数据的质量要求、具备的技术条件等。如果调查涉及面大、内容较多,则应选择多种调查方法,例如,在停车调查中,可采用人工观测调查和视频检测技术相配合。对于安装有自动采集信息设备的停车场,则可借助自动采集设备采集停车信息;而对无法通过自动采集设备获取的信息,可用人工观测方法取得。

5)确定调查资料分析方法

每种调查分析方法都有其特点和适用性。在进行调查方案设计时,应统筹考虑调查内容、调查方法与分析方法。

例如,采用定量分析技术(回归分析)时,调查资料应以定量数据为主;采用定性分析方法时,则可考虑德尔菲法、小组座谈法、文案调查法等定性调查方法。

6)确定调查时间和工作期限

调查时间是指调查资料所需占用的时间。如果调查时间为一段时期,要明确调查起止点。当调查分多次进行时,则要确定每次调查所需的时间。例如,某市的公交出行调查时间"工作日2天,节假日1天,分早高峰(7:00~8:30)、晚高峰(17:30~19:00)两个时段"。

当调查资料受时间点影响时,要明确统一的标准调查时间。

调查工作期限是指整个调查工作的开始时间和结束时间,包括从调查方案设计到提交调查报告的整个工作时间。因此,确定调查工作期限时应考虑整个调查工作每个阶段的时间安排,具体如下:

(1)调查总体方案设计与论证;

(2)抽样方案设计与论证(如果有问卷设计,则需要单独考虑问卷设计、测试与修改);

(3)调查人员培训;

(4)调查实施;

(5)调查数据整理、录入和分析;

(6)调查报告撰写。

为了对整个调查进度进行合理控制,可以制订时间进度表,列出调查主要任务和每个任务需要的时间,如表2-2所示。

调查时间进度表 表2-2

工作内容	需要时间(周)	起止时间(周)
调查方案设计	4	1~4
问卷设计	4	5~8
调查人员培训	1	9
调查实施	6	10~15
数据整理	2	16~17
数据分析和报告撰写	4	18~21

7)确定调查经费与预算

费用预算也是调查方案设计需要考虑的因素。费用可以按费用产生对应的调查阶段来划分,具体包括:

(1)调查总体方案设计与论证费(包括专家费用);

(2)抽样方案设计与论证费(如果有问卷设计,则需要单独考虑问卷设计、测试与修改等产生的费用);

(3)调查实施费(试调查费、人员培训费、交通费、调查人员和检查人员费、赠送被调查者小礼品费等);

(4)调查数据整理、录入和分析费,如果需要购买、编写软件,则还要考虑相关费用;

(5)调查报告撰写费用;

(6)其他费用(包括办公、管理费等)。

8)确定调查报告形式和内容

调查报告是调查成果的重要形式之一。一份图文并茂的调查报告不仅阐述了调查结果,还代表了研究人员的研究水平和科研态度。因此,应重视对调查报告的形式和内容的设计。

调查报告设计可以从报告的基本内容、图表格式、图表数量等几个方面考虑。

9)制订调查组织计划

调查组织计划具体包括调查组织管理、人员选择和分组调查人员培训(调查表格或调查问卷的解说、调查注意事项)、调查质量控制。

对于大规模或重要的交通调查,还应成立调查领导小组,负责整个调查工作的协调。

§2.4 交通调查方案评价

2.4.1 调查方案评价标准

调查方案可以从不同角度来评价。一般情况下,可以从下几个角度对交通调查方案进行评价。

1)调查方案是否满足研究目的和要求

调查方案设计的最终目的是为了保证调查获取的资料能满足研究的需要,调查工作能够顺利完成。因此,调查方案应有明确的调查目的,并与研究问题相一致。相应地,评价一个调查方案首先要看其调查目的是否明确和调查资料能否覆盖研究内容。

除了满足研究内容上的要求,调查方案还要满足研究精度要求和时限要求。

2)调查方案是否可行

调查方案的可行性可从调查内容、调查方法、调查组织以及调查经费等方面进行评价。调查内容可行是指能够通过调查获得完整的调查资料。例如,对调查问卷设计而言,调查内容可行是指被调查者能理解各个调查项,给出反映真实情况的答案;调查项之间不出现相互矛盾的问题。调查方法可行则是指根据调查方案确定的调查方法能够获取调查资料,并且满足调查目的和精度要求。调查组织和调查经费等方面的可行则主要指调查组织工作的难度、调查人员规模、调查时效以及经费满足要求。

3)调查方案是否科学和完整

调查方案的科学性强调了调查方案的正确性和经济性。正确性是指调查内容能满足研究目的的需要、样本量合适、调查方法适合、调查仪器正确、数据分析方法与调查资料相匹配等。经济性是指能以最小的投入,获取达到要求的调查结果。

调查方案的完整性是指调查方案应尽可能地把整个调查工作的各个环节涵盖在内。

4)调查方案能否提高调查质量和效率

调查质量可以通过调查精度(调查误差)、效度和信度等指标来度量。效度是指调查所采用的统计指标(体系)是否得当,是否能够真实反映所研究问题。例如,针对城市道路交通运行效率的调查,采用地点车速评价运行效率是不合适的,即使调查的地点车速精度再高,数据再真实,但选用指标不对,调查结果也是难以满足要求的。信度是指获取资料和研究结果的可信程度。调查方案的信度低说明调查结果不能反映实际情况。例如,在关于交通参与者对某项交通政策态度的调查中,存在可能由于调查方案设计不当,导致被调查者不予配合,而没有回答真实想法的现象。只有选用的调查指标(调查内容)合适,并且调查内容可信度高,调查精度满足研究要求的方案才是满足研究需要的调查方案。

调查效率可以从调查成本、调查时效性和调查精度三方面来考虑。相同的精度要求和调查时间,调查成本小的调查方案,其效率就高;相同的调查成本和精度要求下,调查花费时间少的方案,效率相对就高。

因此,对比和评价调查方案是否优劣,可看其是否能提高调查质量和效率。

2.4.2 交通调查方案可行性评价

在交通调查方案设计过程中,研究人员往往提出多个方案进行比选。此外,调查方案设计人员或相关研究人员往往也会对设计的方案进行评估,对不可行的或存在缺陷的方案进行修改,以确保调查方案可行。下面介绍几种常用的评价方法。

1)逻辑分析法

逻辑分析法主要用于对调查方案中的调查项目设计可行性进行研究,考察其内容是否符合逻辑和情理。逻辑分析主要着眼于调查项目的排序、项目前后之间的联系、调查项目备选答案之间关系等方面。例如,备选项是否包括所有的可能答案,答案之间是否有重叠和交叉。此外,调查时间和调查内容是否合理也可以通过逻辑分析法进行评价。例如,某调查机构拟对所在城市货运交通特征进行调查(包括货运交通量时间变化特性),在调查方案中没有考虑白天禁止外埠货运车辆进入市区政策的影响,这显然是不合情理的;针对城市居民的出行调查,如果只把当地持有本地户口的居民作为调查对象也是不符合逻辑的(城市居民还应包含长期居住,但户口不在该城市的居民)。

2)专家评估法

专家评估法是指通过组织一些具有丰富调查经验的研究人员或专家,对设计的调查方案进行初步研究和判断,以确保调查方案的合理性和可行性的方法,其主要评估内容包括调查方案完整性、调查方法可行性和可操作性。

3)试调查法

调查方案是否科学可通过试调查结果来评价。是否能实现调查目的和调查要求是否与实际相符合是试调查考虑的重点。此外,试调查还可以帮助检验调查指标是否合理、工作安排是否合理,有助于设计人员提出需要增加或减少的调查内容。

通过小范围内试调查,对调查方案进行实地检验,以评价调查方案的可行性。运用试调查方法评价方案可行性应包括以下几方面内容:

(1)试调查情况概述:包括被调查者拒绝接受调查或不提供相关信息的情况、原因、遇到的问题。

(2)调查项存在问题:通过针对每个调查问题进行分析,确定调查项在设计方面存在的不足,如果采用问卷调查方式,则要询问调查员在调查过程中发现的问题以及被调查人在回答存在问题的调查项时遇到的困难。

(3)每个问题的修改意见:对存在问题的调查项提出的修改建议。

(4)调查总结:对试调查优缺点进行总结、评价,并对正式实施调查应注意问题提出的建议。

思考题

1. 交通调查方案设计应包含哪些内容?

2. 在实际调查中应怎样确定调查对象?

3. 什么是试调查?怎样运用试调查评价调查方案是否可行?

第3章　交通调查方法

交通调查方法主要分为两类:定性调查方法和定量调查方法。定性调查方法有德尔菲法、小组座谈法、文案调查法等。定量调查方法可分为人工调查法和机械自动采集数据法。人工调查法主要有人工观测、面访调查(包括街头拦截和入户调查)、留置问卷调查和网络调查法等;自动采集法则是指借助于仪器设备开展的调查,其特点是调查资料直接由调查仪器自动记录或输出(包括实验方法)。

§3.1　定性调查方法

3.1.1　德尔菲调查法

德尔菲法又称专家调查法,是一种采用通信方式、通过多轮征求和总结专家的意见,对复杂的问题作出判断的一种有效决策方法。

德尔菲法是在20世纪40年代由赫尔默(Helmer)和戈登(Gordon)首创,并经过戈尔登和兰德公司进一步发展而形成的。德尔菲这一名称起源于古希腊有关太阳神阿波罗的神话,传说中阿波罗具有预见未来的能力,因此这种方法被命名为德尔菲法。

1)德尔菲调查方法程序

(1)成立工作组。工作小组由相关人员组成,其主要任务是:拟定调查目标,确定专家组成员,编制专家咨询表,组织专家咨询并对数据进行统计处理。

(2)选择专家,组成专家组。按照调查目标和主要调查问题所需要的知识范围和深度来选择专家,一般以8~20人为宜,专家人选尽可能覆盖直接关联学科,要有综合学科知识基础,具有敏锐的学术判断力和职业道德。调查中要求每位专家说明其观点依据资料和资料的使用方法,同时,工作组也向专家提供相应的研究问题的资料,并请专家提出进一步所需要的资料。

(3)征集专家意见。由工作组向所有专家邮寄咨询表(及相关要求),并附有关问题的所有背景材料及专家索取的材料。各个专家根据他们所收到的材料,提出自己的意见,并说明自己是怎样利用这些材料的。

(4)归纳整理。由工作组人员将各位专家第一次意见汇总,列成图表进行比对分析,将汇总的意见分发给各位专家,或把各位专家的意见加以整理,请身份更高的其他专家加以评论;然后把这些意见再分送给各位专家,要求专家修改自己原有的判断。

(5)二次征集意见和整理。专家人员收到反馈意见后,再次进行判断。工作组人员将所有专家的修改意见再次收集起来汇总,并再次分发给各位专家,作第二次修改。

逐轮收集专家意见并将汇总意见反馈给专家,直到每一个专家不再改变自己的意见为止,是德尔菲法的主要环节。收集意见和信息反馈一般要经过3~4轮,如图3-1所示。

2)德尔菲法调查统计分析

(1)估计值计算

根据专家估计结果,一般采用以下两种方法计算估计值。

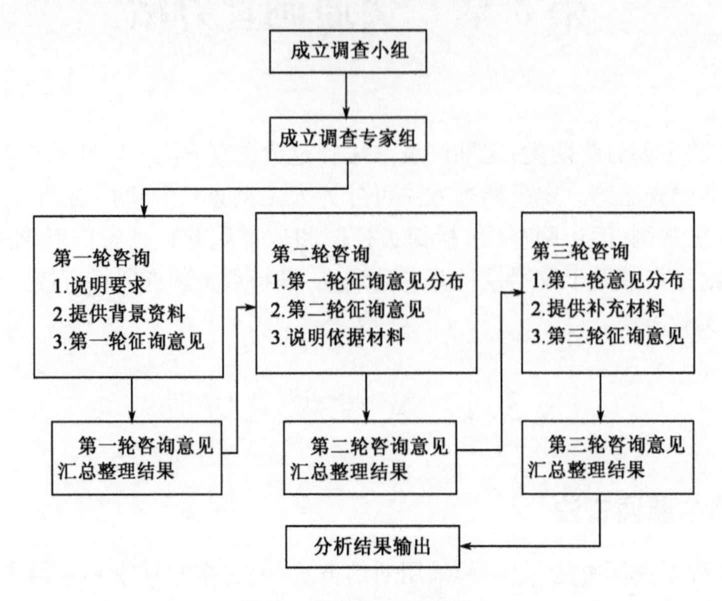

图3-1 德尔菲法实施流程

①加权平均值

在给出最终估计结果时,应考虑不同的专家对研究对象的熟悉程度。此外,有时需要组成风险评估专家组对专家的权威性进行打分。在上述情况下,可采用加权平均值给出调查结果,由式(3-1)计算:

$$\hat{y}=\sum_{i=1}^{m}w_i y_i \tag{3-1}$$

式中:$\hat{y}$——加权平均值;

y_i——第 i 位专家给出的调查值;

w_i——第 i 位专家的权重,其由式(3-2)计算:

$$w_i=\frac{1}{2}\times\left(\frac{W_i}{\sum_{j=1}^{n}W_j}+\frac{S_i}{\sum_{j=1}^{n}S_j}\right) \tag{3-2}$$

式中:S_i——专家 i 对该问题熟悉程度的自评价;

W_i——风险评估专家对专家 i 权重评价。

②中位数

当不考虑专家对研究对象熟悉程度的影响时,可采用中位数作为最终的调查结果。首先把 m 位专家给出的调查值 $y_1,y_2,\cdots,y_m$,按照从小到大的顺序排列 $y_{(1)}\leqslant y_{(2)}\leqslant\cdots\leqslant y_{(m)}$,则 $y_1,y_2,\cdots,y_m$ 的中位数为:

$$y_{\text{med}}=\begin{cases}y_{(n/2)}+y_{(n/2+1)}, & n\text{ 为偶数}\\ y_{[(n+1)/2]}, & n\text{ 为奇数}\end{cases} \tag{3-3}$$

(2)专家协调系数

专家协调系数是度量专家意见一致性的指标。当专家意见一致性较高时,则可以不进行下一轮征求意见。专家协调系数一般用变异系数度量。

专家调查值变异系数为：

$$CV=\frac{\bar{y}}{S_y} \tag{3-4}$$

式中：$\bar{y}$——m 位专家调查结果的算术平均值 $\bar{y}=\frac{1}{m}\sum_{i=1}^{m}y_i$；

S_y——调查结果的标准差，$S_y=\sqrt{\frac{1}{m-1}\sum_{i=1}^{m}(y_i-\bar{y})^2}$。

当变异系数小于10%时，则认为专家协调程度较高。

3）德尔菲法的优点和注意事项

德尔菲法主要有以下优点：

①能够吸收专家意见，充分利用专家的经验和知识，可以获得不同的观点和意见。

②采用匿名的方式，能使每一位专家独立做出自己的判断。

③能够适用于资料不全或影响因素较多的情况。

应用德尔菲法应注意以下事项：

①挑选的专家应有一定的代表性、权威性；应选择对研究的交通问题有研究或对相关知识有专长的人。为了便于评价专家对该问题的权威性，应要求专家对该领域熟悉程度进行自评价。

②保持专家的独立性，必须避免专家们面对面的集体讨论和沟通，而是由专家单独提出意见。防止由于专家组成员之间身份和地位上的差别以及其他社会原因，导致部分专家因不愿否定他人的观点而放弃自己的合理意见。

③咨询表设计要措辞准确，不产生歧义，咨询问题一次不宜太多，不要问与研究无关的问题，列入咨询表的问题不应重叠；所提出的问题应是所有专家都能答复的问题。

④提供给专家的信息应该尽可能的充分，以便专家作出判断；要求专家做出的数字估计不需要十分精确。

⑤每轮整理和汇总结果时，应给出中位数和上、下四分点，并把上述整理结果反馈给专家。专家在给出新的分析结果时（尤其是在上、下四分点外的专家），应重述自己的理由。

⑥并不是所有的调查都要经过四轮征求专家意见。可能有的调查在第二轮就达到较好的专家统一性意见。

⑦进行统计分析时，应区别对待不同的问题，对于不同专家的权威性应给予不同权重。

从以上内容可以得到德尔菲法的主要优点：①简单易行，调查费用少。②能综合考虑专家的意见，发挥专家作用。③能使专家充分发表自己的意见，避免受到权威人士意见的影响。④适用于历史资料不足或不确定影响因素较多的情况。

德尔菲法的主要不足有：①周期时间长。一般需要经过三轮征询专家意见，有的甚至要经过五轮。在这种情况下，有的专家可能选择有意向中位数靠拢，不再坚持自己的意见。②责任较分散。由于最终调查是综合考虑了被调查专家的意见，所以没有任何一个专家需要对调查结果负责，而是所有的专家都负一定责任。③专家意见可能不完整，可能得到的调查结果不符合实际。毕竟被调查的专家对背景资料掌握有限或有的专家对研究主题及相关政策了解不够，给出的判断可能偏离实际。

4）德尔菲法应用案例

例3-1 某公路施工部门准备对某段（单向双车道）高速公路单幅路段进行施工。根据施工需要,施工期间要关闭一条车道。为了评估由于施工关闭车道对高速公路运行的影响,需要调查施工区通行能力。调查过程简单描述如下:

(1)提出问题:研究施工区通行能力。

(2)邀请专家:邀请了10位对通行能力有研究的专家对施工区通行能力进行调查。

(3)汇总整理:经过两轮征求意见,调查结果如表3-1所示。

施工区通行能力调查结果(辆/h) 表3-1

专家编号	第一轮			第二轮		
	最小值	最可能值	最大值	最小值	最可能值	最大值
1	1 200	1 600	1 850	1 300	1 700	1 900
2	1 300	1 700	1 900	1 400	1 800	1 900
3	1 450	1 650	1 850	1 500	1 800	1 850
4	1 400	1 750	1 900	1 400	1 800	1 900
5	1 400	1 850	2 000	1 400	1 900	1 900
6	1 250	1 600	1 750	1 300	1 700	1 800
7	1 500	1 800	1 950	1 500	1 800	1 900
8	1 350	1 700	1 850	1 300	1 700	1 850
9	1 150	1 500	1 700	1 200	1 600	1 800
10	1 450	1 700	1 900	1 400	1 700	1 850
平均值	1 345	1 685	1 865	1 370	1 750	1 865
中位数	1 350	1 700	1 865	1 400	1 750	1 865
上四分位数	1 260	1 610	1 850	1 300	1 700	1 850
下四分位数	1 440	1 740	1 900	1 400	1 800	1 900

根据表3-1给出的调查结果,可知该施工区一条车道的通行能力为1 750辆/h。计算专家协调系数$CV=4.85\%$。因此,专家意见一致性较好。

3.1.2 小组座谈法

小组座谈法就是采用座谈会的形式邀请相关专家或对所研究交通问题有一定经验的管理人员,就某个交通问题进行讨论,从而获得对该问题的深入了解。小组座谈方法是一种定性调查方法,特别适合于交通政策方面的研究。

1)小组座谈法调查程序和步骤

(1)前期准备

①确定座谈会主题

会议主题要简明,问题要具体。同时应准备详细的座谈提纲,安排好座谈话题次序和进度。

②确定主持人

座谈主持人人选特别重要,不仅要求有一定的研究经验,还要对讨论的内容比较熟悉。此外,主持人应具有敏锐的洞察力和把控能力,当座谈内容或话题与座谈提纲不一致时,能善于随机应变。

③选择参加人员

参加座谈的人应对所研究的问题比较熟悉。参加座谈的人员规模要适中，一般为 8 ~ 12 人。

④确定座谈地点和时间。座谈地点要求环境安静，场地布置要营造出轻松的氛围，利于鼓励参会人员自由发言。座谈时间一般限制在 1.5 ~3h 比较好。

(2)组织座谈

由调查者把相关调查目的和内容告诉参会人员，也可以把相关议题资料发放给参会人员。在主持人的引导下，由各参会人员发表意见和看法。当参会人员来自不同的单位时，尽量要求不同单位的人能发表意见。在座谈过程中，主持人注意对会谈的协调和引导，防止冷场和跑题。

由专人做好座谈记录，条件许可的情况下，可同时对谈话录音，以便会后资料的校对。

(3)座谈后调查资料整理

座谈后，应及时对座谈资料进行整理，检查记录是否正确，有没有遗漏。同时，对应当出席而缺席座谈人员或没有发言的人，最好能够由其提供补充意见。

如果在座谈中发现了有价值的新问题，而座谈中没有展开讨论，可再组织相关人员进行座谈。

最后，在研究和分析座谈记录的基础上，对所调查问题进行评价，对存在问题进行分析。

2)小组座谈法在交通调查中的应用

小组座谈法在交通调查中适用于以下场合：

(1)评估民众对新的交通政策的态度。

(2)评价交通工程或管理措施对交通或社会的影响。例如，交通项目社会稳定风险评估。

(3)评估交通新技术的应用或发展趋势。

3)小组座谈法应用案例

例 3-2 某市拟推广对高速公路货运车辆实施计重收费。实施计重收费后，可能会产生超载货运车辆绕行普通公路的情况。为此，交通主管部门召集交通专家、路政部门和货运车辆超载治理部门等相关人员进行座谈，目的是了解计重收费后超载货运车辆绕行对普通公路的危害和预防措施。

座谈会分两次进行。第一次是专家座谈，挑选专家包括来自已实施计重收费的省(市)交通管理部门，目的是通过了解在已实施计重收费的省市，超载货运车辆对普通公路的危害以及计重收费后采取的应对措施及其效果如何。第二次座谈主要参加人员是该市路政管理部门和超载货运车辆治理部门相关人员，座谈目的是了解没有实施计重收费情况下，超载货运车辆超载情况(包括源头和末端)、主要通行线路以及实施计重收费后可能绕行的普通公路情况。

座谈会时间为 2h，会议由熟悉相关工作并具有丰富会议主持经验的主持人主持(具体地点、日程安排略)。通过两次座谈，收集到了专家对实施货运车辆计重收费后可能出现的问题的分析及应对措施相关信息，为实施计重收费方案制订提供了重要依据。

§3.2 定量调查方法

定量调查方法按照是否采用自动采集技术又可分为人工调查法和机械自动调查法。人工调查法包括人工观测法(人工计数法)、邮寄调查法、面访调查法(包括街头拦截和入户调查)、电话调查法、网络调查法等。机械自动调查法主要是指借助观测设备(超声波、感应线圈、GPS、视频设备等)展开的交通调查,调查资料直接由调查仪器输出或存储。

3.2.1 人工调查法

1)人工观测法

人工观测法是指由调查人员在现场通过直接观察(观测)、记录来获取被调查者的资料的一种调查方法。在交通量调查中,人工计数法就是典型的人工观测方法。调查人员使用计数器来统计不同车辆类型、不同流向的交通量。

采用人工观测调查法时可借助一些简易的仪器或设计好的记录表格进行调查。公交线路跟车客流调查表如表 3-2 所示。

公交线路客流跟车调查表 表 3-2

站 点 名	到 站 时 间	上 车 人 数	下 车 人 数
	时　分		
	时　分		
	时　分		
	时　分		
	时　分		
	时　分		

人工观测法具有机动灵活、易于掌握、精度较高的特点,被广泛应用到交通调查中,例如停车调查、公交调查等。但是这种方法需要花费大量的人力,工作强度大,一般不适于长期的交通调查。

2)面访调查法

面访调查法分为入户调查法和街头拦截调查法。入户调查法就是按照抽样调查方案要求,到被抽查的家庭或单位,按照调查问卷(表)进行面对面的直接调查,被调查者回答所提问题,并由调查人员询问和记录或直接由被调查者直接填写相应的调查内容,调查人员负责对不明白的问题进行解释。居民出行调查和流动人口出行调查就可以采用入户调查方式。

对于入户调查法,首先要确定到哪些住户(或单位)去调查,可根据调查方案来确定(见第 4 章);其次是入户后确定具体的调查对象,要根据具体研究目的来确定。如果调查内容主要涉及整个家庭情况,则一般要调查户主或具有决定权的家庭成员;如果调查内容涉及个人行为,则一般要调查家庭中所有年龄段的家庭成员(如居民出行调查)。

入户调查法的优点非常明显。首先,由于选取的调查对象是事先确定的,其与研究对象相一致,调查样本代表性较好。其次,入户调查可以调查比较深入的问题,甚至可以借助调查(问卷)技巧处理复杂的调查问题。此外,调查人员可以当面向被调查者解释模糊的问题,减少不回答问题的现象。但是,入户调查也存在一些缺点,如调查费用高、耗时长以及拒访率高等问题。

拦截调查法就是由调查人员在事先选定的地点,如收费站、检查站、停车场、路口、商场或街道按照一定的程序或要求,选取调查对象,并在征得被调查者同意后,在现场按照问卷进行简短调查。交通规划中的出入境交通调查、OD 调查都可以用拦截调查法进行。拦截调查法还常用于调查民众对交通政策的态度。

与入户调查法一样，拦截调查法也有其优缺点，其最大的优点是拦截调查对象约束条件少，其往往是根据调查的方便性选择的；拦截调查的缺点是调查质量难以控制，保证调查人员尽职、不作弊是调查质量控制的关键，此外，调查样本随机性较大，可能难以获得有代表性的样本。

无论是入户调查还是拦截调查，一般采用设计好的调查问卷或调查表。某次调查中使用的公共停车场经营情况调查表如表3-3所示。

公共停车场经营情况调查 表3-3

基本情况	1.停车场名称		2.产权		3.建筑总面积	
	4.停车位数					
收费标准	5.停车收费标准					
停车场使用情况	6.日间停车数量		7.夜间停车数量			
信息化建设	8.停车信息采集方式		9.有无视频监控		10.有无停车诱导	
备注						

3）电话调查法

电话调查法是指调查员严格按照设定的程序和内容，通过电话向被调查者提问并笔录答案的一种调查方式。

电话调查的优点是速度快、范围广、费用低，此外，对于一些敏感性问题调查回答率相对较高。但由于被调查人无法看到调查问题及答案清单等资料，仅凭借对所提问题的记忆来回答问题，所以要求调查问题必须简短、答案简单；电话调查另一个不足是针对开放性问题被调查人给出的答案往往有限；当被调查者拒绝调查时，往往采用挂断的方式，因此很难获得有关拒绝调查原因的信息。

4）留置（邮寄）问卷调查法

留置问卷调查法就是由调查人员按照面访的方式找到调查者，说明调查目的和填写要求后，把问卷留给被调查者，在约定的时间内由调查人员登门取回填写好的问卷；或等待调查者填写完调查问卷后由调查人员当面收回调查问卷。留置问卷调查也可以由单位或其他组织（如社区）向被调查者发送调查问卷，并负责收回填写好的调查问卷。

邮寄调查法就是将调查问卷装入信封，采用邮寄的方式寄给选定的调查对象，要求他们按照规定的要求和时间填写问卷，然后寄回调查机构。但邮寄调查法相对留置调查法而言，样本回收率较低，另外花费时间相对较长，调查质量也难以控制。所以，邮寄调查法在实际中很少采用。

5）网络调查

网络调查法（又称在线调查），是一种新兴的交通调查方式，是指借助互联网及其调查系统，通过在互联网上发布调查问卷等方式进行的交通调查方法。网络调查具体形式主要有网络访谈和网上填写问卷法。

(1)网络访谈法

网络访谈法类似于论坛中的版聊。调查者把设计好的内容按照一定的形式发布在特定的网页上,网络用户通过浏览网页对相关主题发表意见,也可以用在线语音或者其他形式对特定调查对象进行单独访谈,这种方式与传统的面访相似。

(2)网上问卷调查法

网上问卷法是网络调查最普遍的一种方式。调查者把设计好的问卷以一定的方式发布到网络上,由网络用户进行填写,其形式包括:

①网站(页)问卷调查法

网站(页)问卷调查法是将设计好的问卷放在网站的某个网页上,供网络用户根据自己的情况决定是否参与调查的一种调查方法。该方法首先向调查对象发出一份邀请参与调查邮件,说明调查的目的、性质以及调查数据用途,可供调查对象通过点击邮件中设置的超级链接打开浏览器并阅读显示在浏览器上的问卷。网络用户可浏览、翻页并直接填写答案,调查的结果自动存储。

该方法的缺点主要是主动回答的样本往往不具有代表性。

②电子邮件调查法

电子邮件调查法是将问卷直接发送到被调查者的电子邮件信箱中,被调查者把填写完的问卷通过邮件发给调查者的一种方式,这种方式类似于邮寄问卷调查方法。

电子邮件调查法关键是要收集目标群体的电子邮件信箱地址。

③弹出式调查法

弹出式调查法是通过在某些访问网站的网页上设置弹出窗口的形式邀请网络用户参与调查的一种方式。在网络用户访问网站过程中,如果接受弹出窗口上的邀请,则会打开显示有一份问卷的新窗口,网络用户直接填写并完成问卷后即可以线上提交。弹出式调查方式类似于街头或商场的拦截式调查。

与传统调查方法相比,网络调查法除了具有费用低、收集数据速度快、调查区域和范围广的特点外,还具有开放性、自由性、广泛性等特点。但是,其缺点也非常显著,相对于传统调查方法,网络调查法样本代表性差,其信息可靠性难以保证。

3.2.2 自动采集法

随着技术的发展和进步,自动采集技术也广泛地被应用到交通调查中来。自动采集技术的应用不仅提高了交通调查效率,还拓展了交通研究领域,使得原来难以进行的研究变为可行。

1)固定点交通数据采集

固定点交通数据采集是利用布设的交通检测器采集固定位置的交通数据。固定式交通检测器根据安装方式分为嵌入式和非嵌入式。嵌入式检测器需要埋设在路面下,其中感应线圈检测器是应用最广泛的嵌入式检测器。非嵌入式检测器是指安装在立柱、路侧路肩和道路中间分隔带的交通检测设备,如视频检测器。

(1)感应线圈检测器

感应线圈检测器的工作原理是将环形线圈埋置在路面之下,当车辆行至线圈上方时,线圈磁场会随之产生变化,该变化会引起谐振回路中电感参数的改变和谐振频率的偏移,根据谐振频率变化,检测器可检测出车辆的流量、占有率。通过设定平均有效车辆长度,检测器可再进一步估计出密度和车辆运行平均速度。因此，感应线圈检测器能够自动采集到交通流向、流量、车速、车道时间占有率等交通参数。

感应线圈检测器检测方法由于技术成熟，易于掌握，并有成本较低的优点，已是目前世界上应用规模最大的一种交通检测设备。

(2)气压式及压电式检测器

气压式检测器的工作原理是将一根空的橡胶管子横向铺设在道路上，当有车辆通过时，由于车轮压在管子上会改变气压，而路侧有一个检测设备与气压管相连，可以记录每个车轴通过时气压的改变，通过记录气压改变的大小和车轴数，检测器可检测交通量和车辆运行速度。

压电式检测器一般被安置在路面切割开的一个凹槽里。压电式检测器的工作原理是检测器材料能根据车辆经过时带来的路面机械变形发生表面密度改变，从而导致电极间的电压变化，进而使检测器通过电压的改变来检测和记录车辆数量、车辆类型、车辆重量和运行速度。

(3)红外检测技术

红外检测技术分为主动红外检测和被动红外检测。主动红外检测器的工作原理是，通过发射激光束到地面上并且检测反射信号返回设备的时间，即当车辆通过有激光束的路面时，反射信号的时间就会减少，时间的减少表示有车辆出现，可以用来采集车辆数和速度。

被动红外检测设备通过测量来自检测区的红外能量来检测车辆。由于车辆和环境存在一定温差，路面红外能量辐射与车辆红外能量辐射存在差异，被动红外检测设备就是利用这一原理，通过对比路面辐射与车辆辐射能量来检测交通参数。被动红外检测器一般被安装在支架、天桥、桥梁以及路侧立柱上。

(4)微波—多普勒(雷达)检测器

多普勒微波检测器向车道检测区发射连续的低能量微波，并记录微波频率发生的改变。根据多普勒原理，当车辆体反射由检测器发射的雷达光束时，波反射的频率就会按比例随速度的改变而改变。微波—多普勒检测器就是根据反射频率变化来检测交通流量和运行速度。基于微波技术的交通数据采集设备分为两类。一类是发射固定频率微波、利用多普勒原理测量车辆速度的多普勒微波雷达，这类检测器无法检测到静止的车辆，因此不适合安装在交叉路口及停车场内。另一类是发射调频连续波、发射频率随时间连续变化的微波检测器，可通过测量检测器与车辆之间的距离来检测出静止车辆，也可通过测量距离的变化来计算出车速。

(5)超声波检测器

超声波检测器是通过接收由超声波发生器发射的并经车辆反射的超声回波来检测车辆，超声波检测器将感应到的车辆信息以电信号的方式送到路侧控制机，由路侧控制机分析处理，得出每条车道分车型的交通流量、速度以及车道占有率等数据。超声波检测器体积小，易于安装，一般设置在车道上方，但其性能会随环境温度和气流影响而降低。

(6)视频图像检测设备

视频检测器是通过视频摄像机作传感器，在视频范围内设置虚拟线圈，即检测区，当车辆进入检测区时其背景灰度值会发生变化，从而得知车辆的存在，并以此检测车辆的流量和速度。视频检测器可安装在车道的上方和侧面，与传统的交通信息采集技术相比，交通视频检测技术可提供现场的视频图像，可根据需要移动检测线圈，有着直观可靠、安装调试维护方便、价格便宜等优点；其缺点是容易受恶劣天气、灯光、阴影等环境因素的影响，也容易被汽车的动态阴影干扰。

(7)蓝牙交通检测器

蓝牙技术是一种新近应用于交通数据采集的技术,其原理是汽车上的蓝牙设备和道路路边附近蓝牙设备之间可以建立无线连接。汽车上的蓝牙设备发射的信号,可由其覆盖范围内其他可以兼容的监测站接收,记录下访问控制(MAC)地址、检测时间和用于获取路段样本出行时间的信息。

2)移动交通数据采集

轨迹线交通数据采集是指采集车辆行驶路径上的交通数据,这种数据也称为“线”数据,例如轨迹线、平均行程速度、平均行程时间等。这些数据极大地丰富了交通管理者对整个路网交通状态的实时掌握,为交通管理者提供了更全面的数据基础。

(1)车辆自动识别系统

车辆自动识别系统(AVI)的工作原理是利用车载标签与雷达接收机或牌照识别系统技术,当车辆通过两点 A 和 B 时,由系统自动记录车辆(牌照或车载标签)及车辆通过的时间,从而计算出车辆在 A 点与 B 点间路段上的运行时间与平均速度,其原理如图 3-2 所示。

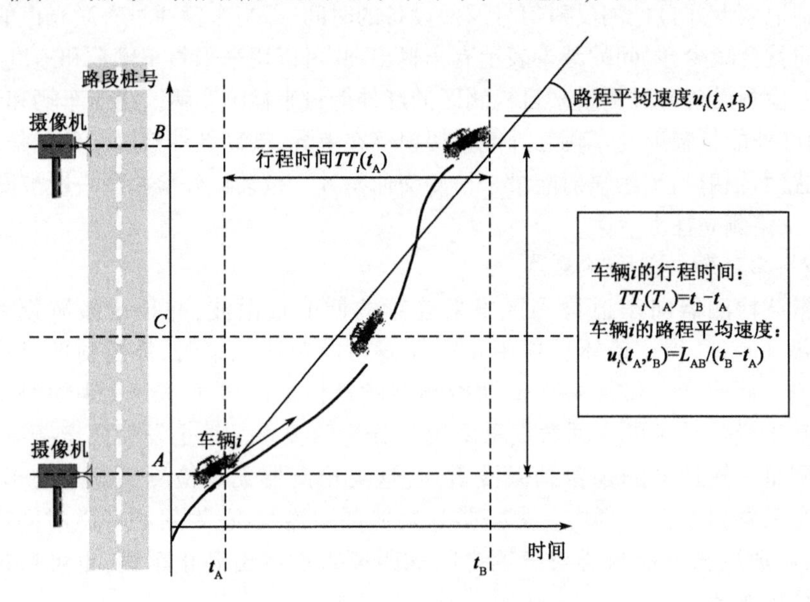

图 3-2　AVI 系统行程时间和行程速度估计

(2)浮动车数据采集

浮动车数据(Floating Car Data) 采集技术是利用在车辆上安装的车载装置,基于 GPS 定位系统、移动电话定位系统,将车辆动态信息(时间、速度、坐标、方向等)实时地传送到信息处理中心,并通过相应的处理程序达到数据采集的目的。

浮动车作为一种新兴的交通数据采集方式,具有实时性、动态性、成本低、覆盖范围广的特点。先进的浮动车信息采集技术适合交通路网复杂的城市地区,能够很好地弥补目前交通基础设施不完善、固定信息采集设备缺乏造成的信息量不足的缺陷,所产生的信息可以满足大部分用户出行的需求。浮动车的流动性使它能采集到城市道路网绝大部分的信息,采集范围不再仅仅是点。

(3)手机定位技术

手机通过 GSM/GPRS 或 UMTS 基站或建筑物的天线或其他无线设备进行通信。通过大量的手机定位信息，结合地图匹配技术、交通信息提取技术和交通信息预测算法，可以得到路网实时交通数据。基于手机定位的交通数据采集技术由于投资小、数据量大、覆盖范围广等特点，日益受到研究人员的重视，此项技术将是交通数据采集的一个重要发展趋势。

(4)其他技术

随着科学技术的发展，一些其他的先进技术也被应用到交通调查中来，如遥感技术、无人机技术等。

§3.3 抽样调查方法

前面介绍的调查方法是从研究性质(定性和定量)的角度论述的，以下通过调查的形式进行论述。交通调查的基本形式有全面调查和非全面调查。全面调查是对调查对象总体中每个个体都进行调查；非全面调查则是对调查总体中的一部分进行调查，包括抽样调查和重点调查。

3.3.1 抽样调查中常用概念

1)总体与样本

总体就是所调查对象的全体。例如，城市居民出行调查中，城市中每个居民都是调查对象，所有城市居民组成了调查总体。在交通调查中，总体又可分为目标总体和抽样总体。目标总体是所有研究对象所构成的总体，也就是由调查对象组成的总体。目标总体是概念性的，并不一定需要列出实际的名录。例如，居民出行调查中调查对象是每个居民，但并不需要列出每个居民的具体情况(姓名、年龄等)。抽样总体是指实际调查抽样所覆盖的总体。一项好的交通调查，抽样总体和目标总体应尽量一致。因此，在实际调查中应尽量做到抽样总体和目标总体尽可能接近。

此外，在交通调查中，有时为了进一步得到总体内部分特征信息，又将总体划分为若干个子总体。例如，商用车辆调查可将总体分为货运车辆和出租车两个子总体，分别调查和分析两个子总体的出行特征。

2)抽样单元、观测单元和抽样框

抽样单元是实际抽样调查时抽取的对象。观测单元(或调查单元)是调查的基本元素。例如，在居民出行调查中，抽样单元可以是家庭，而观测单元则是家庭中的成员。

将总体划分为抽样单元(或对抽样单元进行分级)能够提高抽样的便利性。例如，针对城镇居民出行调查，如果直接对每个居民展开调查，则调查数量较大，调查起来也相对困难。如果以社区(或街道)作为抽样单元(社区数量相对少)，然后再进一步从社区中抽取一定数量的家庭展开居民调查，则调查数量较少，同时调查的条理性、层次性和科学性得到了保证。

抽样单元可大可小。例如，居民出行调查中，抽样单元可以是区(县)，也可以是街道或居民委员会。因此，可以将抽样单元进行分级。先把研究的总体分成几个规模大的抽样单元，称为初级单元或一级单元；每个初级单元又可分为若干个规模较小的单元，称为次级或二级单元。依次类推，可以定义三级、四级单元等。最小一级抽样单元称为基本抽样单元。

全部抽样单元的清单或图示称为抽样框。通过抽样框可以得到抽样单元的信息。抽样框是实施抽样调查的必备资料。

3)目标总体和抽样总体

目标总体是指所要研究调查对象的全体。

抽样总体是指可能被抽取到的所有观测单元的集合。

在理想的调查中，目标总体和抽样总体应该是相同的。但在实际中，抽样总体往往小于目标总体。其原因是多方面的，包括联系不到、拒绝接受调查或不能接受调查等，例如，在出行调查中，个别家庭成员由于生病或外出无法接受调查。

4）样本量和抽样比

样本是按照一定程序从总体中抽取的部分个体。根据前面的定义，总体规模可以按基本抽样单元数量来衡量。同样。样本大小也可以用基本单元数量度量。样本中含有的个体数量或基本抽样单元数量 n 称为样本量。抽样比是样本量 n 与调查总体数量 N 的比值：

$$f = \frac{n}{N} \tag{3-5}$$

式中：f——抽样比；

n——样本量；

N——调查总体数量。

3.3.2 全面调查与抽样调查

全面调查适用于调查对象总体具体、明确，并且总体个体数量不大的情况。例如，为了了解某个社区停车供需情况，针对其停车资源展开了调查。由于该社区小区数量有限，可实施全面调查（表 3-4）。

某社区停车位数量统计结果　　表 3-4

小区编号	地面车位数	地下车位数	总车位数
1	1 832	0	1 832
2	1 708	0	1 708
3	1 522	181	1 703
4	1 347	0	1 347
5	1 131	0	1 131
6	1 032	0	1 032
7	0	1 029	1 029
合计	8 752	1 210	9 782

抽样调查是交通调查中最常用的一种调查方式，是从全部研究对象中，抽选一部分进行调查，并对研究对象总体做出估计和推断的一种调查方法。根据抽选样本的方法，抽样调查可以分为随机抽样和非随机抽样两类。随机抽样是按照概率论和数理统计的原理从调查研究的总体中，根据随机原则来抽选样本，并从数量上对总体的某些特征做出估计推断，对推断中可能出现的误差从概率意义上加以控制。非随机抽样则不按照概率的随机原则进行抽样。

3.3.3 随机抽样调查方法

1）简单随机抽样

简单随机抽样是最基本、最简单的随机抽样方法，其抽样方法是从调查对象总体中无重复地抽取所需要的样本，并且使总体中每个基本单元被抽到的机会相等。

在抽样之前,先将总体的 N 个基本单元进行编号,每个单元对应一个号码(编号为 1,2,…,N)。抽样时,抽到哪个号码,就将那个单元选入样本。简单随机抽样一般采用两种抽样方法:抽签法和随机数法。

(1)抽签法。抽签法是指制作 N 个相同的标签,将其充分混合,从中抽取 n 个标签,与标签编号相同的单元,就入选为样本。抽签法适合总体单元数 N 相对较小,并且标签制作简单的场合。

(2)随机数法。随机数法是指通过一定的方法,从 1,2,…,N 中产生 n 个不相同的数字,则总体中编号与这 n 个数字相同的单元入选为样本。例如,总体单元数 $N = 10\ 000$,现需要抽取 100 个不同的样本,则可通过一定随机数生成方法,生成 100 个数字(介于 1 ~ 10 000 之间),则总体中编号与这 100 个数字相同的单元就是抽得的样本。随机数法适用于样本量相对较大的场合。

简单随机抽样方法简单,误差分析较容易,但是需要样本容量较多,适用于个体之间差异较小的情况。

2)分层随机抽样

根据总体的某些特征,将总体分为同质、不相互重叠的若干层(类),再从各层内进行抽样,不同层的样本要求相互独立,这样的抽样方式就是分层抽样。分层抽样用数学语言描述如下:将总体 N 个单元按照某个特征(如驾驶员可按性别、职业、收入、年龄等特征),分为 L 个层(类),每层的单元数量分别为 $N_1, N_2, \cdots, N_L$,其中 $N = \sum_{l=1}^{L} N_l$,从每一层中分别独立地抽取 n_1,$n_2, \cdots, n_L$ 个样本($n = \sum_{l=1}^{L} n_l$)。

每层都是简单随机抽样的分层抽样称为分层随机抽样。分层抽样首先根据各层的样本对层(子总体)的参数进行估计,然后利用层估计加权得到总体参数估计。

分层随机抽样适用于总体规模较大、调查对象可以按不同类型进行划分、每个类型中的单元具有相同的性质但不同层之间差异较大的情况。特别适合需要同时了解总体参数特征和各层(子总体、类)信息的情况。

3)整群抽样

整群抽样是将总体中的基本单元按照某种形式(或属性)合并成若干个互不交叉、互不重复的组(称为群),以群为抽样调查单元,并对所抽中群中的所有基本单元全部实施调查的方式。例如,调查每个家庭平均拥有的汽车数量,如果以家庭作为调查单元,则相对烦琐,调查组织相对复杂;如果以每栋楼作为调查单元,抽取若干栋楼,并调查所抽楼中的每个住户拥有汽车数则相对容易。

整群抽样与分层抽样概念类似。分层抽样要求各层之间的差异大,层内个体差异小,而整群抽样要求群与群之间的差异比较小,群内个体差异大;分层抽样的样本是从每个层内抽取,整群抽样则是要么整群抽取,要么整群不被抽取。

根据整群抽样定义,其实施步骤可以简单分为三步:①将总体分为若干个群,并对每个群进行编号;②按照随机抽样方法,抽取一定数量的群;③对抽取的每个群实施全面调查。

相对于简单随机抽样和分层随机抽样,整群抽样的优点是不需要知道所有总体的单元信息(抽样框),只需要知道所抽到群的单元信息即可。此外,整群抽样调查的基本单元相对集中,便于实施调查并节省调查费用。

整群抽样适合于样本单元分布较分散,并且群内各个基本单元差异很大的情况。

4)多阶段抽样

顾名思义,多阶段抽样是指抽样过程分几个阶段进行的抽样方式。多阶段抽样是在抽样单元进行分级的基础上进行的,其实施过程是先抽取若干个一级单元,再从每个抽得的一级单元中抽取二级单元,依此类推,最后抽取其中范围更小的单元作为调查单位。例如,为了调查北京市十个郊区县货运车辆情况,就可以采用多阶段抽样调查方法。首先将调查总体按照区县(一级单元)、乡镇(二级单元)、公司(三级单元)划分为三级单元;然后按照三个阶段进行抽样。第一阶段抽取郊区县(可全部抽取);第二阶段从抽取的每个郊区县中抽取乡镇;第三阶段从抽取的乡镇中抽取运营公司,并对抽取的每个运营公司进行货运调查。

多阶段抽样适用于大范围的交通调查,特别是总体范围太大,无法直接抽取样本的情况。该方法优点是调查相对集中,可以节省调查费用,并且不需要编制所有小单元样本框;其主要缺点是抽样时较为麻烦,由样本对总体的估计比较复杂。

5)系统抽样

系统抽样也是交通调查中常用的抽样方法之一。它是将总体的 N 个基本单元按一定顺序排列,随机抽取一个单元作为起点,然后按照某个确定的规则抽取其他样本的方法。系统抽样中最简单的方式是等距抽样,即在随机抽取起始单元后,按照相等间隔抽取随后样本的方法。例如,在出入境交通调查中,可以按一定间隔抽取一辆汽车进行调查。

系统抽样的最大优点是简单易行,并且容易被不熟悉抽样的非专业人员掌握。系统抽样不需要对总体单元进行编号,只需要首先确定一个起始单元,随后按照一定顺序排列(这里的顺序可以是自然顺序、人为顺序或假想顺序,不一定是具体的)。因此,系统抽样一般和分层抽样或多阶段抽样配合使用(在多阶段抽样最后一个阶段就可以应用系统抽样)。

3.3.4 非随机抽样调查方法

非随机抽样又分为以下几种:

1)方便抽样

方便抽样又称为偶遇抽样,是根据调查人员的方便与否来抽取样本的一种方法。例如,拦截调查就可以看作是方便抽样的一种情形。

2)判断抽样

判断抽样又称目的抽样,是研究人员或调查人员根据经验和专业知识,从总体中选取具有典型代表性样本作为调查对象的一种抽样方法。例如,交通调查中的自由流车速调查可以认为是判断抽样调查,该调查首先由调查人员或研究人员根据经验判断交通状流态(如自由流状态),然后再利用观测设备对处于自由流状态的车辆运行速度进行观测;或根据观测数据特征,从已有的观测数据中选取符合条件的速度数据来分析自由流车速特征。抽样效果的好坏在很大程度上依赖于调查者的经验和判断。

3)配额抽样

配额抽样调查方法类似分层抽样调查方法,在调查之前,根据研究总体特征,将研究总体分为若干种类型或组,然后在每类(组)中按照方便抽样或判断抽样方法选取样本。

配额抽样调查中,首先要根据调查对象某些特征或属性分为若干类或组,这些特征和属性称为“控制特征”,如年龄、职业、收入、文化程度等。然后,按照控制特征确定各个类(组)中的样本量。例如,某城市租用自行车使用情况研究,认为性别和年龄是两个重要影响因素,其中,性别统计方面,男性占51.5%,女性占48.5%,年龄统计方面,青少年(只统计14~19岁)占7%,中年人占76%,老年人比例为11%。假设拟调查1 000人,并且假设年龄分布在两性中是相同的,则根据上述统计数据可以配额分配调查样本量如表3-5所示。

按人口比例配额分配样本量 表3-5

调查人群*	抽样数量	
	男性	女性
青少年	38 $\left(1\ 000 \times 0.515 \times \frac{0.07}{0.07+0.76+0.11}\right)$	36 $\left(1\ 000 \times 0.485 \times \frac{0.07}{0.07+0.76+0.11}\right)$
中年	416 $\left(1\ 000 \times 0.515 \times \frac{0.76}{0.07+0.76+0.11}\right)$	369 $\left(1\ 000 \times 0.485 \times \frac{0.76}{0.07+0.76+0.11}\right)$
老年	57 $\left(1\ 000 \times 0.515 \times \frac{0.11}{0.07+0.76+0.11}\right)$	53 $\left(1\ 000 \times 0.485 \times \frac{0.11}{0.07+0.76+0.11}\right)$

注:*年龄低于14岁青少年租用自行车出行可能性较小,视为不合格样本。

非随机抽样的优点是快速、便利并且节省调查费用,缺点是不能对总体进行推断和估计。运用样本数据来推断总体特征,必须假定所抽取样本具有代表性,而非随机抽样对样本的选择往往具有主观性,样本代表性较差,用样本来推断总体风险较大。此外,非随机抽样难以计算抽样误差,从而无法描述总体估计的准确性。

非随机抽样适合于以下情况:

(1)受客观条件限制,无法进行随机抽样;

(2)快速获得调查结果;

(3)调查对象不确定或无法确定。

§3.4 调查方法的选择

对同一个研究问题,可供选择的数据调查方法和方式往往不是唯一的。调查方法一般要根据研究问题特性、调查方法的可操作性、研究的深度和精度要求、已有研究条件、组合抽样方法等因素来进行选择。

1)研究问题特性

研究问题特性包括研究对象总体大小、研究对象复杂程度、研究目的、研究性质等。例如,当研究对象总体规模较小,并且总体中各个单元差异较大时,可以考虑全面抽样;当研究对象规模较大,但总体中个体差异较小时,可以采用简单随机抽样方法;当研究问题为探索性研究时,则可以采用定性调查方法;如果所研究交通问题是要分析不同因素之间的关系,并预测将来的发展情况,则应采用定量调查方法。

2)调查方法的可操作性

调查方法是否可行,是否能获得期望调查的数据,这是选择调查方法时首先需要考虑的。理论上而言,上述介绍的调查方法都是可行的,但实际中由于受到调查对象总体特性、研究经费、研究时间、调查环境等的约束,有些方法是难以操作,甚至根本行不通的。例如,采用视频图像检测的方法可以方便地获取路段交通量数据,但是前提条件就是具备架设摄像机的条件(在城市中,可选择天桥或楼房架设);如果不能架设摄像机,则需要应用其他的调查方法(如人工观测);当受到研究经费限制时,采用全面调查显然是行不通的,应采用抽样调查。

3)研究的深度和精度要求

研究问题的深度和精度对调查数据的要求是不一样的。要获取满足研究要求的调查数据,就要选择合适的调查方法。一般而言,定性调查比定量调查的深度和精度低;简单随机抽样相对于分层抽样的精度和深度低。

4)已有研究条件

已有研究条件主要包括研究调查经费、计算机软硬件、已有的数据,此外,时间也是需要考虑的一个因素(包括调查数据分析需要的时间、和决策者沟通时间等)。

5)组合抽样方法

交通问题一般相对复杂,一个研究问题可能需要多种类型的数据,因此,可以考虑多种调查方法的组合。调查方法的选择最终是为研究服务的,选择原则是能够在给定的条件下,达到预期的研究目的。

在选择调查方法时,应充分考虑现有的条件(资源),最好能充分利用已有的条件,节约研究调查费用。即使在调查研究经费充足的条件下,也要本着节约的原则选择调查方法。在满足研究需要的前提条件下,调查和研究的费用与花费的时间越少越好。例如,路段交通量调查,如果调查路段布设了自动采集设备(如微波或线圈检测器),则优先采用自动采集设备进行调查。

思　考　题

1. 德尔菲法的步骤有哪些?其适用场合是什么?
2. 多阶段抽样和分层抽样的区别是什么?分层抽样和整群抽样的区别是什么?
3. 简单随机抽样和系统抽样的区别是什么?
4. 选择调查方法应考虑哪些因素?

第4章 抽样调查

抽样调查是根据随机的原则从总体中抽取部分总体进行调查,并运用概率统计方法,推算总体数量指标的一种交通调查方法。抽样调查是交通调查中最常用的一种调查方式。

本章主要介绍了抽样调查、简单随机抽样、分层抽样调查方法及相关知识。

§4.1 引 言

4.1.1 抽样调查定义

抽样调查是一种非全面调查,是从全部研究对象中,抽选一部分单位进行调查,并对全部研究对象做出估计和推断的一种调查方法。抽样调查虽然是非全面调查,但它能够得出反映总体情况的信息资料,因此也可起到全面调查的作用。根据抽选样本的方法,抽样调查可以分为概率抽样和非概率抽样两类。概率抽样是按照概率论和数理统计的原理,从调查研究的总体中根据随机原则来抽选样本,并对总体的某些特征做出估计推断,对推断中可能出现的误差从概率意义上加以控制。非概率抽样则不按照概率的随机原则进行抽样。

4.1.2 抽样调查作用

抽样调查的作用概括起来主要有以下四点:

(1)抽样调查可以节约调查费用。相对于普查而言,抽样调查能节约调查的成本(人力、物力和财力)。例如,某条道路上行驶的车辆自由流速度调查采用抽样调查的方式即可满足研究的需要,没有必要全面调查每一辆车的运行速度,采用抽样调查既达到了研究需要,又节省了调查费用。

研究总体较大且受调查研究费用的约束时,可以采用抽样调查方式进行。

(2)抽样调查可以快速收集数据,满足时效性要求。许多交通调查要求在一定的时间内完成,而全面开展调查由于耗时多,有时在满足调查的时效性上存在困难。例如,针对交通政策民意调查和舆论调查可采用抽样方式进行。此外,采用抽样调查还可以对同一现象不同时间进行调查,了解事物发展变化情况。例如,对路段上货运车辆采用抽样调查,可以发现超载运输变化情况。

(3)抽样调查可以承担全面调查因调查对象数量过于庞大而难以完成的工作。例如,北京市居民的出行特征研究,由于北京市人口多达2 000万以上,采用普查方式是几乎不可能的,只能采用抽样调查方法。

(4)抽样调查可以提高调查质量。与其他调查一样,抽样调查也会遇到调查的误差问题。但是,抽样调查可以通过抽样设计,并采用一系列科学的方法,把误差控制在允许的范围之内;此外,由于调查单位少、代表性强,可以更仔细地调查所需要数据,减少误差。特别是在总体包含的调查单位较多的情况下,抽样调查结果的准确性一般高于全面调查。因此,抽样调查的结果通常比普查结果更准确。

抽样调查数据能用来代表和推算总体的原因是,抽样调查本身具有其他非全面调查所不具备的特点,包括:

(1)调查样本是按随机的原则抽取的,在总体中每一个单位被抽取的机会是均等的,因此,能够保证被抽中的单位在总体中的均匀分布,不致出现倾向性误差,代表性强。

(2)抽样调查以抽取的全部样本单位作为一个“代表团”,用整个“代表团”来代表总体,而不是用随意挑选的个别单位代表总体。

(3)抽样调查所抽选的调查样本数量是根据调查误差的要求,经过科学的计算确定的,在调查样本的数量上有可靠的保证。

(4)抽样调查的误差,在调查前就可以根据调查样本数量和总体中各单位之间的差异程度进行计算,并控制在允许范围以内,调查结果的准确程度较高。

基于以上特点,抽样调查被认为是非全面调查方法中用来推算和代表总体的最完善、最有科学根据的调查方法。

4.1.3 抽样调查关注的总体参数

对于一个调查对象,研究人员往往关注总体参数的四种类型:总体总量、总体均值、总体比例、总值或均值比率。

为了便于叙述,引入以下符号:记 N 为研究总体所包含的个体数量,$Y_1,Y_2,\cdots,Y_N$ 为调查所关注的指标值,$X_1,X_2,\cdots,X_N$ 为另一组指标值,$y_1,y_2,\cdots,y_n$ 和 $x_1,x_2,\cdots,x_n$ 为相应的样本观测值。

1)总体总量

总体总量又称为总体总值。如,某城市机动车总量、出行总量等,为个体数量之和:

$$Y = \sum_{i=1}^{N} Y_i \tag{4-1}$$

或:

$$X = \sum_{i=1}^{N} X_i \tag{4-2}$$

2)总体均值

总体均值即研究总体的平均值。例如,居民平均每个家庭小汽车数、每个居民平均出行次数等。总体均值计算公式为:

$$\bar{Y} = \frac{1}{N}\sum_{i=1}^{N} Y_i \tag{4-3}$$

或:

$$\bar{X} = \frac{1}{N}\sum_{i=1}^{N} X_i \tag{4-4}$$

3)总体比例

若 $Y_1,Y_2,\cdots,Y_N$ 是表示所研究总体中个体是否具有某个特征(如是否拥有私人小汽车),则其取值可表示为:

$$Y_i = \begin{cases} 1, & \text{第 } i \text{ 个个体具有某个特征} \\ 0, & \text{否} \end{cases} \tag{4-5}$$

则：

$$P = \frac{1}{N}\sum_{i=1}^{N} Y_i = \bar{Y} \tag{4-6}$$

就是总体中具有某个特征的总体比例。

4)总值或均值比率

均值比率是指调查对象两个指标的比值。例如，在货运调查中，常用货运周转量与货运吨数之比来表示货运里程。均值比率可按式(4-7)计算：

$$R = \frac{Y}{X} = \frac{\bar{Y}}{\bar{X}} \tag{4-7}$$

式(4-2)～式(4-7)只是给出了交通调查中最受关注的几个参数。这些参数的信息由抽取的样本来推断。

§4.2 抽样误差与精度

4.2.1 抽样误差来源

调查中的误差是难免的。抽样调查中的误差可分为非抽样误差和抽样误差两类。非抽样误差又可分为测量误差、抽样框误差和无响应误差三类。测量误差表现为调查数据与真实值不一致，其产生原因很多，包括测量手段(仪器)本身误差等。抽样框误差主要是由于抽样框不完善，表现为抽样单元有遗漏或重叠。无响应误差又称无回答误差，表现为调查数据的缺失，其主要原因是调查者拒绝回答或测量仪器故障等。此外，在调查过程中还存在其他原因导致的非抽样误差，例如数据录入错误。非抽样误差不是抽样造成的，因此通过增加抽样比例等方法不能控制非抽样误差。

抽样误差是用部分样本来估计总体参数而产生的误差。抽取的样本只是总体的一部分，其只能近似而不能完全与总体相同。样本的随机性是造成误差的根本原因。不同的样本，得到的估计结果是不同的。抽样误差是不可避免的。但与非抽样误差不同，抽样误差可以度量并可以通过抽样设计来控制。

4.2.2 均方误差与方差

抽样误差可以用均方误差、方差、偏差、变异系数等度量。假设 θ 为调查总体参数，$\hat{\theta}$ 为总体参数估计值(例如用样本均值估计总体均值)，则可以分别定义上述统计量。

1)均方误差(Mean Square Error)

$$MSE(\hat{\theta}) = E(\hat{\theta} - \theta)^2 = E[\hat{\theta} - E(\hat{\theta})]^2 + [E(\hat{\theta}) - \theta]^2 \tag{4-8}$$

当 $\hat{\theta}$ 为 θ 的无偏估计时，均方误差就是方差。

2)方差(Variance)

$$S^2(\hat{\theta}) = E[\hat{\theta} - E(\hat{\theta})]^2 \tag{4-9}$$

3)标准差(Standard Error)

方差的平方根称为标准差或标准误差。

$$S(\hat{\theta}) = \sqrt{S^2(\hat{\theta})} \tag{4-10}$$

4）偏差（Bias）

$$B(\hat{\theta}) = E(\hat{\theta}) - \theta \tag{4-11}$$

从无偏性的角度，偏差越小越好。一般而言，当偏差与标准差比值小于1/10时，偏差对估计精度的影响是可以忽略的。

5）变异系数

$$C(\hat{\theta}) = \frac{S(\hat{\theta})}{E(\hat{\theta})} \tag{4-12}$$

4.2.3 容许误差与置信区间

估计量的精度还可以用容许误差来度量。容许误差可以理解为在给定的置信水平下，参数估计值 $\hat{\theta}$ 与真实值 θ 的最大绝对误差或相对误差，又称为误差限。

（1）绝对容许误差

$$P(|\hat{\theta} - \theta| \leqslant d) = 1 - \alpha \tag{4-13}$$

（2）相对容许误差

$$P\left(\left|\frac{\hat{\theta} - \theta}{\theta}\right| \leqslant r\right) = 1 - \alpha \tag{4-14}$$

式中：d——绝对容许误差；

$1-\alpha$——置信水平，例如95%（$\alpha=5\%$）或90%（$\alpha=10\%$）等；

r——绝对容许误差。

（3）容许误差与估计量的标准差之间的关系

根据概率论中的中心极限定理与大数定律，当样本量 n 充分大时，参数估计值 $\hat{\theta}$ 渐近分布近似为正态分布：

$$\frac{\hat{\theta} - \theta}{S(\hat{\theta})} \sim N(0,1) \tag{4-15}$$

根据正态分布的性质：

$$P\left[\frac{|\hat{\theta} - \theta|}{S(\hat{\theta})} \leqslant u_{1-\alpha/2}\right] = 1 - \alpha \tag{4-16}$$

式中：$u_{1-\alpha/2}$——标准正态分布的 $1-\alpha/2$ 分位数，例如当 $\alpha=5\%$ 时，$u_{1-\alpha/2}=1.96$；当 $\alpha=10\%$ 时，$u_{1-\alpha/2}=1.65$。

由式（4-13）与式（4-16）可得绝对容许误差与参数估计标准差的关系：

$$d = u_{1-\alpha/2} S(\hat{\theta}) \tag{4-17}$$

（4）相对容许误差与变异系数关系

由式（4-14）与式（4-16）可得相对容许误差与变异系数关系：

$$r = u_{1-\alpha/2} C(\hat{\theta}) \tag{4-18}$$

由于 $S(\hat{\theta})$ 或 $C(\hat{\theta})$ 都与样本量 n 有关系,因此,当给定绝对容许误差或相对容许误差时,可以由式(4-17)或式(4-18)反推样本量。

(5)置信区间

根据式(4-16)可以得到总体参数 θ 的置信度为 $1-\alpha$ 的置信区间:

$$[\hat{\theta}-u_{1-\alpha/2}S(\hat{\theta}),\hat{\theta}+u_{1-\alpha/2}S(\hat{\theta})] \tag{4-19}$$

由上述论述可以发现,置信度和容许误差是成对定义的。因此,在抽样调查分析时,应同时给出总体参数的置信度和容许误差。

§4.3 简单随机抽样

4.3.1 简单随机抽样的定义

假设研究的总体含有 N 个个体,从中无重复地抽取 n 个个体作为样本($n \leqslant N$),如果每次抽取使总体内的个体被抽到的机会相等,就把这种抽样方法叫作简单随机抽样。

简单随机抽样是概率抽样调查中最基本的形式。由于其相对易于设计和分析,往往被研究人员优先考虑。简单随机抽样适用于个体之间差异较小的情况,特别是在以下情况下可选择简单随机抽样方法:①在设计调查时,调查个体之间差异较小且没有额外的信息;②研究人员关注的是各变量间的数量关系。

4.3.2 简单随机抽样中的统计量

1)总体均值和总体总数的估计

总体均值也就是总体平均数。假设所要研究的总体大小为 N,通过简单随机抽样,调查了 n 个个体。记 $y_1,y_2,\cdots,y_n$ 为所调查指标的取值,则总体均值 θ 的估计为:

$$\bar{y}=\frac{1}{n}\sum_{i=1}^{n}y_i \tag{4-20}$$

总体总数 τ 估计为:

$$T=N\cdot\bar{y}=\frac{N}{n}\sum_{i=1}^{n}y_i \tag{4-21}$$

2)总体比例

总体比例估计可以用抽样中具有某个特殊个体的比例来估计:

$$\hat{P}=p=\frac{1}{n}\sum_{i=1}^{n}y_i \tag{4-22}$$

式中,y_i 取值为0或1。当第 i 个调查对象具有某个特征时,$y_i=1$,否则 $y_i=0(i=1,2,\cdots,n)$。同样,根据总体比例可以对总体总数 τ 进行估计:

$$T=N\cdot\hat{p} \tag{4-23}$$

3)估计标准差

记 $y_1,y_2,\cdots,y_n$ 分布的均值和方差分别为 θ 和 σ^2,则由概率论知识:

$$E(\bar{y})=\theta \tag{4-24}$$

$$E(T)=N\cdot E(\bar{y})=N\theta \tag{4-25}$$

由于 $y_1, y_2, \cdots, y_n$ 相互独立,可求得 $\bar{y}$ 与 T 的方差:

$$Var(\bar{y}) = \frac{N-n}{Nn}\sigma^2 = \frac{1-f}{n}\sigma^2 \tag{4-26}$$

$$Var(T) = N^2 \cdot Var(\bar{y}) = \frac{N(N-n)}{n}\sigma^2 \tag{4-27}$$

在式(4-26)与式(4-27)中用到了一个关键参数:总体方差 σ^2。在实际调查中,σ^2 往往也是未知的,需要借助样本来估计。其无偏估计为:

$$s^2 = \frac{1}{n-1}\sum_{i=1}^{n}(y_i - \bar{y})^2 \tag{4-28}$$

因此,可用 s^2 估计 σ^2。则 $Var(\bar{y})$ 与 $Var(T)$ 的无偏估计分别为:

$$S^2(\bar{y}) = \frac{1-f}{n}s^2 \tag{4-29}$$

$$S^2(T) = \frac{N(N-n)}{n}s^2 \tag{4-30}$$

4)总体比例估计的标准差

对于总体比例 P 的估计 $\hat{P}$,有:

$$E(\hat{p}) = P \tag{4-31}$$

$$Var(\hat{P}) = \frac{1-f}{n}P(1-P) \tag{4-32}$$

总体总量的估计为:

$$E(T) = N \cdot E(\hat{P}) = NP \tag{4-33}$$

$$Var(T) = N^2 \cdot Var(\hat{P}) = \frac{N(N-n)}{n}P(1-P) \tag{4-34}$$

同样,总体估计比例方差 $P(1-P)$ 是未知的,其无偏估计为:

$$s^2 = \frac{1}{n-1}\sum_{i=1}^{n}(y_i - \bar{y})^2 = \frac{n}{n-1}p(1-p) \tag{4-35}$$

把式(4-33)与式(4-34)代入式(4-35)可分别得到 $Var(\hat{P}) = \frac{1-f}{n}P(1-P)$ 与 $Var(T) = N^2 \cdot Var(\hat{P}) = \frac{N(N-n)}{n}P(1-P)$ 的无偏估计:

$$S^2(\hat{p}) = \frac{1-f}{n}p(1-p) \tag{4-36}$$

$$S^2(T) = \frac{N(N-n)}{n}p(1-p) \tag{4-37}$$

对简单随机抽样,如果已知总体参数的估计和估计方差(或标准差),就可以对总体参数进行估计和统计推断。为了便于应用,表 4-1 给出了简单随机抽样参数及其估计。

简单抽样估计量汇总表　　表 4-1

总体参数	参数估计	参数估计的方差	方差的估计
θ	$\bar{y} = \frac{1}{n}\sum_{i=1}^{n}y_i$	$Var(\bar{y}) = \frac{\sigma^2}{n}\left(1 - \frac{n}{N}\right)$	$S^2(\bar{y}) = \frac{s^2}{n}\left(1 - \frac{n}{N}\right)$

续上表

总体参数	参数估计	参数估计的方差	方差的估计
P	$\hat{P}=p=$样本比例	$Var(\hat{P})=\frac{P(1-P)}{n}\left(1-\frac{n}{N}\right)$	$S^2(\hat{P})=\frac{p(1-p)}{n}\left(1-\frac{n}{N}\right)$
τ	$T=N\bar{y}$	$Var(T)=N^2Var(\bar{y})$	$S^2(T)=N^2S^2(\bar{y})$
σ^2	$s^2=\frac{1}{n}\sum_{i=1}^{n}(y_i-\bar{y})^2$		

5）总体参数的置信区间估计

由式(4-19)给出的置信区间定义以及表4-1给出的估计量，可得到总体均值置信度为$1-\alpha$的置信区间估计：

$$[\bar{y}-u_{1-\alpha/2}S(\bar{y}),\bar{y}+u_{1-\alpha/2}S(\bar{y})] \tag{4-38}$$

总体比例P置信度为$1-\alpha$的置信区间估计：

$$[p-u_{1-\alpha/2}S(p),p+u_{1-\alpha/2}S(p)] \tag{4-39}$$

总体总数置信度$1-\alpha$的置信区间估计：

$$[T-u_{1-\alpha/2}S(T),T+u_{1-\alpha/2}S(T)] \tag{4-40}$$

例4-1 某镇共有9 000个住户，抽取了容量为200的随机样本进行了调查，结果表明，平均每个住户有小汽车数量为$\bar{y}=1.2$辆，标准差为0.6。试计算$\bar{y}$的标准误差的估计、置信度为95%的置信区间，并估计该镇拥有车辆总数及其置信度为95%的置信区间。

由题意可知，总体$N=900$，样本量$n=200$，样本标准差$s=0.6$，抽样比例$f=\frac{200}{900}=\frac{2}{9}$。

因此，$\bar{y}$的标准差为：

$$S(\bar{y})=\frac{s}{\sqrt{n}}\sqrt{1-f}=\frac{0.6}{\sqrt{200}}\sqrt{1-200/900}=0.037$$

把$\bar{y}$及其标准差代入95%置信区间$[\bar{y}-u_{1-\alpha/2}S(\bar{y}),\bar{y}+u_{1-\alpha/2}S(\bar{y})]$，可求得置信区间为(1.13,1.27)。

同样，可得到该镇拥有的车辆总数估计为$T=\bar{y}N=1.2\times900=10\ 800$(辆)。

车辆总数T的估计标准误差为$S(T)=N\cdot S(\bar{y})=336.7$，车辆总数95%置信区间为(10 140,11 460)。

4.3.3 样本量的确定

确定调查样本量是交通调查设计的一项重要内容。对于抽样调查而言，样本量越大，抽样误差越小，估计量精度越高。但是，随着样本量的增加，调查费用也会增加。因此，在抽样调查中，样本量的确定需要权衡调查精度与调查费用。

1）样本量与调查费用的关系

调查总费用与样本量的关系可以表示为：

$$C_{\mathrm{T}}=c_0+cn \tag{4-41}$$

式中：C_{T}——调查总费用；

c_0——与样本量无关的固定费用（包括组织、调查方案设计、调查问卷设计、办公等）；

c——一个调查样本的平均费用（包括调查表印刷、调查人员的工资和交通费等）；

n——调查样本量。

因此，当总费用 C_T 给定时，调查样本量 n 可以按式(4-42)计算：

$$n=(C_T-c_0)/c \tag{4-42}$$

2)估计总体均值或总量时样本量

(1)按绝对精度确定样本量

由式(4-17)给出的绝对容许误差 $d=u_{\alpha/2}S(\bar{y})$，可以得到：

$$d^2=(u_{\alpha/2})^2\frac{1}{n}\left(1-\frac{n}{N}\right)\sigma^2 \tag{4-43}$$

由式(4-43)可求得样本量：

$$n=\frac{(u_{\alpha/2}\sigma)^2}{d^2+(u_{\alpha/2}\sigma)^2/N} \tag{4-44}$$

记为：

$$n_0=\left(\frac{u_{\alpha/2}\sigma}{d}\right)^2 \tag{4-45}$$

则：

$$n=\frac{n_0}{1+n_0/N} \tag{4-46}$$

在实际调查中，可先按式(4-45)计算 n_0，当总体单元数 N 未知或 $n_0 \ll N$(例如 $n_0/N<0.05$)时，样本量可用 n_0 来确定。否则，应按式(4-46)计算样本量。

(2)按相对精度确定样本量

由式(4-13)和式(4-14)可知绝对容许误差和相对容许误差的关系为 $d=r\theta$，将其代入式(4-44)、式(4-45)与式(4-46)，可得到样本量计算公式：

$$n=\frac{(u_{\alpha/2}\sigma)^2}{(\theta r)^2+(u_{\alpha/2}\sigma)^2/N}=\frac{(u_{\alpha/2})^2C^2}{r^2+(u_{\alpha/2}\sigma)^2C^2/N} \tag{4-47}$$

$$n_0=\left(\frac{u_{\alpha/2}C}{r}\right)^2 \tag{4-48}$$

式中，$C=\frac{\sigma}{\theta}=\frac{\sqrt{Var(Y)}}{E(Y)}$，为变异系数，可由经验获取或通过试调查数据估计。

例 4-2 拟对某条公路上行驶的车辆自由流速度进行调查，容许误差要求不大于 2km/h，并具有 95% 的置信度，求需要调查样本量。

根据已有的研究，地点车速标准差 σ 不大于 10.0km/h，置信度为 95% 时对应常数 $u_{\alpha/2}=1.96$。因此：

$$n=\left(\frac{\sigma u_{\alpha/2}}{d}\right)^2=\left(\frac{10\times1.96}{2}\right)^2=96(\text{辆})$$

即至少需要调查 96 辆车。

3)估计总体比例 P 时的样本量

抽样调查中，常用样本比例 p 来估计总体样本比例 P。假设 d 是 p 的绝对容许误差(置信度为 $1-\alpha$)，则有：

$$S^2(p)=\frac{P(1-P)(N-n)}{n(N-1)} \tag{4-49}$$

由绝对容许误差和 P 的估计方差关系 $d = u_{\alpha/2}S(p)$，可得：

$$d^2 = (u_{\alpha/2})^2 \frac{P(1-P)(N-n)}{n(N-1)} \tag{4-50}$$

计算得到样本量：

$$n = \frac{(u_{\alpha/2}/d)^2 P(1-P)}{1 + [(u_{\alpha/2}/d)^2 P(1-P) - 1]/N} \tag{4-51}$$

记为：

$$n_0 = (u_{\alpha/2}/d)^2 P(1-P) \tag{4-52}$$

则有：

$$n = \frac{n_0}{1 + n_0/N} \tag{4-53}$$

在实际调查中，可先按式(4-52)计算 n_0，当总体单元数 N 未知或 $n_0 \ll N$(例如 $n_0/N < 0.05$)，可用 n_0 作为样本量，否则，按式(4-53)确定样本量。如果没有 $P(1-P)$ 的估计，可取 1/4 作为 $P(1-P)$ 的上限。

4)样本量调整

在实际调查中，由于被调查人不配合(无回答)等原因，导致部分样本无效。因此，应考虑无效样本对调查的影响，调整样本量。调整样本量可按式(4-54)确定：

$$n_1 = n/r_p \tag{4-54}$$

式中：n_1——调整后样本量；

n——计算的样本量；

r_p——有效样本比例或相应样本比例。

§4.4 分层抽样

4.4.1 定义

分层抽样是根据总体的某些特征将总体分为同质、不相互重叠的若干层(类)，再从各层中独立随机抽取样本，最后将层的结果组合在一起估计总体参数。

例如，在公路交通调查中，不同类型的车辆构成了调查总体。因此，可按车辆类型来统计交通量，这样就形成了不同的子总体(层)，然后对每类车辆进行调查统计。

分层抽样的适用情况及特点如下：首先，分层抽样适用于调查总体比较复杂，内部差异大且总体规模较大，采用简单抽样难以保证调查样本在各层的代表性和均衡性的情况，通过分层抽样能保证每层样本数量，提高抽样效率；其次，通过分层抽样可提高总体参数估计的精度；第三，通过分层抽样还可以获取各层总体(子总体)的特征信息，兼顾总体与子总体调查需要；此外，分层抽样实施起来灵活方便，便于组织，特别是各层抽样可独立进行，采用不同的抽样方法。

4.4.2 子总体参数的估计

在实际工作中，研究人员不仅对总体参数感兴趣，往往也需要估计每层(子总体)的参数。假设 $y_{1l}, y_{2l}, \cdots, y_{n_l l}$ 为来自子总体 l 的一组简单样本，子总体规模为 N_l。

1）第 l 子总体总量 $T^{(l)}$ 的估计

子总体均值 u_l 可用式(4-55)估计：

$$\hat{u}_{(l)} = \overline{y}^{(l)} = \frac{1}{n_l}\sum_{i=1}^{n_l} y_{il} \tag{4-55}$$

其期望和方差分别为：

$$E[\hat{u}_{(l)}] = u_l \tag{4-56}$$

$$Var[\hat{u}_{(l)}] = \frac{1}{n_l}\left(1 - \frac{n_l}{N_l}\right)\sigma_l^2 \tag{4-57}$$

$Var[\hat{u}_{(l)}]$ 的无偏估计为：

$$S^2[\hat{u}_{(l)}] = \frac{s_l^2}{n_l}(1 - f_l) \tag{4-58}$$

式中，$s_l^2 = \frac{1}{n_l - 1}\sum_{i=1}^{n_l}(y_{il} - \overline{y}^{(l)})^2$，$f_l = \frac{n_l}{N_l}$。

2）第 l 子总体总量 $T^{(l)}$ 的估计

子总体 l 的总量可用式(4-59)估计：

$$\hat{T}^{(l)} = N_l \hat{u}_{(l)} = N_l \overline{y}^{(l)} \tag{4-59}$$

则 $\hat{T}^{(l)}$ 方差估计为：

$$Var[\hat{T}^{(l)}] = N_l^2 Var[\hat{u}_{(l)}] = \frac{N_l^2}{n_l}(1 - f_l)\sigma_l^2 \tag{4-60}$$

$Var(\hat{T}^{(l)})$ 的无偏估计为：

$$S^2[\hat{T}^{(l)}] = \frac{N_l^2 s_l^2}{n_l}(1 - f_l) \tag{4-61}$$

4.4.3 总体参数估计

由分层抽样定义可以发现，尽管其比简单随机抽样复杂得多，但对每层而言，可以看作独立的简单随机抽样。因此，分层抽样总体的参数估计可看作简单随机抽样参数估计“加权”，其相应的统计性质也可以用类似方法求出。

1）总体均值的估计

假设共有 L 个层，$N_1, N_2, \cdots, N_L$ 表示每个层的总体单元数，则总体数量为 $N = N_1 + N_2 + \cdots + N_L$，第 l 层的总体均值和方差分别用 u_l 和 σ_l^2 表示。

$W_l = \frac{N_l}{N}$ 表示第 l 层总体（子总体）个数占总体的比例。

在第 l 层内，简单随机抽取 n_l 个样本 $y_{1l}, y_{2l}, \cdots, y_{n_l l}$，则第 l 层的总体均值 u_l 的估计为 $\overline{y}^{(l)} = \frac{1}{n_l}\sum_{i=1}^{n_l} y_{il}$，整个总体均值估计为：

$$\overline{y}_s = \sum_{l=1}^{L}\frac{N_l}{N}\overline{y}^{(l)} = \sum_{l=1}^{L} W_l \overline{y}^{(l)} \tag{4-62}$$

且：

$$E(\bar{y}_s)=\frac{1}{N}\sum_{l=1}^{L}N_l u_l=u \tag{4-63}$$

$$Var(\bar{y}_s)=\sum_{l=1}^{L}W_l^2 Var[\bar{y}^{(l)}]=\sum_{l=1}^{L}W_l^2\left(\frac{1}{n_l}\right)\left(1-\frac{n_l}{N_l}\right)\sigma_l^2 \tag{4-64}$$

当各个层样本比例较小时,可用式(4-65)近似估计总体均值方差:

$$Var(\bar{y}_s)\approx\sum_{l=1}^{L}W_l^2(\frac{1}{n_l})\sigma_l^2 \tag{4-65}$$

2)总体总数的估计

总体总数τ估计:

$$T_s=N\cdot\bar{y}_s \tag{4-66}$$

总体总数估计的期望:

$$E(T_s)=N\cdot E(\bar{y}_s)=Nu=\tau \tag{4-67}$$

总体总数估计的方差:

$$Var(T_s)=\sum_{l=1}^{L}N_l^2\cdot Var[\bar{y}^{(l)}]=\sum_{l=1}^{L}N_l^2\left(\frac{1}{n_l}\right)\left(1-\frac{n_l}{N_l}\right)\sigma_l^2 \tag{4-68}$$

3)总体参数估计的方差估计

$$s_l^2=\frac{1}{n_l-1}\sum_{i=1}^{n}[y_{il}-\bar{y}^{(l)}]^2 \tag{4-69}$$

则$Var(\bar{y}_s)$的估计为:

$$S^2(\bar{y}_s)=\sum_{l=1}^{L}w_l^2\left(\frac{1}{n_l}\right)\left(1-\frac{n_l}{N_l}\right)s_l^2 \tag{4-70}$$

同样,$Var(T_s)$的估计为:

$$S^2(T_s)=\sum_{l=1}^{L}N_l^2\left(\frac{1}{n_l}\right)\left(1-\frac{n_l}{N_l}\right)s_l^2 \tag{4-71}$$

4.4.4 分层样本量的分配

采用分层抽样时,需要确定各个层的样本量。各个层样本量可用以下几种方法分配。

1)指定分配

指定分配样本方法就是按给定的比例分配各层样本量。指定分配中最简单的一种样本量分配方法是等量分配法,即$n_1=n_2=\cdots=n_L=n/L$。不失一般化,指定分配可以表示为:

$$n_l=w_l n \tag{4-72}$$

2)比例分配

比例分配是指按各层单元数占总单元数的比例分配样本量,即:

$$\frac{n_l}{n}=\frac{N_l}{N},\quad l=1,2,\cdots,L \tag{4-73}$$

或:

$$n_l=n\cdot\frac{N_l}{N},\quad l=1,2,\cdots,L \tag{4-74}$$

3)最优分配

最优分配是指在总费用最小的条件下,使估计量方差达到最小,或在估计量方差给定的条件下，使总费用最小的样本量分配方法。

假设费用函数为简单线性函数，总费用为：

$$C_{\mathrm{T}} = c_0 + \sum_{l=1}^{L} c_l n_l \tag{4-75}$$

则最优分配样本量为：

$$n_l = n \frac{W_l \sigma_l / \sqrt{c_i}}{\sum_{k=1}^{L} W_k \sigma_k / \sqrt{c_i}} = n \frac{N_l \sigma_l / \sqrt{c_i}}{\sum_{k=1}^{L} N_k \sigma_k / \sqrt{c_i}}, \quad l = 1,2,\cdots,L \tag{4-76}$$

4）奈曼分配

假设各层的单元抽样费用相同，即 $c_1 = c_2 = \cdots = c_L$，在此假设下，得到的样本分配称为奈曼分配。分配样本量为：

$$n_l = n \frac{W_l \sigma_l}{\sum_{k=1}^{L} W_k \sigma_k} = n \frac{N_l \sigma_l}{\sum_{k=1}^{L} N_k \sigma_k}, \qquad l = 1,2,\cdots,L \tag{4-77}$$

进一步假设各层单元调查费用相同，并且各层总体方差也相等时，则奈曼分配就是按比例分配样本，即：

$$n_l = n \frac{N_l}{N}$$

在实际调查中，由于各层标准差 σ_l 往往是未知的，按比例分配样本相对简单易行，不失为一个可选方案。

4.4.5 总样本量的确定

分层抽样总的样本量 n 取决于估计精度和抽样费用。而估计精度要求又分为对总体参数估计精度要求和分层（子总体）参数估计精度要求。当对每层精度有要求时，则可以应用简单抽样样本量确定方法计算每层样本量，汇总得到总的样本量。

总体参数估计精度取决于每层样本量的大小。在总样本量给定的情况下，分层样本量分配方式影响了估计精度。反之，在同一精度要求下，不同的分层样本量分配方式，要求的总样本量也不一样。

1）估计总体均值需要的样本量

（1）按指定分配样本方式

令 $w_l = \frac{n_l}{n}$ 表示第 l 层样本占总样本比例（$l = 1,2,\cdots,L$），$S(\bar{y}_{\mathrm{s}})$ 为总体均值估计的标准差［容许误差 $d = u_{1-\alpha/2} S(\bar{y}_{\mathrm{s}})$］，则有：

$$S^2(\bar{y}_{\mathrm{s}}) = \frac{1}{n} \sum_{l=1}^{L} \frac{W_l^2 \sigma_l^2}{w_l} - \sum_{l=1}^{L} \frac{W_l \sigma_l^2}{N} \tag{4-78}$$

可得：

$$n = \frac{\sum_{l=1}^{L} W_l^2 \sigma_l^2 / w_l}{S^2(\bar{y}_{\mathrm{s}}) + \frac{1}{N} \sum_{l=1}^{L} W_l \sigma_l^2} \tag{4-79}$$

令：

$$n_0 = \frac{1}{S^2(\bar{y}_s)}\sum_{l=1}^{L} W_l^2\sigma_l^2/w_l \tag{4-80}$$

则有：

$$n = \frac{n_0}{1 + \frac{1}{NS(\bar{y}_s)}\sum_{l=1}^{L} W_l\sigma_l^2} \tag{4-81}$$

式(4-81)中，n_0 可以看作 n 的近似，若 $n_0 \ll N$（例如 $n_0/N < 0.05$），则取 $n = n_0$，否则按式(4-81)计算样本量。

(2)按比例分配样本方式

对于按比例分配样本方式 $w_l = \frac{N_l}{N} = W_l$，则有：

$$n_0 = \frac{1}{S^2(\bar{y}_s)}\sum_{l=1}^{L} W_l\sigma_l^2 \tag{4-82}$$

$$n = \frac{n_0}{1 + n_0/N} \tag{4-83}$$

(3)最优样本分配方式

对于线性费用函数下的样本分配方式：

$$w_l = \frac{W_l\sigma_L/\sqrt{c_l}}{\sum_{i=1}^{L} W_i\sigma_i/\sqrt{c_i}}$$

可得到总样本量：

$$n = \frac{\left(\sum_{i=1}^{L} W_i\sigma_i\sqrt{c_i}\right)\left(\sum_{i=1}^{L} W_i\sigma_i/\sqrt{c_i}\right)}{S^2(\bar{y}_s) + \frac{1}{N}\sum_{i=1}^{L} W_i\sigma_i^2} \tag{4-84}$$

(4)奈曼样本分配方式

对于奈曼样本分配方式 $w_l = \frac{W_l\sigma_l}{\sum_{i=1}^{L} W_i\sigma_i}$，可得：

$$n_0 = \frac{1}{S^2(\bar{y}_s)}\left(\sum_{l=1}^{L} W_l\sigma_l\right)^2 \tag{4-85}$$

$$n = \frac{\left(\sum_{l=1}^{L} W_l\sigma_l\right)^2}{S^2(\bar{y}_s) + \frac{1}{N}\sum_{l=1}^{L} W_l\sigma_l^2} \tag{4-86}$$

2)估计总体总量的情形

总体总量估计为：

$$T_s = N \cdot \bar{y}_s$$

根据 $Var(T_s) = N^2 \cdot Var(\bar{y}_s)$，可知 $S^2(T_s) = N^2 \cdot S^2(\bar{y}_s)$。所以，当给定总体总量估计标准差(或容许误差)时，把 $S^2(\bar{y}_s) = S^2(T_s)/N^2$ 代入式(4-79)～式(4-86)即可求得总体样本量，推导结果如下。

(1)按指定分配样本方式

记 $w_l = \frac{n_l}{n}$ 为第 l 层样本占总样本比例($l=1,2,\cdots,L$),则样本量为:

$$n = \frac{N^2 \sum_{l=1}^{L} W_l^2 \sigma_l^2 / w_l}{S^2(T_s) + N \sum_{l=1}^{L} W_l \sigma_l^2} \tag{4-87}$$

记为:

$$n_0 = \frac{N^2}{S^2(T_s)} \sum_{l=1}^{L} W_l^2 \sigma_l^2 / w_l \tag{4-88}$$

则有:

$$n = \frac{n_0}{1 + \frac{1}{S(T_s)} \sum_{l=1}^{L} W_l \sigma_l^2} \tag{4-89}$$

因此,n_0 可以看作 n 的近似。如果 $n_0 \ll N$(例如 $n_0/N < 0.05$),则取 $n = n_0$,否则按式(4-89)计算样本量。

(2)按比例分配样本方式

对于按比例分配样本方式 $w_l = \frac{N_l}{N} = W_l$,则有:

$$n = \frac{N^2 (\sum_{l=1}^{L} W_l \sigma_l)^2}{S^2(T_s) + N \sum_{l=1}^{L} W_l \sigma_l^2} \tag{4-90}$$

记为:

$$n_0 = \frac{N}{S^2(T_s)} \sum_{l=1}^{L} W_l \sigma_l^2 \tag{4-91}$$

$$n = \frac{n_0}{1 + n_0/N} \tag{4-92}$$

(3)最优样本分配方式

由线性费用函数下的样本分配方式 $w_l = \frac{W_l \sigma_L / \sqrt{c_l}}{\sum_{i=1}^{L} W_i \sigma_i / \sqrt{c_i}}$,可得到样本量:

$$n = \frac{N^2 (\sum_{i=1}^{L} W_i \sigma_i \sqrt{c_i})(\sum_{i=1}^{L} W_i \sigma_i / \sqrt{c_i})}{S^2(T_s) + N \sum_{i=1}^{L} W_i \sigma_i^2)} \tag{4-93}$$

(4)奈曼样本分配方式

对于奈曼样本分配方式 $w_l = \frac{W_l \sigma_l}{\sum_{i=1}^{L} W_i \sigma_i}$,则有:

$$n_0 = \frac{N^2}{S^2(T_s)} (\sum_{l=1}^{L} W_l \sigma_l)^2 \tag{4-94}$$

$$n = \frac{N^2 (\sum_{l=1}^{L} W_l \sigma_l)^2}{S^2(\bar{y}_s) + N \sum_{l=1}^{L} W_l \sigma_l^2} \tag{4-95}$$

3）估计总体比例的情形

对于估计总体 P 的情形，其总体样本量的计算方法与估计总体均值情形类似，只要把 P 的估计量 $\hat{P}$ 的方差估计 $S^2(\hat{P}_l)=\frac{N_l}{N_l-1}P_l(1-P_l)$ 代入式(4-78)～式(4-86)即可得到样本总量计算公式。

（1）按指定分配样本方式

设 $n_l=w_l n$，则有：

$$n=\frac{\sum_{l=1}^{L}W_l^2P_l(1-P_l)/w_l}{S^2(\hat{P})+N\sum_{l=1}^{L}W_lP_l(1-P_l)} \tag{4-96}$$

令：

$$n_0=\frac{1}{S^2(\hat{P})}\sum_{l=1}^{L}W_l^2P_L(1-P_L)/w_l \tag{4-97}$$

则有：

$$n=\frac{n_0}{1+\frac{1}{NS^2(\hat{P})}\sum_{l=1}^{L}W_lP_l(1-P_l)} \tag{4-98}$$

（2）按比例分配样本方式

$$n_0=\frac{1}{S^2(\hat{P})}\sum_{l=1}^{L}W_lP_L(1-P_L) \tag{4-99}$$

$$n=\frac{n_0}{1+n_0/N} \tag{4-100}$$

（3）一般最优分配

$$n=\frac{\left[\sum_{l=1}^{L}W_l\sqrt{P_l(1-P_l)}\sqrt{c_l}\right]\left[\sum_{l=1}^{L}W_l\sqrt{P_l(1-P_l)}/\sqrt{c_l}\right]}{S^2(\hat{P})+\frac{1}{N}\sum_{l=1}^{L}W_lP_l(1-P_l)} \tag{4-101}$$

（4）奈曼分配

对于奈曼样本分配方式 $w_l=\frac{W_l\sigma_l}{\sum_{i=1}^{L}W_i\sigma_i}$，则有：

$$n_0=\frac{1}{S^2(\hat{P})}\left[\sum_{l=1}^{L}W_l\sqrt{P_l(1-P_L)}\right]^2 \tag{4-102}$$

$$n=\frac{n_0}{1+\frac{1}{NS^2(\hat{P})}\sum_{l=1}^{L}W_lP_L(1-P_L)} \tag{4-103}$$

如果精度是以绝对容许误差 $d=u_{1-\alpha/2}\cdot S(\bar{y}_s)$ 形式给出的，则将 $S^2(\bar{y}_s)=\left(\frac{d}{u_{1-\alpha/2}}\right)^2$ 代入式(4-78)～式(4-103)中，可得到相应的总体样本量；同样，如果精度是以相对容许误差 $r=u_{1-\alpha/2}\cdot S(\bar{y}_s)$ 形式给出的，可利用 $d=r\cdot\bar{y}_s$ 与 $S^2(\bar{y}_s)=\left(\frac{d}{u_{1-\alpha/2}}\right)^2$ 的关系推导出样本计算公式。

4)给定总费用时样本量的确定

对于分层抽样,调查总费用与样本量的关系可以表示为:

$$C_T = c_0 + \sum_{l=1}^{L} c_l n_l \tag{4-104}$$

式中:C_T——总的调查费用;

c_0——与样本量无关的固定费用(包括组织、调查方案设计、调查问卷设计、办公等的费用);

c_l——l 层一个调查样本平均费用;

n_l——l 层样本量。

假设 C_T、c_0、c_l 已知,根据一般最优分配结果,第 l 层分配样本量为:

$$n_l = (C_T - c_0)\frac{\frac{W_l\sigma_l}{\sqrt{c_l}}}{\sum_{i=1}^{L} W_i\sigma_i\sqrt{c_i}}, \quad l = 1,2,\cdots,L \tag{4-105}$$

总样本量为:

$$n = (C_T - c_0)\frac{\sum_{l}^{L} W_l\sigma_l/\sqrt{c_l}}{\sum_{k=1}^{L} W_k\sigma_k\sqrt{c_l}} \tag{4-106}$$

4.4.6 事后分层法

在实际调查中,如果出现由于各种原因没有进行分层抽样调查,但在调查后,希望对每个子总体进行估计的情况,就可以应用事后分层技术。此外,针对分层抽样调查数据,如果希望得到以其他个体特征为分类的子总体参数信息[例如,商用车辆调查是按出租车和货运车辆两个层(子总体)调查的,但研究人员希望了解不同类型的货运车辆(如按标示吨位划分)单车运量],即重新划分层,由于重新分层后的各个总体规模可能是未知的,此时可以应用事后分层技术。

事后分层法可简单描述为:假设从总体中抽取了一个样本量为 n 的样本,按照某个特征,这 n 个样本又分了 L 个子总体(层),其中,$y_{1l}, y_{2l}, \cdots, y_{n_l l}$ 为属于第 $l(l = 1,2,\cdots,L)$ 个子总体的样本,n_l 为落在第 l 个子总体的样本量,$n = \sum_{l=1}^{L} n_l$,则基于此分层,可对分层后的各个子总体进行分析。

1)第 l 子总体均值估计

第 l 子总体均值 u_l 可用其样本均值估计:

$$\bar{y}^{(l)} = \frac{1}{n_l}\sum_{i=1}^{n_l} y_{il} \tag{4-107}$$

其期望和方差分别为:

$$E(\bar{y}^{(l)}) = u_l \tag{4-108}$$

$$Var(\bar{y}^{(l)}) = \frac{1}{n_l}\sigma_l^2 \tag{4-109}$$

子总体 l 的方差 σ_l^2 可由其样本方差估计:

$$S^2(\bar{y}^{(l)}) = \frac{1}{n_l - 1}\sum_{i=1}^{n_l} (y_{il} - \bar{y}^{(l)})^2 \tag{4-110}$$

2)第 l 子总体总量 $T^{(l)}$ 的估计

由于子总体大小 N_l 未知,不能直接应用子总体大小与子总体均值乘积估计子总体总量。子总体 l 的总量可用下式估计:

$$\hat{T}^{(l)}=\frac{N}{n}\sum_{i=1}^{n_l}y_{il}=\frac{N}{n}n_l\bar{y}^{(l)} \tag{4-111}$$

子总体方差估计为:

$$Var(\hat{T}^{(l)})=\frac{N^2(1-f)}{n}[\frac{N_l-1}{N-1}\sigma_l^2+\frac{N}{N-1}P_l(1-P_l)(u_l)^2] \tag{4-112}$$

$Var(\hat{T}^{(l)})$ 的无偏估计为:

$$S^2(\hat{T}^{(l)})=\frac{N^2}{n(n-1)}[\sum_{i=1}^{n_l}(y_{il}-\bar{y}^{(l)})^2+np_l(1-p_l)(\bar{y}^{(l)})^2] \tag{4-113}$$

式中,$p_l=n_l/n$,$P_l=N_l/N$。

例 4-3 在汽车运量调查中,从总体为 167 500 辆载货汽车中抽取了 1 250 辆货车的运量数据,以及每辆车归属部门。车辆归属部门分为三类:交通部门、非交通部门所属车辆以及个体联营车辆,结果如表 4-2 所示。试按部门估计月总运量。

货运抽样汇总 表 4-2

部　　门	样本车辆数	平均运量(t)	运量标准差(t)
交通部门	410	345.5	47.4
非交通部门	725	81.2	61.6
个体联营	115	438.0	30.7

由表 4-2 可知,$N=167\ 500$,$n=1\ 250$,$n_1=410$,$n_2=725$,$n_3=115$;$\bar{y}^{(1)}=345.5$,$\bar{y}^{(2)}=81.2$,$\bar{y}^{(3)}=438$。把上述数据代入式(4-111)可计算得到各个部门月运输总量为:

$$\hat{T}^{(1)}=\frac{167\ 500}{1\ 250}\times345.5\times410=1\ 898.177(\text{万 t})$$

$$\hat{T}^{(2)}=\frac{167\ 500}{1\ 250}\times81.2\times725=788.858(\text{万 t})$$

$$\hat{T}^{(3)}=\frac{167\ 500}{1\ 250}\times438.0\times115=674.958(\text{万 t})$$

§4.5 抽 样 步 骤

在第 4 章 4.1~4.4 小节给出的理论基础上,本小节主要围绕抽样的具体操作方法展开,其中表 4-3 给出了抽样调查中一般抽样步骤。

抽样步骤 表 4-3

步　　骤	内　　容
1. 界定总体	定义总体
2. 构建抽样框	(1)建立或寻找抽样框 (2)核对抽样框信息:完善抽样框信息,构建可以接受的抽样框

续上表

步　骤	内　容
3. 确定样本量	(1)确定精度(容忍误差限、方差) (2)回答率 (3)计算样本量
4. 确定抽样方式	(1)确定抽样方式 (2)选取样本
5. 实施抽样调查	

思　考　题

1. 如果估计精度是以绝对容许误差 $d = u_{1-\alpha/2}S(\bar{y}_s)$ 形式给出的，试按式(4-78) ~ 式(4-103)推导方法，给出总体样本量计算公式。

2. 如果精度是以相对容许误差 $r = u_{1-\alpha/2}S(\bar{y}_s)$ 形式给出的，试推导样本计算公式。

3. 根据例 4-3 中给出的数据，试估计各个子总体总量的标准差。

第5章　调查问卷设计

问卷调查法是调查者运用统一设计的问卷向被选取的调查对象了解情况或征询意见的一种调查方法。问卷调查法在交通调查中日益受到重视,已成为交通调查的重要手段之一。问卷调查法的运用关键在于编制调查问卷(又称调查表或询问表)。

本章主要介绍了调查问卷设计基本知识以及问卷设计相关技巧。

§5.1　调查问卷基本知识

5.1.1　调查问卷类型

调查问卷的类型可以从不同角度进行划分。按问卷答案形式划分,可分为结构式、半结构式、开放式3种;按调查方式划分,可分为访问问卷和自填问卷;按问卷用途分,则分为甄别问卷、调查问卷和回访问卷等。在交通调查中,甄别问卷和回访问卷使用较少,本书主要介绍调查问卷。

1)按问卷答案形式划分

问卷可分为结构式、开放式、半结构式3种基本类型。

(1)封闭式

封闭式问卷的答案在问卷上已经确定,被调查人只要认真选择答案就可以了。例如:您到××旅游景点的乘坐的交通工具是:________

A.火车　　B.飞机　　C.轮船　　D.公共汽车　　E.自驾车

(2)开放式

这种问卷的答案由被调查人自由填写。例如:请问您乘坐的工具及其花费是:

A.火车____元　　　B.飞机____元

C.轮船____元　　　D.公共汽车____元

E.自驾车____元(含过路费、过桥费、油费)

(3)半封闭式

这种问卷介于封闭式和开放式两者之间,问题的答案既有固定的、标准的,也有由被调查人自由填写的。这类问卷在实际调查中运用最广泛。例如:

请问您每年来××景点的频率大概是多少?________

A.不到1次　　B.1~2次　　C.3~4次　　D.5次及以上

2)按调查方式分

问卷按调查方式分为自填问卷和访问问卷。自填问卷是调查人员把问卷发放给被调查人,由被调查人自已填答。访问问卷是调查人员通过询问被调查人问题,被调查人回答后由调查人员填写的问卷。访问问卷调查可分为电话访问和面对面访问方式。自填式问卷由于发送的方式不同又分为发送问卷和邮寄问卷两类。发送问卷是由调查人员直接将问卷送到被调查者手中,并由调查人员直接回收的调查形式。而邮寄问卷是由调查单位邮寄给被调查者,被调查者自己填答后,再邮寄回调查单位的调查方式。

随着网络调查方式的出现,有些调查可以通过网络方式进行,在这种情况下,被调查人可以通过网络方式填写问卷。

访问问卷的回收率最高,填答的结果也最可靠,但是成本高、费时长、问卷的回收率一般要求在90%以上;邮寄问卷回收率较低,调查过程不能进行控制,可信性与有效性都相对较低。由于回收率低可能会导致调查样本出现偏差,影响样本对总体的推断。一般来讲,邮寄问卷的回收率在50%左右就可以了;发送式自填问卷的优缺点介于上述两者之间。

5.1.2 调查问卷一般结构

调查问卷一般由标题、引言(注释)、问卷主体、编码、致谢和调查记录6项内容组成。

1)标题

每一个调查问卷都是针对给定的研究主题设计的。为了让被调查人对调查目的或内容一目了然,增强被调查者的兴趣,调查问卷要有一个标题,例如:“××停车设施及使用情况调查”、“北京市居民机动车出行调查”。很明显,通过调查问卷标题被调查者可以大致了解调查的主要内容。

2)引言(注释)

问卷开头部分一般是引言和注释,是对问卷的情况说明。引言可以是一封信的形式,也可以是填答问卷说明。引言包括调查的目的、意义、主要内容、调查的组织单位、调查结果的使用者、保密措施等。其目的在于引起受访者对填答问卷的重视和兴趣,使其对调查给予积极支持和合作。

引言篇幅一般不长。访问式问卷的开头往往非常简短;自填式问卷的开头可以长一些,但一般以不超过二三百字为佳。

3)问卷主体

问卷主体是具体的调查内容,也是问卷的核心部分,主体由问题和答案构成。从问题结构形式上看,问题可分为开放式、封闭式和半封闭式。从内容上看,可以分为事实性问题、意见性问题、断定性问题、假设性问题和敏感性问题等。

4)编码

编码是指给每个问题的每个可能答案分配一个代号(通常用数字表示)。如果一个问题有1个答案,则这个问题就占用1个编码,如果一个问题有3种答案,则这3个答案需要占用3个编码。对问题答案进行编码可以方便对调查结果进行分类汇总,使计算机处理和统计分析易于进行。

5)致谢

致谢是为了表示对被调查人真诚合作而在问卷上所写的表示感谢的话。致谢一般出现在问卷的引言或末端。

6)调查记录

调查记录的作用是记录调查完成的情况以便于调查的核对和校订,其格式和要求都比较灵活，调查人员和校核人员均在上面签写姓名和日期。

比较完整的调查问卷一般应具有上述6项内容。通常使用的征询意见及一般调查问卷可以简单些。此外，对于网络调查，其问卷一般包括前五项即可。

§5.2 问卷设计程序

5.2.1 调查问卷设计原则

调查问卷设计一般遵循以下原则：

1）目的性原则

目的性原则是指调查主题要明确，调查问题要清晰。调查问卷设计应根据研究的问题来拟定调查标题，设计调查问题。调查问题应目的明确，没有可有可无的问题。

2）必要性原则

必要性原则是指问卷设计应根据研究的需要设计问句，每个问题都必须和调查目标紧密联系，既不浪费也不遗漏。

3）逻辑性原则

问卷中问题的设计和排列要有一定的逻辑。设计的问题不能相互矛盾；问题的排列要符合逻辑顺序，一般是先易后难、先简后繁、先具体后抽象。自填问卷问题设置要符合被调查者的思维程序；访问问卷要方便调查人员询问、记录，并确保所取得的信息资料正确无误。

4）准确性原则

问卷用词要清楚明了，问题要清楚、明确、具体。语意表达要准确，不能模棱两可，避免使用“一般”、“大约”或“经常”等模糊性词语。此外，一个问题只能有一个问题点。

5）客观性原则

调查内容应具有客观性。为了避免对被调查人员产生主观性引导，问卷要避免出现引导性、暗示性或倾向性问题。提问不能有任何暗示，措辞要恰当，避免使用引导性的话语，如“××认为”、“多数人认为”、“权威人士认为”等。

6）通俗性原则

调查问卷表达要简洁易懂，一般使用日常用语，要符合被调查者的理解能力和认识能力，避免使用专业术语、缩写。当有被调查者可能不了解的专业术语时，设计者需要在问卷中做出解释，这样易于被调查者理解并愿意如实回答问题。问卷语气要亲切，对敏感性问题采取一定的技巧调查，使问卷具有合理性和可答性，避免主观性和暗示性，以免答案失真。

7）可行性原则

可行性原则指的是设计问卷应能得到被调查者的积极响应，能获取到所需要的信息。特别是当调查问题中涉及一些令人尴尬的、隐私性的或有损自我形象的问题时，被调查者有可能不愿做出真实的回答或拒绝回答。因此，问题的设计既要考虑到被调查者的自尊，又要考虑提问技巧。

设计问卷应严格控制答卷时间,避免被调查者答题时出现疲劳状态、随意作答或不愿合作的情况;问卷篇幅尽可能短小精悍,问题不能过多,题目量最好限定在 20 ~ 30 道左右(控制在 20min 内答完)。

此外,问卷的设计要便于资料的校验、整理和统计。

5.2.2 调查问卷设计程序

调查问卷设计一般可按以下程序进行:

1)准备阶段

问卷设计准备阶段就是根据研究的需要和调查目的、调查内容,确定所需要调查信息。这一步骤的实质就是把握设计调查问卷所需要的信息。

如果有调查方案可参阅,则应仔细研读调查方案或直接向调查方案设计者咨询,将需要调查的问题具体化、条理化,变成一系列可以测量的变量或指标。

除此之外,还应搜集与所研究问题相关的资料或类似研究问题的资料,对所研究问题进一步了解,加深对所要调查问题认识;搜集与被调查群体有关的资料,了解被调查对象特征。这些工作有助于问卷问题、答案设计。例如,对拟被调查群体收入情况进行相关资料收集,就可以初步确定群体收入分布情况,从而确定答案形式。

2)确定调查方法

不同的调查方法对调查问卷设计要求是不同的。在面对面访问调查中,被调查者可以看到问题并可以与调查人员面对面地交谈,因此可以询问相对复杂的问题,询问时间也可以相对长一点;电话访问中,被调查者看不到问卷,时间不能太长,因此,适用于比较简单的问题。邮寄问卷是被调查者独自填写的,被调查人员与调查人员没有直接的交流,问题也应简单,并要给出详细的填写说明。在网络调查时,由于被调查人需要通过屏幕(电脑或手机)浏览并回答问题,则就需要考虑网络、屏幕的特点。

3)初步设计

确定调查内容、调查方法后,下一步就是初步设计问卷。这一步工作内容包括:列出所有问题,确定每个问题及答案、确定问题顺序和确定问卷格式。

(1)列出所有问题

按照调查的目的性、必要性原则来确定所有要调查的项目。避免问题遗漏,但也不要把不必要的问题列为调查内容。

在确定每个问题时,设计人员应明确"这个问题可得到什么信息,该信息的作用是什么",如果该问题与研究目标无关或不能提供有用信息,就应去掉。

(2)确定每个问题及答案

确定调查问题可以借用其他调查使用过的问题,也可以自己编写问题。借用以前使用的问题的优点是可以通过与以前的研究结果进行比较来节省时间。

问卷项目按问题回答的形式分为封闭性问题、开放性问题和半封闭性问题,其中封闭式问题包括二项选择题、多项选择题。

①二项选择题由被调查者在两个固定答案中选择其中一个,适用于"是"与"否"等互相排斥的二择一式问题。二项选择题容易发问,也容易回答,便于统计调查结果。

②多项选择题由被调查者在多个固定答案中选择其中一个或多个。多项选择问题适用于问题答案有多个,并且答案分类比较具体的情况。

例如,由于居民通勤出行方式有多种可能(小汽车、出租车、地铁、地面公交、步行),设计调查问卷就可以可采用多项选择题形式:

请问您来这里最常用的是哪一类交通工具或方式?

A. 小汽车　B. 出租车　C. 地铁　D. 地面公交车　E. 自行车　F. 步行

③开放性问题

使用开放性问题,被调查者能够充分发表自己的意见。特别是当对某个问题需要深入研究时,应用开放性问题可以收集到一些事先估计不到的资料或建议性的意见。但在分析整理资料时,由于被调查者的观点比较分散,有可能难以得出有规律性的信息,并会导致调查者的主观意识参与,使调查结果出现主观偏见。此外,与封闭式问题相比,开放式问题需要更多的思考时间,特别是当问题很突兀时,被调查者难以在短时间内组织好自己的观点,导致回答随意。

(3)确定问题顺序

调查问题的排列非常关键,其对能否获得调查者的配合、完成整个问卷以及能否获得关键、可靠信息是非常重要的。

问题的排列可遵循两个原则:①应以当前问题的答案对后续问题的影响降到最小方式排序;②以能够吸引或引导被调查者完成整个问卷的顺序排列。

此外,还应注意把重点调查问题排在前面。实践表明,有些被调查者由于时间限制只能完成部分问卷。因此,如果将重点问题放在前面,即使遇到问卷调查时间有限的情况,调查仍然可以获得一些重要信息。在实际应用中,可按照先易后难、先简后繁、先具体后抽象的方法排列。

(4)确定问卷格式

问卷格式包括问卷字体、行间距、问题编号、版面色彩等。

4)问卷测试和修改

问卷测试一般由征求意见、试答以及试调查三个步骤组成。

(1)征求意见

征求意见是指设计出来问卷初稿后,可以先征求合作者或专家的意见,就问卷内容、问卷设计逻辑性、问卷格式等问题进行意见征求,并根据意见对初稿进行修改。

(2)问卷试答

问卷试答是指根据专家意见修改后,组织10位以上的相关工作人员参加问卷试答,并对问卷进行评价。

这个阶段可重点考虑:是否能收集到需要的数据、被调查者对问卷是否理解、问卷是否便于填答等几个方面。

(3)试调查

在正式调查之前,应预先在小范围内进行测试(样本数为20~50),其目的是发现问卷中存在歧义、解释不明确的地方,寻找封闭式问题额外选项,了解被调查者对调查问卷的反应情况,从而对调查问卷进行修改完善。在这一阶段应注意以下问题:被调查者是否愿意回答问题,是不是所有问题都能够回答,哪些问题不容易被理解或产生歧义,选项(答案)是不是有重复、遗漏或不独立,所用时间是否过长等。如果发现问题,则应对问卷进行修改,甚至删除不能回答的问题。

如果试调查结果要求对问卷进行实质性的修改,则还必须对修改后的问卷再次组织试调查。

在试调查时,应避免让被调查者发现此次调查为试调查,打击被调查者配合的热情。

§5.3 调查问卷设计技巧

调查问卷设计应该达到两个目标:一是取得被调查者的合作;二是将所要调查的问题明确传达给被调查者,并取得真实、可靠的答案。但在实际调查中,由于不同被调查者的特性、教育水平、理解能力、生活习惯、职业、家庭背景等具有较大差异,可能导致被调查者对问卷调查问题的理解、采取的态度不同。因此,为了获得被调查者的积极配合,取得可靠的调查结果,需要在问卷设计时采取一定的设计技巧。

5.3.1 问卷开头设计

调查问卷能否吸引被调查人的兴趣、促使被调查人接受调查往往与调查问卷的起始部分有关,即主要与引言(调查简介)和第一个(组)问题有关。相关研究表明,许多拒绝调查的情况是发生在被调查人阅读完引言或回答完最初几个问题之后。因此,引言设计和第一个(组)问题设计非常关键。

1)引言设计

问卷开头设计对能否引起被调查者的兴趣,能否取得被调查者的积极配合是非常关键的。问卷开头可以说是整个问卷的灵魂,它对问卷具有画龙点睛的作用。因此,问卷开头设计好坏关系到调查工作能否顺利开展。一般而言,问卷开头设计应注意以下几个技巧:

(1)用词一定要尊敬,语气要谦虚、诚恳,既要体现出对被调查者的尊敬,又要取得被调查者的好感。常用词语包括“您好”“尊敬的女士(先生)”等。

(2)说明调查目的、意义和调查单位(研究单位),取得被调查者信任和支持。例如,“我(们)是××单位的调查员。为获取您对在重点环境保护区域内通过减少机动车使用来改善空气质量的措施的意愿和看法,我们开展这次问卷调查。”

(3)可简单说明问卷填写方法和注意事项。如有必要,应对某些概念或专业词汇进行解释。

(4)如果有必要,应说明调查结果的用途或保密措施,打消被调查人员的顾虑。

下面是一个调查问卷的开头:

女士(先生)您好!

机动车排放对空气质量的影响已经引起了广大民众的关注。为获取您对“少开一天车,还我一片蓝天”活动的意愿和看法,我们开展这次问卷调查。请您协助我们完成此次调查,根据您自己的实际情况在每一题的答案中选出您认为最适合的选项(打√),或以简单文字填写。由衷地感谢您的支持与协助!

2)问卷第一个(组)问题

第一个(组)问题回答顺利与否对被调查人的参与积极性起着重要作用。因此,设计问卷时要避免“开头难”,但也不能为了取悦被调查人而设置无关问题。一般可以从以下几个方面考虑第一个(组)问题的设置。

(1)与调查主题有关的问题。第一个(组)问题应与引言(调查简介)相一致,避免出现与调查主题无关或跳跃较大的问题,导致被调查人对调查目的产生怀疑。

(2)感兴趣问题。任何人都比较愿意回答感兴趣的问题。因此,第一个(组)问题设置应尽量避免平淡乏味。

(3)容易并熟悉的问题。调查问卷设计目的是要得到多数被调查人的配合,因此,第一个(组)问题也应是大多数被调查人容易回答的问题。如果第一个(组)问题是被调查人难以回答或倾向于回答"不知道"的问题,则难以引起被调查人的兴趣,从而可能导致调查终止。

(4)封闭式问题。在调查开始,被调查人可能不曾对被调查问题有所考虑而不知道如何回答。在这种情况下,采用封闭式问题可以减轻被调查人的负担。

5.3.2 提问设计技术

1)提问方式选择

调查问卷中的问题可按照提问方式、问题答案形式以及所提问题性质进行区分,每种提问形式其适用条件也有所不同。因此,应根据所要提问的内容结合适用提问条件来选择提问方法。

(1)直接性问题、间接性问题和假设性问题

直接性问题适用于通过直接提问能够获得答案的问题。该类问题一般不涉及被调查者的隐私,是被调查者愿意回答、没有顾虑的问题。

间接性问题则是指被调查者不愿意、不好意思或不敢说出自己的真实想法、态度的问题。这类问题如果采用直接提问的方式,则往往难以获得真实的答案。例如,当提问个人(家庭)收入时,有的被调查者是不愿意回答的,正如年轻的女性被调查者不愿意回答自己真实的年龄一样。对于不便于直接提问的问题,采用间接性提问获得的信息将更真实。这类问题可归结到敏感性问题,问答技巧将在下文介绍。

假设性问题就是假设某一情景或现象,征求被调查者的态度。假设性问题往往适用于交通政策或管理措施类问题的调查,来获取被调查群体的态度、偏好信息。

例如"如果号召减少机动车的使用来保护空气质量,您愿意不开车而乘坐公共交通吗?"

A. 愿意　　　B. 不愿意

(2)开放性问题和封闭性问题

开放性问题是指所提出问题没有给出可能的答案,由被调查者自由回答的问题。这种方式一般适用于调查潜在答案多、答案相对复杂或具体答案不清楚的问题。开放式问题的优点是被调查者可以根据自己的真实想法来回答问题,不受约束,获得的信息量大;不足是答案可能比较分散,不便于定量和定性分析。此外,也会出现被调查者由于时间等的原因,不愿回答或答非所问的情况,导致样本的有效率较低。因此,同一次调查中,开放性问题不要太多。

封闭性问题就是事先设计好了各种可能的答案,由被调查者从中选择的提问方式。该类问题优点是被调查者不需要长时间思考,可直接回答,节省时间;此外,答案都已经编号,便于后续的数据录入和分析。

例如"请问您来此地目的(　)。"

A. 上班　B. 公务　C. 购物　D. 娱乐　E. 其他______(请注明)

封闭性问题缺点是被调查者只能从给出的答案中选择,可能得到的不是其真实想法。此

外,当给出的备选答案不能涵盖所有可能答案或答案之间关联性很高时,被调查者可能无法回答。

(3)事实性问题、行为性问题、动机性问题和态度性问题

事实性问题就是要求被调查者回答一些已经发生或存在的问题。例如,被调查者的信息,包括职业、性别、年龄、收入、住址等都是事实性问题。这些问题可以为分类统计和分析提供资料。

行为性问题是用于调查被调查者行为特征的。例如,出行调查中的出行方式选择问题。

动机性问题主要用于调查被调查者行为的原因或目的。

例如"请问您来此地的目的是什么?"

态度性问题适用于调查被调查者对某种事物、某种现象、某种政策或行为所持有的态度、意见、评价、偏好等。

例如"您认为本市出租车的价格偏高吗?" A. 是　　B. 否

以上对调查问卷问题的分类不是绝对的,应根据实际情况选择合适的方式。例如,事实性问题可以是直接式问答题,也可以是间接式问答题。在同一个调查问卷中,最好多种提问方式结合使用。

2)敏感性问题的处理技术

在交通调查中,敏感性问题泛指被调查者不愿意回答的问题。一般涉及个人信息(收入、年龄)、行为、态度、动机等方面。例如,有的被调查者不愿意让别人知道其(家庭)确切收入;有的人则不愿意承认其有乱停车行为等。

敏感性问题不宜直接提问,可以设计成间接问句,或采用第三人称方式提问转移被调查者的注意力,或说明这种行为或态度是很大众化的来减轻被调查者的心理压力。调查问卷如果涉及敏感性问题则应慎重对待。以下处理技巧可供参考。

(1)以第三人称提问

以第三人称提问又称转移法,把本应由被调查者根据自己的实际情况回答的问题,转移到由被调查者根据他人的情况来阐述自己的想法。

比如,"您的年收入是多少?"可能导致被调查者难以回答,而影响调查结果的真实性,可改用"与您同年龄段或职称的同事收入是多少?"

(2)用区间值提问

类似年龄和收入这类问题,被调查者一般是不愿意按确切的值回答。采用区间值方式则更容易被接受些。

例如"您的年龄是______。"可能有些被调查者,特别是女性不愿意填写,则可改写成:

您的年龄是______。

A. 15~25岁　B. 26~35岁　C. 36~45岁　D. 46~55岁　E. 55岁以上

类似的问题再如"您认为出现乱停车的违规现象的原因是______。"(可多选)

A. 市民交通意识不够　　B. 交警执法不严

C. 法律法规处罚不够　　D. 其他

(3)释疑法

在问题前面写一段消除顾虑的文字,或在调查问卷引言中写明替被调查者严格保密,并说明将采取的保密措施可以有助于取得被调查者配合。

(4)假定法

假定法是指用一个假定条件句作前提,然后再询问被调查者的看法。

§5.4 设计调查问卷应注意的问题

一个调查问卷设计的是否成功最终要看调查效果:是否获得需要的信息,调查结果是否满足研究的需要。因此,在设计问卷时,明确并列出调查目的是问卷设计非常关键的一步。除此之外,还应注意问卷设计中的一些常见问题。

5.4.1 设计问句应注意问题

1)避免用不确切的词

一些词汇,如"很久""经常""一些""平时""一般""定期""比例""年轻人"等容易引起被调查者的误解。不同的被调查者对这些词汇的理解不同,自然给出的答案就会不同。因此,这样的问题也不便于进行后续分析,并且分析结果可靠性较差。在问卷调查设计中应避免或减少使用这样的用词。

例如,"您经常遇到堵车的情况吗?"

A. 从不　　B. 很少　　C. 偶尔　　D. 经常

无论是问题还是答案都显得比较模糊,不同的人对"很少""偶尔"的定义是不同的。

2)避免使用生僻、笼统、过于抽象或专业化的词汇

生僻、笼统、过于抽象或专业化术语容易造成被调查者理解困难。例如,"您对北京交通印象如何?"

该问题就过于笼统,如果具体到"您对北京公交乘务人员服务态度印象"或"您对北京出租车的服务态度印象"则就相对具体了。

再如,针对某旅游景点服务设施的调查,就明确了要调查的具体的服务设施。

请您对××旅游景点服务设施进行评价。(用5分制表示,5分表示最好,4分表示较好,3分表示一般,2分表示较差,1分表示最差)

A. 宾馆/酒店___　B. 餐饮___　C. 交通___　D. 娱乐___　E. 景点___　F. 购物___

3)避免提断定性问题

所谓断定性问题就是假定被调查者有某种行为的问题。例如,"您一周坐几次公交车?"这种问题即为断定性问题。如果被调查者根本不乘坐公交车出行,就会造成被调查者无法回答。这种情况下可在该问题前面增加一条"过滤"性问题,如"您出行坐公交吗?"。如果回答"是",可继续提问,否则就终止提问。

4)避免引导性提问

引导性提问是指所提出的问题暗示出研究者的观点和见解,有使被调查者跟着这种倾向回答的可能。

例如,"有人认为闯红灯是一种不文明行为,您同意吗?"。

A. 赞同　　B. 不知道　　C. 不赞同

采用引导性提问可能带来两种后果:一是被调查者会不假思索地同意引导问题中暗示的结论;二是使被调查者产生反感,产生"既然其他人都这样认为,那么调查还有什么意义"的想

法,做出或是拒答或是给予相反的答案的行为。

5)避免使用令被调查者难堪和禁忌的敏感问题

包括各地风俗和民族习惯中忌讳的问题、涉及个人利害关系的问题、个人隐私问题等。

6)运用正确的措辞

在设计问卷时,尽量使用被调查者和调查人员都理解的概念和词汇。对于容易误解的概念应明确限定。

实际调查中,“工作”“收入”等是经常用到的概念,也是最难以让人理解的。例如,对于收入,有的被调查者仅仅考虑了工资,实际上其应包含奖金、补贴、社会保险、公基金、租金收入、实物发放折款收入等在内。

避免使用引起歧义的词语。有些词语对不同的人具有不同的含义。例如“你有车吗?”中的“你”有的人理解为家庭,而有人理解为个人;同样,“车”有人理解为小汽车,有人理解为小汽车和货车。

此外,还应避免使用俚语和俗语。

7)避免一问多答的问题

一个问题最好只问一个要点,一个问题中如果包含过多询问内容,会使被调查者无从回答,给统计处理带来困难。

例如,“您的父母是知识分子吗?”可能包含以下几种情况:父亲是,母亲不是;父亲不是,母亲是;父母亲都是;父母亲都不是。因此,如果直接询问“您的父母是知识分子吗?”可能造成被调查者难以回答。对该问题的处理可以转化为以下两个问题:

“您的父亲的文化程度是?”“您的母亲的文化程度是?”

8)每一问题均有明确的目的

对于每一个问题,必须明确为什么要提出这一问题,这一信息将用来做什么样的分析,如何编码和分析等。

9)相似问题按组编排

一个问题转到另一问题时,要注意逻辑关系、用词和语气,要做到转换自然。一个最好的做法是把问题归组,把相关联的问题编在一起,易于被调查者理解和回答,节省调查时间。

5.4.2 设计答案应注意问题

对封闭式问题,在设计问题答案时应注意以下几个问题:

1)答案应相互排斥

如果设计的问卷出现答案重叠,会造成被调查者困惑,不知道如何回答。

例如“请问您的职业属于下面哪一类?”

A. 工人 B. 企业公司员工 C. 商业、服务业人员 D. 公务员 E. 社区工作人员

F. 个体业主或经营者 G. 农、林、牧、渔、业人员 H. 其他

由于答案G也可能包括企业员工,与答案B有重叠,可能导致有的被调查者很困惑,不知道如何选择。

因此,一个好的问题,其答案应该是相互排斥的,不能出现重叠。

2) 应涵盖所有可能的回答

所列出的答案应包含所有可能情况，不要出现遗漏，而导致得不到真实答案或被调查者不回答的情况。

例如，“如果北京实行购买私家车需要自备停车位政策，您赞同吗？”

A. 赞同　　B. 不赞同

可能有的被调查者对该问题不关心。因此，应补充一项答案“无所谓”。

3) 答案不要太多

当答案数量过多时，会使被调查者感到无所适从或心烦意乱。因此，应尽量减少答案选项数量。

确定答案数量的一条原则就是答案选项数不要多于实际需要数。对于一些不关心或对调查结果影响不大的答案可以放到“其他”选项中。

关于态度或行为的调查，备选答案最好不要超过7个。

4) 答案选项排列顺序

对于询问频率、等级、可能性或态度问题时，答案应按从低到高和从左到右的方式排列。

例如“请问您每周来这里的平均频率大概是多少？ ________”

A. 不到1次　　B. 1~2次　　C. 3~4次　　D. 5次及以上

例如“请问您对北京市目前机动车限行政策赞同吗？ ________”

A. 赞同　　B. 不在乎　　C. 不赞同　　D. 不知道

5) 测量变量水平

有些问卷的答案是度量程度或水平的，答案往往不是用数量描述，而是根据被调查人的感受或认识程度采用定性度量方法描述的。这类答案设置可参照表5-1给出的方法。

测量变量水平取值　　表5-1

变量	分类量词
态度	完全满意/基本满意/不满意/很不满意
	很重要/比较重要/不太重要/一点也不重要
	同意/无所谓/反对
	强烈反对/反对/无所谓/支持/强烈支持
知识	很熟悉/比较熟悉/不太熟悉/一点也不熟悉
	允许/不允许/不知道
	很多/有些/很少/一点也没有
事件或行为频数	从不/每周不到一次/每周不到两次/每周不到三次/每周三次以上
	总是/经常/几乎/从不
	所有/大多数/有些/少数/没有
排序	变好/变坏/无变化
	很好/好/一般/差
	小/中/大
	很公正/公正/不公正/很不公正
	大大高于平均/略高于平均/平均/略低于平均/大大低于平均

5.4.3 问卷设计总体应注意问题

除了调查问题设计和问题排序外,调查问卷设计还应注意以下几个问题:

1)尽量减少开放式问题

尽管开放式问题容易填写,但存在问题也相对较多。例如,回答填写字迹不清晰、答案不容易理解、过于分散等。这些问题会增加后续处理的难度。

2)注意字体和间距

字号应该足够大,并且清晰,能让被调查者比较容易地阅读问题。千万不要为了压缩或节省页面而采用小字体。利于被调查者回答是问卷设计的重要准则。

问题间距要适合,不要排的过密。排列过密的问题容易使被调查者在阅读时难以区分或看错答案。

3)注意问题编号

对问题进行编号不仅可以提醒被调查者或调查人员注意有没有问题被遗漏。此外,对问题编码也利于后续数据的处理,特别是便于数据处理人员和研究人员的沟通和交流。

在规模较大又需要运用电子计算机统计分析的调查中,如果所有的资料需要数量化,则与此相适应的问卷就要增加编码内容。

4)尽量把一个问题排在同一页上

一个问题(包括其答案)应尽量排在问卷的同一页上,不要拆分到两页上。这样不会由于翻页造成被调查者"厌烦"或误认为该问题已经结束,导致问题不完整。当问题和答案不能排在一个页面上时,可把该问题放在下个页面,并调整前面的问题间距,而不要打乱问题顺序或减小前面问题的间距。

对于网络调查,则应把一个问题排在同一页面上。

5)尽量一行一个问题,并且纵向排列答案

把一个问题的每个答案单独排成一行更利于被调查者、调查人员和数据处理人员的工作。这既符合从上到下的阅读习惯,也容易检查和发现遗漏的问题。

此外,这样的问卷格式,显得问卷版式美观,容易吸引被调查者完成问卷。对于纸质问卷,也便于被调查者或调查人员记录另外的意见或答案。

6)控制问卷长度

邮寄或自填问卷长度以4~8页为宜。如果采用电话调查或面访调查,时间也不宜太长,电话调查时间一般10~20min,面访调查时间30~60min。

7)注意致谢

为了表示对被调查人真诚合作的谢意,应当在问卷的末端写上感谢的话。即使前面的说明已经有表示感谢的话语,那么在问卷的末页最好还是印上"谢谢配合"等。

§5.5 调查问题评价和筛选

调查问卷受到调查费用、可操作性等的影响,其篇幅不能太长。因此,列入问卷中的问题应是必须且恰当的，对于不必要的问题应剔除掉。表 5-2 给出了调查问题筛选标准。符合要求的问卷问题可以保留，不符合要求的建议删除或修改。

调查问题评价与筛选标准 表 5-2

编　号	评 价 内 容	筛 选 条 件
1	是否度量了某个问题的某些属性	如果 1 与 2 为否，则该问题应删除；如果其中 1 个或 2 个都为是，则保留
2	问题提供的信息是否是其他有关变量所需的	
3	大多数被调查者是否对这一问题的理解是相同的	如果为否，则修正或删除；如果是，则保留
4	大多数被调查者是否掌握回答这一问题所需要的信息	如果为否，则删除；如果是，则保留
5	大多数被调查者是否愿意回答这一问题	如果为否，则删除；如果是，则保留

在确定调查问卷问题时，也可以采用前面章节介绍的专家小组座谈方法。专家小组成员应以调查专家为主，也可以包括对个别问题有研究的专家。专家人数以 3 ~8 位为宜。在召开讨论会前的若干天，把起草的调查问卷发放给专家组成员，然后再召开专家组会议，对每个问题逐一评价。

思　考　题

1. 调查问卷的优点有哪些？
2. 调查问卷一般应包括哪些内容？
3. 调查问卷设计中问句的设计应注意哪些问题？

第6章　调查数据预处理

由于各种原因,交通调查数据并不一定都是可靠的,有可能存在质量问题(如数据错误、缺失、异常)。严重的数据质量问题,会降低分析结果的可信度,甚至导致错误的结论。此外,原始的调查数据不一定满足分析方法的要求,需要通过数据变换等处理达到模型要求。

数据预处理是交通调查数据分析的重要一步。首先,通过数据预处理初步解决数据存在的问题是调查分析结论正确的保障;其次,数据预处理是下一步统计分析的基础,不经过处理,可能无法继续数据分析。本章介绍交通调查中数据预处理方法,包括数据检查和校正、缺失数据处理、异常数据处理。

§6.1　数据检查和校正

当交通调查资料收集上来后,需要对调查数据进行检查。数据采集、数据录入都有可能导致出现数据问题,如数据填写或录入错误、逻辑上不一致等。因此,在统计分析之前,应对调查录入数据进行检查,并对存在的问题进行校正。

6.1.1　数据质量问题

在实际交通调查与分析中可能遇到的数据质量问题主要有以下情形:数据错误、数据缺失、数据异常。

输入数据存在质量问题的原因是多方面的,大体可以分为4种情况。第一种情况是人工错误。所谓人工错误是指调查人员(或被调查人员)、录入人员在填写数据时没有输入正确的信息。例如,在问卷调查时,由于被调查人员粗心或不配合而填写了不真实的数据;也有可能是调查资料是正确的,而录入人员在录入数据时,没有把调查资料正确录入(输入小数点错误、输入条目错误等)。第二种情况是机械错误,又称为机械故障,是由于数据采集或输入设备故障(例如采集设备物理损伤或维修导致系统参数变化)引起数据质量问题,包括数据异常或记录不完整。这种情况下,数据质量问题主要表现为数据缺失或"漂移"(数据整体过大或过小)。第三种情况是数据采集设备固有误差导致观测到的数据与真实值偏离较大(数据异常或误差较大),如随着环境温度、湿度等的变化,数据采集设备精度受到了影响。第四种情况是无回答或观测不到相关信息,这主要是指被调查人员没有回答(包括拒绝或遗漏)而观测到相应的数据。例如,针对某个小区停车情况的调查,由于该小区部分业主拒绝配合调查,而无法获得该小区真实的停车需求。对于记录不完整或无回答情况,统称为数据缺失。

6.1.2　数据检查与校正

在进行调查数据分析之前必须进行数据检查和校正。对采(收)集到的数据进行检查和校正可以有效改善数据的质量,从而达到提高研究结论可靠性的目的。原则上,数据的检查和校正可遵循以下步骤：

(1)数据检查：发现可能存在的问题(数据缺失、异常或错误)。数据检查工作可以通过对原始调查资料和整理后资料的检查来完成。对原始调查资料检查可以发现数据缺失和填写错误；对整理后资料的检查可发现异常值情况。

(2)数据重构：用合适的数据来替代缺失数据、错误数据或异常数据。当发现数据存在缺失、错误或异常时，可根据调查数据整体质量情况选择处理方法。例如，当发现明显错误数据时，可以把其当作缺失数据处理或直接把整条记录剔除；当缺失数据比例较小(不超过5%)，且调查样本量较大时，可以直接把有缺失数据的观测剔除。

(3)数据校正：对重构后的数据的有效性和一致性重新检查，如果存在问题，则返回第二步，直到满意为止。

上述给出的数据检查和校正步骤是一般性的。对于不同的调查数据，由于其数据质量问题不同，采用的检查和校正方法也会不同。因此，数据检查和校正过程中用到的方法需要根据实际调查数据特点来选择。

§6.2 缺失数据处理

6.2.1 缺失数据产生原因

交通调查中数据缺失的原因很多，往往与调查方式和调查方法有关。对于抽样调查，数据缺失主要是由于被调查人没有回答(无回答)，或回答了但存在明显错误，分析人员在检查时发现了错误后将其剔除而造成数据缺失；对于人工观测调查，则可能是由于记录遗漏或填写错误导致数据缺失；对于自动采集调查数据，数据缺失原因主要是仪器故障或仪器失效等原因造成的数据缺失。

交通调查数据缺失情况也可以根据缺失数据产生的阶段分为以下两种类型：

(1)调查阶段产生的数据缺失。包括被调查人没有回答，或相应数据没有观测到，或仪器故障等原因造成的数据缺失；被调查人错填或调查人员错误记录导致该信息无法使用而被分析者当作缺失数据处理。

(2)数据录入阶段产生的数据缺失。这种情况是指原始调查数据是正确的，但在数据录入阶段，由于录入人员的失误，造成了数据录入错误。在数据分析时，分析人员把该数据作为缺失数据处理。

在调查数据整理和分析时，第二种情况应尽可能地加以避免。

6.2.2 数据缺失模式和机制

1)数据缺失模式

数据缺失模式是用于描述调查数据中哪些指标被观测到了，哪些指标缺失了以及缺失指标之间的联系的模式。数据缺失模式和缺失数据处理是紧密联系的。因此，了解数据缺失模式有助于处理缺失数据。调查数据缺失模式有以下4种情况。

(1)单变量数据缺失。所谓单变量缺失模式是指缺失数据仅仅限于单个变量。

(2)多变量数据缺失。多变量缺失模式是指观测数据中，某些变量观测值同时缺失。例如，在调查若干个敏感性问题时，由于被调查人拒绝回答，导致多个敏感性问题数据同时缺失。

(3)单调数据缺失模式。是指当调查数据大于(或小于)某个数值时缺失的情形。

(4)一般缺失模式。是指数据缺失完全是偶然的,没有规律性。

2)数据缺失机制

数据缺失机制是说明缺失数据是如何缺失的,缺失数据之间的关系。数据缺失机制主要有以下三种情况。

(1)完全随机缺失。此情况是指数据缺失部分不依赖于数据本身,完全是随机的。

(2)随机缺失。此情况是指缺失数据不存在"关联性",更确切地说,缺失数据间没有相互依赖关系。

(3)非随机缺失。此情况是相对于完全随机缺失和随机缺失情形而言的,即缺失数据间存在一定"依赖"关系。例如,涉及个人敏感性问题的调查数据缺失往往是非随机缺失,被调查者如果拒绝回答一个敏感性问题,而其拒绝回答其他敏感性问题的概率也非常高。

6.2.3 缺失数据的处理方法

如果调查样本量较大,少量的数据缺失是可以容忍的。但当缺失数据比例超过一定规模(如10%),如果不考虑缺失数据的影响,就可能会导致研究结果与实际情况不符。

常用的缺失数据处理方法有剔除法、填充法、平滑法,这些方法也适用于异常数据的处理。

1)剔除法

剔除法是将有缺失数据的观测(或调查)整个删除或不纳入分析研究中的方法,这是最简单的一种处理方法。需要指出的是,对于小量的数据缺失采用剔除方法是可以的,但如果含有缺失数据的观测超过一定的比例(如10%),或缺失数据与非缺失数据之间有显著差异(缺失机理导致的),则删除整条观测就有可能导致分析结果严重偏差。最好的方法是查清数据缺失的原因或背景,补充和完善数据。对于调查样本量较小的情况最好不要采用剔除方法。

在实践中,也有研究者采用保留含有缺失项的调查数据的方法,在分析与缺失数据有关的内容时不采用,而在分析与缺失数据无关的内容时仍然采用该调查或观测。这种方法一个明显不足就是不同的计算所用的样本量是不相同的。但当样本量较大、缺失值少、变量间不存在高度相关的情况下,这种方法还是有效的。

2)用高频率值填充法

当数据量较少时,采用剔除法将会使数据变得更少,给建立模型带来困难。这时可采用填充法。填充的意思是根据统计学的相关原理,选用合适的填充方法,用估计值填充缺失值,使填充后的数据尽可能地接近观测值。

对于分类数据,最好的填充值是众数;对于数值型数据,最简单的填充方法是用反应总体水平的统计值,如中位数、均值(或截尾均值)、众数等填充。当数据分布对称时,可采用均值;当数据分布为偏态时,应用中值是较好的选择。当调查总体可以分层时,可对总体(利用辅助信息)进行分层,并用缺失数据所在层的均值作为填充。

3)预测值填充法

对于缺失值也可以应用回归分析技术,以含有缺失值的变量为因变量,以与其相关的变量为自变量建立回归模型,并用相应的预测值填充缺失值。例如,假设 x 与 y 之间有线性关系:

$$y = \alpha + \beta x \tag{6-1}$$

并由其他观测值得到经验回归方程:

$$y=\hat{\alpha}+\hat{\beta}x \tag{6-2}$$

假设 y_j 为异常值,其对应的影响变量观测值为 x_j,由式(6-2)计算的预测值 $y_j'=\hat{\alpha}+\hat{\beta}x_j$,则用预测值 y_j'代替 y_j。

4)用邻近值填充

(1)时间序列数据

对于时间序列数据一般用缺失数据前后相邻数据的算术平均值或几何平均值作填充值,即:

$$x_i'=\frac{x_{i+1}+x_{i-1}}{2} \tag{6-3}$$

或:

$$x_i'=\sqrt{x_{i+1}\,x_{i-1}} \tag{6-4}$$

当历史数据的发展趋势呈线性时,取算术平均值较好;当发展趋势呈非线性时,取几何平均值较好,也可以根据需要用多个相邻数据的平均值来填充。

(2)多变量数据

当数据集为多个变量观测值时,可用具有相似性的观测数据来填充缺失值。相似性度量可采用欧式距离:

$$d(x,y)=\sqrt{\sum_{i=1}^{p}\delta_i(x_i,y_i)} \tag{6-5}$$

其中:

$$\delta_i(x_i,y_i)=\begin{cases}1, & 当\ i\ 为名义变量且\ x_i\neq y_i\\ 0, & 当\ i\ 为名义变量且\ x_i=y_i\\ (x_i-y_i)^2, & 当\ i\ 为数值变量时\end{cases} \tag{6-6}$$

为了消除观测变量量纲的影响,在计算距离时建议对数据进行标准化处理。

上述介绍是针对调查值或观测值有缺失的情况的处理方法。对于异常数据处理也可以借鉴缺失数据处理的方法。

§6.3 异常数据处理

在前面的介绍中已经指出,由于各种偶然因素的影响,调查数据中不可避免地会存在一定的异常值。异常值的出现往往会降低分析结果可靠度,使调查或观测的结果与实际情况相差甚远。

因此,当发现调查数据中可能存在异常值时,应对异常值进行正确地判断,并在判定异常值存在的情况下,对异常数据进行正确地处理。

6.3.1 异常值的特点

异常值是指在一组数据中与其他数据值比较而言有些不协调的数据。因此,异常值的表现往往"脱离"于其他数值之外(有些文献称之为离群值)。对于一组观测值而言,由于极值(极大或极小值)与"中心"的距离最远,因而最有可能成为异常值;而对于具有一定变化趋势的数据列,不符合变化趋势的数据有可能是异常值。因此,可以借助于箱形图、时序图和散点

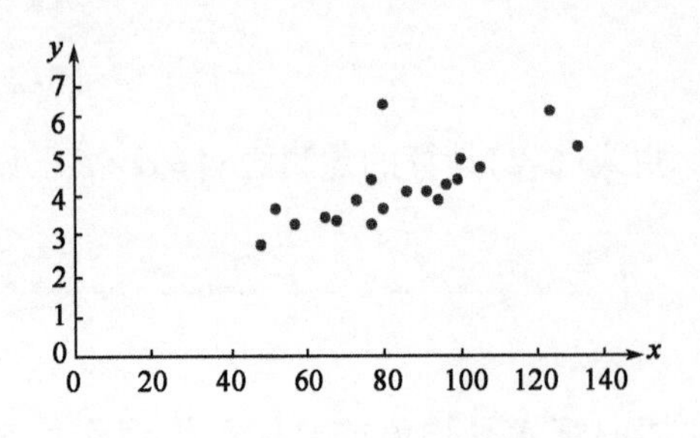

图 6-1　旅行距离和旅行时间原始数据散点图

图等观测异常值,并且异常值往往位于时序图或散点图的“边缘”上(图 6-1)。

有必要指出的是,异常值、极值与伪值是有区别的。极值是观测数据组中最大(或最小)的值;伪值是由于记录或观测等错误造成的与实际不符的值;异常值一般总是以极值的形式出现,但有可能是真实值。因此,对于极值是不是异常值,需要检验确定。

6.3.2　异常值判定方法

传统的异常值判定方法是建立在统计学的小概率事件原理基础上的。异常值判定往往假定数据服从一定的分布。常用假设分布是正态分布,在此假设下,根据正态分布特性,出现较大偏差观测值的概率是很小的。对给定的显著性水平 α(或称为剔除水平,一般取 $\alpha = 0.05$),当被检验数据出现的概率小于 α 时,则认为该数据是异常值。实际中常用以下方法判别异常值。

1)2σ 或 3σ 检测法

根据正态分布的假设,检验值偏离中心出现大于 2 倍标准差 2σ 和 3 倍标准差 3σ 的概率为小概率事件(分别小于 5% 和 0.3%)。根据小概率原理,如果偏差大于 2 倍或 3 倍标准差,则认为是异常值。若标准差 σ 未知时,可由样本标准差 S_x 代替 σ 来进行判别。具体步骤如下:

(1)计算样本均值 $\bar{x}$ 和样本标准差 S_x:

$$\bar{x} = \frac{1}{n}\sum_{i=1}^{n} x_i \tag{6-7}$$

$$S_x = \sqrt{\frac{1}{n-1}\sum_{i=1}^{n}(x_i - \bar{x})^2} \tag{6-8}$$

(2)对每个观测值计算 $\delta_i = |x_i - \bar{x}|$,如果 $\delta_i > 3S_x$ 则判定 x_i 为异常值。

应该指出的是,对异常值的判定要非常谨慎,异常值的存在可能蕴涵着重要的信息。此外,这种方法在样本数较大,数据离散程度不大时,效果比较明显;当样本个数少、数据离散度较大时,这种方法效果不大。

2)肖维勒(Chauvenet)方法

该方法假设在 n 个观测值中,异常值出现概率小于 $1/2n$。对标准正态分布而言,异常值出现的概率为:

$$1 - \frac{1}{\sqrt{2\pi}}\int_{-w_n}^{w_n} \exp\left(-\frac{x^2}{2}\right) = \frac{1}{2n} \tag{6-9}$$

由正态分布的性质,可知 w_n 满足 $\Phi(w_n) = 1 - (1/4n)$,$\Phi(\cdot)$ 为标准正态分布函数。因此,对给定的 n,可以用正态分布函数求出 w_n。

如果观测误差满足:$\delta_i = |x_i - \bar{x}| > w_n S_x$,则认为 x_i 为异常值。

由肖维勒方法可以发现,当观测样本量 n 较大时,w_n 也会变大,意味着异常值存在的概率变大,异常数据可以剔除的概率一直存在。因此,肖维勒方法不足之处就是,异常值判定的概率是变化的。

3)格拉布斯(Grubbs)方法

将观测值 $x_1, x_2, \cdots, x_n$ 按大小排序为 $x_{(1)} \leqslant x_{(2)} \leqslant \cdots \leqslant x_{(n)}$，并假设 $x_{(n)}$ 为待判别的可疑异常值。引入：

$$\bar{x}_{(n)} = \frac{1}{n-1}\sum_{i=1}^{n-1} x_{(i)} \tag{6-10}$$

$$S_n = \frac{1}{n-1}\sum_{i=1}^{n}[x_{(i)} - \bar{x}_{(n)}]^2 \tag{6-11}$$

则可以推导出：

$$\sum_{i=1}^{n}[x_{(i)} - \bar{x}]^2 = \sum_{i=1}^{n-1}[x_{(i)} - \bar{x}_{(n)}]^2 + \frac{n}{n-1}[x_{(i)} - \bar{x}]^2 \tag{6-12}$$

$$\frac{S_n^2}{S_x^2} = 1 - \frac{1}{n-1}[\frac{x_{(n)} - \bar{x}}{S_x}]^2 \tag{6-13}$$

由于 S_n^2、S_x^2 是观测值函数，所以，S_n^2/S_x^2 的分布密度函数是可求的，从而 $[x_{(n)} - \bar{x}/S_x$ 的分布函数是可求的。因此，对给定的概率 α，满足：

$$P\left[\frac{|x_{(n)} - \bar{x}|}{S_x} < \lambda(\alpha, n)\right] = 1 - \alpha \tag{6-14}$$

可求得 $\lambda(\alpha, n)$(表6-1)。当 $|x_{(n)} - \bar{x}| > \lambda(\alpha, n) S_x$ 时，则认为 $x_{(n)}$ 为异常值。

$\lambda(\alpha, n)$ 数值表 表6-1

n	$\alpha=0.01$	$\alpha=0.05$	n	$\alpha=0.01$	$\alpha=0.05$	n	$\alpha=0.01$	$\alpha=0.05$
3	1.15	1.15	12	2.55	2.29	21	2.91	2.58
4	1.49	1.46	13	2.61	2.33	22	2.94	2.6
5	1.75	1.67	14	2.66	2.37	23	2.96	2.62
6	1.91	1.82	15	2.7	2.41	24	2.99	2.64
7	2.1	1.94	16	2.74	2.44	25	3.01	2.66
8	2.22	2.03	17	2.78	2.47	30	3.1	2.74
9	2.32	2.11	18	2.82	2.5	35	3.18	2.81
10	2.41	2.18	19	2.85	2.53	40	3.24	2.87
11	2.48	2.24	20	2.88	2.56	50	3.34	2.96

应用该方法判别异常值时，计算 S_n^2 要把可疑异常值 $x_{(n)}$ 包含在内。格拉布斯(Grubbs)方法对于异常值只有一个的情形，判断效果较好。而对于可能有多个异常值的情形，则下面介绍的狄克逊(Dixon)方法较好。

4)狄克逊(Dixon)方法

将观测值 $x_1, x_2, \cdots, x_n$ 按大小顺序排列为 $x_{(1)} \leqslant x_{(2)} \leqslant \cdots \leqslant x_{(n)}$。引入记号：

$$r_{i,i-1} = \frac{x_{(n)} - x_{(n-i)}}{x_{(n)} - x_{(i)}} \tag{6-15}$$

$$\lambda_{i,i-1} = \frac{x_{(i)} - x_{(1)}}{x_{(n-i)} - x_{(1)}} \tag{6-16}$$

可以根据 $x_1,x_2,\cdots,x_n$ 的分布,导出 $r_{i,i-1}$ 与 $\lambda_{i,i-1}$ 的分布。因此,对给定的置信水平 α,可以确定判断异常值的临界值,当 $r_{i,i-1}$ 或 $\lambda_{i,i-1}$ 超过临界值时,则认为 $x_{(n)}$ 或 $x_{(1)}$ 为异常值,用公式表示如下:

$$f_0 > f(\alpha,n) \tag{6-17}$$

其中,f_0 由式(6-15)或式(6-16)计算,$f(\alpha,n)$ 为临界值。如果满足式(6-17),则应视 $x_{(n)}$ 或 $x_{(1)}$ 为异常值。当怀疑 $x_{(n)}$ 为异常值时,应用式(6-15)计算 f_0;当怀疑 $x_{(1)}$ 为异常值时,应用式(6-16)计算 f_0。表 6-2 给出了 $f(\alpha,n)$ 的部分数值。

$f(\alpha,n)$ 数值表 表 6-2

n	$f(\alpha,n)$		n	$f(\alpha,n)$		n	$f(\alpha,n)$	
	$\alpha=0.01$	$\alpha=0.05$		$\alpha=0.01$	$\alpha=0.05$		$\alpha=0.01$	$\alpha=0.05$
3	0.988	0.941	13	0.615	0.521	23	0.505	0.421
4	0.889	0.765	14	0.641	0.546	24	0.497	0.413
5	0.78	0.642	15	0.616	0.525	25	0.489	0.406
6	0.698	0.56	16	0.595	0.507	26	0.486	0.399
7	0.637	0.507	17	0.577	0.49	27	0.475	0.393
8	0.683	0.554	18	0.561	0.475	28	0.469	0.387
9	0.635	0.512	19	0.547	0.462	29	0.463	0.381
10	0.597	0.477	20	0.535	0.45	30	0.457	0.376
11	0.679	0.576	21	0.524	0.44			
12	0.642	0.546	22	0.514	0.43			

由于狄克逊(Dixon)方法可以重复使用,因此可以应用于判别多个异常值。

5)四分位展布判定方法

四分位展布定义为:

$$d_F = Q_3 - Q_1 \tag{6-18}$$

式中,Q_1 和 Q_3 分别为 25% 和 75% 分位数。当观测值小于($Q_1 - 1.5d_F$)或大于($Q_3 + 1.5d_F$),则可判断为异常值。

6.3.3 异常数据处理方法

由于异常值不属于正常的变化范围,用这样的数据来分析实验或观测结果,可能出现严重的错误。因此,必须对异常数据加以处理。常用的处理方有剔除法、替代法,可参阅 6.2 的内容。

表 6-3 为某条道路历年交通量平均日观测数据,通过分析发现 1993 年交通量数据陡然增大,则该值可能为异常值。

某道路断面年平均日交通量 表 6-3

年份	1989	1990	1991	1992	1993	1994	1995	1996	1997
交通量(辆/d)	1 800	2 049	2 320	2 508	3 521	3 138	3 504	3 789	4 114

通过调查发现,该年数据确实与实际不符。因此,可将 1993 年交通量用其前后两年观测

的日平均交通量平均值替代：

$$x' = \frac{2\ 508 + 3\ 183}{2} = 2\ 846(\text{辆/d})$$

或：

$$x' = \sqrt{2\ 508 \times 3\ 183} = 2\ 825(\text{辆/d})$$

§6.4 数据变换

在交通调查中，调查或观测到的数据并不一定能直接满足统计分析的需要。这主要表现在两个方面：一方面是不能满足统计分析技术所做的理论假设（如正态性假设）；另一方面是不能满足数据分析者的要求（如可解释性或可操作性要求）。因此，在数据分析前，往往需要对数据进行变换。

6.4.1 数据的重新定义

实际调查数据有许多是表示类别或顺序的。如性别用“男”和“女”表示，收入水平用不同的区间表示。显然，这样的原始数据是无法直接进行统计分析的，往往需要对这些变量进行重新定义。对分类变量常采用引入哑元变量的方法重新定义。

例 6-1 假设分析收入 x 对无小汽车家庭出行次数 y 的影响，并假设每个家庭最多拥有两辆车，则每个家庭拥有车辆情况只能是：0 辆、1 辆或 2 辆中的一种。定义哑元变量：

$$z_1 = \begin{cases} 1, & \text{该家庭有一辆车} \\ 0, & \text{其他} \end{cases}$$

$$z_2 = \begin{cases} 1, & \text{该家庭有两辆车} \\ 0, & \text{其他} \end{cases}$$

通过定义 2 个变量来说明原始变量 3 种取值情况：当 $z_1 = z_2 = 0$ 表示该家庭没有车辆；当 $z_1 = 1$ 说明该家庭拥有 1 辆车；当 $z_2 = 1$ 说明该家庭拥有 2 辆车。

采用哑元变量对分类变量重新定义的一般的原则是：应把所用情况包括在新的类别中。因此，如果一个分类变量（或顺序变量）有 K 种取值情况，则需要用 $(K-1)$ 个哑元变量来表示。

例 6-2 假设某个城市从某时间 t_0 开始，增加了新的旅游景点，并实行了新的旅游政策。由于新的旅游景点的增加和新政策的实施，必然会对游客数量产生一定的影响。可以定义哑元变量来反映新政策对旅游交通影响：

$$x(t) = \begin{cases} 1, & t \geqslant t_0 \\ 0, & t < t_0 \end{cases}$$

因此，当采用线性回归模型建立旅游景点游客数量预测模型时，可考虑以下模型形式：

$$y(t) = \beta_0 + \beta_1 t + \beta_2 x(t) + \varepsilon$$

6.4.2 正态性变换

在统计分析中，常用的检验方法和模型往往假设变量服从正态分布，如线性回归分析中，一般假设因变量服从正态分布。但检验结果往往并不一定支持该假设，即变量 X 不一定服从正态分布。在这种情况下可以考虑对 X 作适当的变换，使变换后的变量接近或服从正态分布。常用正态化变换方法是 Box-Cox 变换：

$$X^{(\lambda)} = \begin{cases} \dfrac{X^{\lambda} - 1}{\lambda}, & \lambda \neq 0 \\ \ln X, & \lambda = 0 \end{cases} \tag{6-19}$$

Box-Cox 变换是一族变换,当 λ 取不同值时,所作变换是不同的,如 $\lambda = -1$ 时,该变换为倒数变换。特别的,当 $\lambda = 0$ 时,Box-Cox 就是对数变换;当变量 X 服从对数正态分布时,则变换后的随机变量服从正态分布。

需要注意的是,并不是所有的分布形式都可以通过 Box-Cox 变换正态化,甚至有的时候,需要对变换加以修改。根据已有的研究成果,下面给出几种常用的正态变换方法:

(1)观测值为计数数据,其可能服从泊松分布,可考虑平方根变换:$Z = \sqrt{X}$,$Z = \sqrt{X+1}$ 或 $Z = \sqrt{X+0.5}$;

(2)观测值为比值时,其分子部分可能服从二项分布,此时可以考虑反正弦变换 $Z = \arcsin\sqrt{X}$;

(3)观测值服从对数正态分布,可用对数变换 $Z = \ln X$。

6.4.3 标准化变换

在某些情况下,在进行数据分析之前需要对原始数据进行标准化处理。例如,影响一个家庭出行次数的变量有收入、年龄和家庭人口等,显然这些变量的测量单位是不一样的。为了比较不同的变量对出行次数的影响程度,则需要消除测量单位的影响。一个常用方法就是标准化处理。

对一组观测值 x_i,$i = 1,2,\cdots,n$,其标准化计算公式为:

$$z_i = \frac{x_i - \bar{x}}{S_x} \tag{6-20}$$

其中,$\bar{x} = \frac{1}{n}\sum_{i=1}^{n} x_i$,$S_x = \sqrt{\frac{1}{n-1}\sum_{i=1}^{n}(x_i - \bar{x})^2}$。标准化处理后的数据 z_i 为无量纲的(亦称标准得分,Z-score),因此,标准化变换有时也称为数据的无量纲化处理。

当不同的变量观测值差异较大时,应用标准化处理还可以提高数据分析精度。

思 考 题

1. 调查中无回答是什么原因造成的?
2. 什么是数据缺失?数据缺失机制有几种类型?
3. 为什么要进行数据变换?请举例说明什么情况下要进行数据变换。

第7章 调查数据的汇总

交通数据采集后,需要对数据进行初步汇总分析以获取数据的分布特征。本章主要介绍调查数据类型以及统计量法、图表法等相关数据汇总知识。

§7.1 交通调查中的数据类型

7.1.1 调查数据类型

不同的数据类型往往适用于不同的分析方法。因此,有必要对交通调查中的数据类型加以介绍。交通调查中数据按其测量层次可分为四种类型:定类数据、定序数据、定距数据和定比数据。

(1)定类数据。这类调查数据不是数值,而是事物的属性。如车牌照、被调查者的性别(男、女)、职业、受教育水平(小学、高中、大学、研究生)、对某项政策态度(支持、反对)等。在调查数据处理时,一般要对这些变量赋予数值,如用"1"和"0"分别表示对某项政策的态度,用"1"和"2"分别表示性别"男"和"女"等。这些数值没有实质上的数值含义(大小关系),不能进行加减运算,也不能比较大小。因此,只是名义上的数据。

(2)定序数据。这类调查数据不仅可对事物类别进行区分,并且还对不同的类别进行了等级排序。例如,交通事故按严重程度可以分为4类"轻微""一般""重大""特大",不仅定义了4类事故,还对事故严重程度从低到高进行排序。在统计处理时,这类数据往往用"1、2、3、4"或其他带有排序性质的数字代替。但需要注意的是,各等级之间的"差距"是不相同的。因此,对定序数据进行"加、减、乘、除"四则运算是没有意义的,也就无法给出均值和方差等统计量的意义。

(3)定距数据。该类数据特征是除了可以区分大小外,还可以确定不同数值之间的距离。最典型的定距数据是摄氏温度、海拔高度。由定距数据不仅可以知道数值的大小,还可以知道不同数值之间差距是多少。但是,定距数据的"零"值不是绝对的,而是规定的。例如零摄氏度就是一个规定值"一个大气压下冰水混合达到平衡时的温度"。零摄氏度并不是表示没有温度。同样,"海拔高度"也具有类似的含义。实际中,类似的数据还有百分制的测评成绩等。

(4)定比数据。定比数据除了具有可以区分大小、不同值之间的距离外,还具有绝对的零值。因此,可以进行"加、减、乘、除"四则运算。例如,路段上车辆数、车辆行驶速度、出行距离、个人收入等。该类数据的特点是可以在其取值范围内取任意实数值。

从上述数据类型的定义可以发现,定类数据、定序数据、定距数据和定比数据的测量层次是由低到高的,数据的信息程度也是由低到高的。在进行交通调查时,应尽量采用较高的测量层次。

7.1.2 变量类型

在变量的分类中,可以根据变量的取值情况、在模型中的作用对变量进行分类。

1)定类变量、定序变量、定距变量和定比变量

根据变量取值和其测量层次,变量也可以分为四种类型:定类变量、定序变量、定距变量和定比变量。

2)连续变量和离散变量

根据观测值是否连续,变量可分为连续型变量和离散型变量。

(1)连续型变量。该类变量的特点是其观测值可以在取值范围内取任意值。如路段上车辆行驶速度、个人收入、驾驶员反应时间等。

(2)离散型变量。该类变量特征是其观测值取值只能是整数,并且是有限的数值。如单位时间内通过某交叉口的车辆数、某路段一年发生的交通事故数、某停车场一天停车次数等。

定类变量和定序变量都是离散型变量,定比变量既可以是连续型变量也可以是离散型变量。图 7-1 给出了变量关系图。

3)因变量和自变量

对交通数据进行统计分析时往往需要确定某些变量之间的定量关系。例如,在一元线性回归分析模型中,往往假设一个变量的取值受到其他变量的影响。引起其他变量变化的变量就称为自变量(又称为解释变量),受到影响的变量称为因变量或响应变量。因变量和自变量都可以是连续变量或离散变量;同样,因变量和自变量也可以是定类变量、定序变量、定距变量或定比变量。

4)定量变量和定性变量

定距变量和定比变量由于其用精确的数据度量了所研究事物的属性,因此又称为定量变量。定类变量与定序变量对应的观测数据不具有绝对意义上的数值含义,只是表示事物的类别或等级等属性信息,因此又称为定性变量。

5)分类变量

在实践中,为了更详细地描述分析对象特征,往往根据调查数据取值、类型,将调查对象分成互不相容的类别。分类变量是指只用有限个值或类别加以度量的变量。根据上述定义,定类变量和定序变量都属于分类变量,当定比变量只取几个数值的情况时,可以当作分类变量来处理。因此,分类变量包含了定类变量、定序变量和定比变量。变量分类框架如图 7-1 所示。

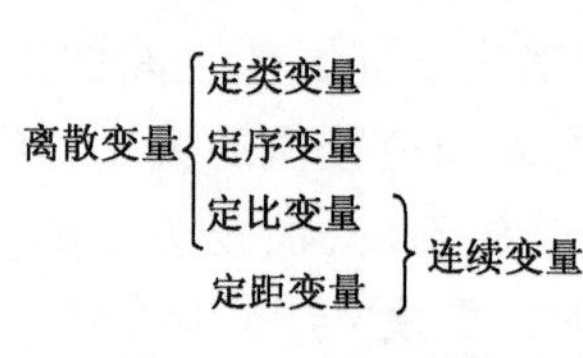

图 7-1 变量分类框架

7.1.3 数据类型与分析方法

图 7-1 给出的数据类型框架也不是严格意义上的。在实际研究中,存在着“连续变量离散化”或“连续变量类别化”的处理方法。例如,被调查者的收入,从概念上讲是连续变量,但在实际研究工作中,往往把收入按照一定规则划分为几个水平区间(组),从而把其当作有序变量或分类变量处理。交通调查中被调查者的年龄也可以按照类似方法处理。

(1)您的家庭月总收入在以下哪个范围内?

A. 5 000 元以下　B. 5 000 ~ 10 000 元　C. 10 000 ~ 15 000 元　D. 15 000 元以上

(2)您的年龄属于以下哪个范围？

A. 20 ~ 30 岁　B. 30 ~ 40 岁　C. 40 ~ 50 岁　D. 50 ~ 60 岁　E. 60 岁以上

此外,定类变量和定序变量的区别是否清晰取决于研究者的理解。同一个变量对某些研究者可以理解为定类变量,而对其他研究者而言则可能是定序变量。同样以收入为例,如果仅仅分析不同收入群体的出行特征,则收入就是定类变量;分析收入和出行特征的关系时,收入又变成了定序变量。例如,表 7-1 是假设收取拥堵费的情景下,通过问卷调查获得的被调查的群体中以私家车出行方式向公交出行方式转移的比例。从分析结果可以发现,收入水平越高,其转移比例越小。这里就把收入水平当作定序变量处理了。如果仅仅分析不同收费模式下,出行方式向公交转移比例,收入就可当作定类变量对待。

在不同拥堵收费水平下不同收入群体公交出行比例　　表 7-1

收费方式	不同收入群体选择公交出行比例			
	月收入 5 000 元以下	月收入 5 000 ~ 10 000 元	月收入 10 000 ~ 15 000 元	月收入 15 000 元以上
5 元/次	23.1%	16.2%	9.6%	7.3%
10 元/次	54.3%	58.9%	51.9%	32.2%
20 元/次	69.1%	77.5%	68.3%	49.0%

对于数据和变量类型的区分对于调查数据的分析是有意义的。不同的数据类型往往适用于不同的分析方法。适用于定序数据的分析方法并不适用于定类数据,因为定类数据不含等级序列信息;同样,应用适用于定类数据的分析方法分析定序数据时,就会忽略定序数据中等级次序的信息。定距和定比数据可以计算样本均值和方差等统计特征,而定类数据与定比数据的均值和方差是没有实质含义的。此外,应用统计模型进行统计分析时,不同的数据类型采用的方法也应不同。表 7-2 简单列出了不同因变量和自变量组合情况下的统计分析适用方法。

数据类型和统计方法　　表 7-2

因 变 量	自 变 量	统计分析方法
定量	定量	回归分析
定量	定性、定量	回归分析、协方差分析
定性	定性	列联表分析
定性	定量	判别分析、聚类分析

§7.2　常用统计量

7.2.1　百分数

百分数(比)是表示调查结果常用的统计数字之一,可以表示调查样本中(针对某个问题)具有相同答案的样本数占总样本的比例,其计算公式为:

$$p = \frac{f}{n} \cdot 100\% \tag{7-1}$$

式中：p——百分数，%；

f——调查样本中，（针对某个问题）具有相同答案的样本数；

n——调查样本量。

百分数常用于以下几个方面。

1）计算和比较各个子群在总体中所占比例

例如，表7-3给出了私家车驾驶员在机动车限行日出行方式选择情况。从表7-3中数据可以发现，私家车驾驶员在机动车限行日选择出租车和地铁出行的比例分别为30.7%和35.1%。因此，可用30.7%和35.1%估计私家车驾驶员在机动车限行日选择出租车和地铁出行的比例。

机动车限行日的交通方式选择统计结果 表7-3

选项	私人小汽车或公车	出租车	地铁	地面公交车	自行车	步行
频数	376	928	1 060	517	110	13
百分比(%)	12.4	30.7	35.1	17.1	3.6	0.4

2）估计总体中具有某个特征的个体的数目

表7-4给出了某年美国某个州统计的交通事故中，安全带使用和驾驶员死亡情况的调查。从调查结果发现，所收集到的事故资料中，使用安全带的驾驶员死亡比例仅为0.12%，而未使用安全带死亡比例为0.92%。因此，使用安全带可大大提高驾驶员安全。

使用安全带与死亡人数 表7-4

安全带使用	总人数	死亡人数	百分数(%)
是	412 713	497	0.12
否	163 471	1 505	0.92

3）用于分析变量分布情况

表7-5给出了针对城市居民某群体家庭月收入调查结果。从调查结果可以判断出调查群体家庭月收入分布情况。

调查人群家庭月收入统计结果 表7-5

家庭月收入(元)	5 000以下	5 000～10 000	10 000～15 000	15 000以上
频数	468	1 085	985	479
百分比(%)	15.5	36.0	32.6	15.9

4）用于分析变量变化情况

百分数另一个作用是可以分析同一个调查指标（变量）变化情况。

例如，某省高速公路2012～2014年交通事故数分别为2 402、2 436和2 835次。2013年和2014年分别比2012年上升了1.4%和18.2%。

7.2.2 均值

均值是调查资料统计分析中常用的概括统计量，根据均值的计算方法，又可分为算术均值、几何均值、加权均值、移动均值和截尾均值等。

1)算术平均值

对样本的一组观测值 $x_1, x_2, \cdots, x_n$,记

$$\bar{x} = \frac{1}{n}\sum_{i=1}^{n} x_i \tag{7-2}$$

为 $x_1, x_2, \cdots, x_n$ 的算术平均值。算术平均值可以看作数据"中心",是总体平均水平的一个度量,其常用作总体水平估计值。当样本量较大时,算术平均值具有一定的精确度,可以用作总体均值的估计;但当样本量比较小,数据变化比较大时,用其作为估计值误差可能会比较大。

2)几何平均值

几何平均值计算公式为:

$$\bar{x}_2 = \sqrt[n]{x_1 x_2 \cdots x_n} \tag{7-3}$$

对于时间序列数据,几何平均值适用于以几何速率变化的序列。记 p_i 为 x_{i+1} 与 x_i 的比率,即:

$$p_i = \frac{x_{i+1}}{x_i}, \quad i = 1, 2, \cdots \tag{7-4}$$

当 $p_i(i=1,2,\cdots)$ 变化较小时,则几何均值比算术平均值更能反映总体的平均水平。此外,通过计算 p_i 可以为模型选择提供一定的信息。如果 $p_i > 1(i=1,2,\cdots)$ 则说明数据序列具有几何上升的特点,可以考虑用指数模型去分析数据;当 $p_i < 1(i=1,2,\cdots)$ 则说明数据序列具有几何下降的特点,可以考虑负指数模型。当 $p_i \cong 1(i=1,2,\cdots)$ 可以认为数据序列近似一个常数列,可以考虑采用算术平均值作为预测值。

对于一般的随机序列,当数据分布成对数正态分布时,几何均值为平均总体水平估计的最佳选择。在应用中,也常用以下形式计算几何均值:

$$\bar{x}_2 = e^{\frac{1}{n}\sum_{i=1}^{n}\ln(x_i)} \tag{7-5}$$

3)加权平均值

加权平均值计算公式为:

$$\bar{x}_3 = \sum_{i=1}^{n}(x_i w_i) / \sum_{i=1}^{n} w_i \tag{7-6}$$

式(7-6)中,w_i 为权数,$0 \leq w_i \leq 1$,$\sum_{i=1}^{n} w_i = 1$。权数 w_i 反映了 x_i 对总体均值的贡献,因此,加权平均值考虑了各样本值对总体的贡献大小,克服了算术平均值"平均主义"的弊端。

4)移动平均值

$$\bar{x}_i = \frac{x_{i-l} + x_{i-(l-1)} + \cdots x_{i-2} + x_{i-1}}{l}, \quad i = 1, 2, \cdots, l \tag{7-7a}$$

称为 l 步移动平均。移动平均值的计算与算术平均值计算类似。移动平均值可以作为一种预测值,如果把 $x_1, x_2, \cdots, x_i$ 看作时间序列,则可以用 $\bar{x}_i$ 作为第 i 期的预测值,它是离 x_i"最近"的 l 个观测数据的均值。

移动平均另一个作用是对数据的平滑修正,通过移动平均可以修正原序列中不规则变动和周期波动的影响。与应用加权平均值代替算术平均值一样,移动平均值也可以对不同的观测值赋予不同的权重,这将在后面介绍的时间序列分析中讨论。此外,当观测数据 x_i 为缺失值时,也可以用移动平均值来估计,这时可对式(7-7a)适当修改:

$$\bar{x}_i = \frac{x_{i-l} + x_{i-(l-1)} + \cdots x_{i-2} + x_{i-1} + x_{i+1} + x_{i+2} + \cdots x_{i+l}}{2l} \tag{7-7b}$$

5)截尾均值

对观测值 $x_1, x_2, \cdots, x_n$ 按大小排序为 $x_{(1)} \leqslant x_{(2)} \leqslant \cdots \leqslant x_{(n)}$,则 l 截尾均值为:

$$\bar{x}(l) = \frac{1}{(n-2l)} \sum_{l+1}^{n-l} x_{(i)} \tag{7-8}$$

截尾均值去掉了数据中几个最大值和最小值,排除了异常值的干扰。所以,当发现有明显的异常值时,可考虑用截尾均值代替算术平均值。

7.2.3 中位数

一组数据中,按照大小的顺序排列时,处于中间位置的那个数值为中位数,即,对观测值 $x_1, x_2, \cdots, x_n$ 按大小排序,得到 $x_{(1)} \leqslant x_{(2)} \leqslant \cdots \leqslant x_{(n)}$ 后,中位数为:

$$x_{\text{med}} = \begin{cases} x_{(n/2)} + x_{(n/2+1)}, & n \text{ 为偶数} \\ x_{((n+1)/2)}, & n \text{ 为奇数} \end{cases} \tag{7-9}$$

由于中位数不受数据中异常值或极端值的影响,因此,中位数是稳定性极高的一种均值估计方法。当观测数据中部分数据的变化对估计结果影响较大时,可用中位数作为均值的估计。

7.2.4 方差、标准差

算术平均值是数据“中心”的度量,样本方差和样本标准差则是数据关于算术平均值离散程度的度量。样本方差计算如下:

$$S^2 = \frac{1}{n-1} \sum_{i=1}^{n} (x_i - \bar{x})^2 \tag{7-10}$$

对分组数据,样本方差计算公式为:

$$S^2 = \frac{1}{n-1} \sum_{i=1}^{k} f_i (x_i - \bar{x})^2 \tag{7-11}$$

式中:k——分组数目;

f_i——组 i 的观测频数。

样本方差越大,说明样本观测值分散程度越大,平均值代表性越差;反之,方差越小,说明样本观测值分散程度越小,算术平均值对总体水平的代表性越好。样本方差的一个缺点是其各项都是平方,使得度量单位变为原单位的平方,与原数据单位不一致。此外,当变量取值较大时,方差计算结果可能很大,此时可考虑样本标准差。样本标准差计算如下:

$$SD = \sqrt{S^2} = \sqrt{\frac{1}{n-1} \sum_{i=1}^{n} (x_i - \bar{x})^2} \tag{7-12}$$

7.2.5 斜度和峰度

斜度和峰度是描述调查数据分布与正态分布差异性的两个统计量。斜度又称为偏度,可以度量分布的偏斜程度和方向。峰度则描述了调查数据的分布与正态分布相比的扁平程度。

斜度计算公式：

$$Skew = \frac{\sum_{i=1}^{n}(x_i - \bar{x})^3/n}{[\sum_{i=1}^{n}(x_i - \bar{x})^2/n]^{3/2}} \tag{7-13}$$

当调查数据分布为对称时，则斜度为0；当偏向左边，则斜度为正；当偏向右边时，则斜度为负。斜度的数值度量了偏斜的大小。斜度绝对值越大说明调查数据分布越不对称。

峰度计算公式：

$$Kurt = \frac{\sum_{i=1}^{n}(x_i - \bar{x})^4/n}{[\sum_{i=1}^{n}(x_i - \bar{x})^2/n]^2} - 3 \tag{7-14}$$

当调查数据分布与正态分布形状相同时，则峰度为0；当调查数据的峰度大于0时，说明调查数据分布比正态分布要“瘦”或“俏”；当调查数据的峰度小于0，说明调查数据分布比正态分布要扁平。

7.2.6 相关系数

相关系数在调查数据分析中常用于度量两个变量之间关联程度。对不同的数据类型，相关系数的计算方法是不同的。本书第8章中将详细介绍相关性度量方法。

§7.3 常用统计表

为了直观地了解调查数据的分布情况，可对调查数据绘制统计表。下面介绍几种常用统计表。

7.3.1 频数表

频数表是调查分析中最常使用的工具之一。通过频数表可以揭示调查数据分布特征和分布类型，发现数据存在的问题，为进一步统计处理和分析提供帮助。

频数表一般由调查变量类别(或分组)、频数和百分比构成。当调查变量为分类变量时，统计每个类的频数并计算其占总调查样本的百分比就可以绘制表格了。表7-6为“机动车尾气排放和扬尘影响空气质量问题”的调查中，赞同或不赞同“机动车尾气排放和扬尘是影响空气质量”统计结果。

调查人群的月收入分布 表7-6

选　项	频　数	百分比(%)
赞同	2 568	84.9
不赞同	456	15.1
汇总	3 024	100.0

如果调查变量是连续变量，则应对连续变量进行分组，然后统计落在各组中的频数，计算百分比以及累计百分比，绘制表格。表7-7为某城市道路地点车速频数表。从表中可以发现

该地点在调查时间段内速度25～35km/h内出现的频数最多，累计频率为51.7%对应的速度为30km/h，因此，速度中位数大约在30km/h；同样，可以粗略的估计出15%和85%位的地点车速。

某道路地点车速频数表 表7-7

速度分组	组中值	观测频数	累计频数	观测频率(100%)	累计频率(100%)
<5	2.5	2	2	0.5	0.5
5～10	7.5	2	4	0.5	1
10～15	12.5	15	19	3.75	4.75
15～20	17.5	29	48	7.25	12
20～25	22.5	61	109	15.25	27.25
25～30	27.5	98	207	24.5	51.75
30～35	32.5	90	297	22.5	74.25
35～40	37.5	62	359	15.5	89.75
40～45	42.5	24	383	6	95.75
45～50	47.5	12	395	3	98.75
50～55	52.5	3	398	0.75	99.5
>55	57.5	2	400	0.5	100
小计	35	—	400	—	—

一个频数表由分组区间、落在各区间的频数、累计频数和累计频率组成。制定频数表需要确定分组数目、组距，计算出落在各个子区间内样本频数，然后绘出图表。制作调查数据x_1，$x_2 \cdots, x_n$的频数表可按以下步骤进行：

(1)确定分组数目k。

分组数k可由样本量n确定，常取$k=1.87\times(n-1)^{2/5}$。根据经验k取8～15较合适，并且要求落在每个区间的样本频数最好不小于5(当个别区间内的频数小于5时，将其与相邻区间合并)；

(2)计算组距。

为了使得分组区间覆盖住所有的样本观测值，需要确定区间端点。记$x_{(1)}=\min(x_1,x_2\cdots,x_n)$，$x_{(n)}=\max(x_1,x_2\cdots,x_n)$，令$a=x_{(1)}-\varepsilon$，$b=x_{(n)}+\varepsilon$($\varepsilon$可根据实验数据有效数位决定)。

常用频数表一般是等距的，组距计算如下：

$$d=(b-a)/k$$

(3)列出组区间。

组区间为$[a_{i-1},a_i)$，其中$a_i=a+id(i=1,2,\cdots,k-1)$；$a_k=b$。

(4)计算落入每个组区间$[a_{i-1},a_i)$上的频数f_i，并计算累计频数和累计百分比。

把步骤(4)与(5)得到的数据编制成表，则得到频数表。

7.3.2 列联表

频数表是按研究对象的一个属性取值得到。当按两个或更多属性计算频数并列成表格则得到列联表(列联表可以看作频数表的进一步细分)。因此，表格中每个格子中的数据是响应变量取某一水平对应的频数。由于列联表中统计数据是由两个变量交互决定的,列联表又称交互分类表。

当列联表所考虑的属性只有两个时,列联表称为二维列联表;列联表变量取值多于两个时,称为多维列联表。表 7-8 和表 7-9 分别为二维和三维列联表。

上班出行交通方式选择分布(%)　　表 7-8

收费方式＼交通方式	小汽车	出租车	地铁+步行	地铁+出租车	公交车+步行	公交车+出租车	自行车	步行	合计
5 元/次	85.0	1.6	6.7	1.9	3.5	0.5	0.3	0.0	100
10 元/次	36.2	4.0	30.8	6.2	18.2	2.7	1.9	0.0	100
20 元/次	14.5	7.5	39.7	12.3	21.2	2.4	2.1	0.0	100

交通事故中安全设备使用与受伤情况　　表 7-9

安全设备使用	是否被抛出	受伤情况		
		非致命	致命	合计
安全带	是	1 105	14	1 119
	否	411 111	483	411 594
无	是	4 624	497	5 121
	否	157 342	1 008	158 350

通过列联表可以发现研究对象不同属性之间的相互关系,例如,可以通过分析列变量与行变量之间独立性,判断变量是否相互独立。

7.3.3 相关系数表

相关系数表又称为相关矩阵或相关系数矩阵,是由变量间两两的相关系数构成的。相关矩阵第 i 行第 j 列的元素是变量 i 与变量 j 的相关系数。相关系数表一个很大特点是对角线上的数值为 1.00,其他数值关于对角线对称。

通过相关系数表,可以发现变量间的相关程度。表 7-10 就是一个典型的相关系数表。从表 7-10 中,可以发现货运交通量与速度、占有率相关程度较大,总交通量与速度相关程度较大。

某道路交通流参数相关系数表　　表 7-10

项　目	总交通量	货运交通量	速　度	占有率
总交通量	1.00	0.62	0.90	0.56
货运交通量	0.62	1.00	-0.90	0.90
速度	0.90	-0.90	1.00	-0.99
占有率	0.56	0.90	-0.99	1.00

统计表是调查分析报告的重要组成部分,制作较好的统计表不仅可概括调查数据信息,还可丰富调查报告表达格式。因此,要重视统计表的制作。制作统计表时,一般应注意以下几点:

(1)每张统计表都要有编号和标题。统计表的标题要概括表格内容,简明扼要。

(2)统计表中要注明各个变量的单位。如果表中数据为同一个单位,则在表标题中统一注明。

(3)表的分组要适当,并且层次不要过多。

(4)表中项目排列顺序应适当。如果表中各项有时间顺序,则应按时间顺序排列;如果强调大小,则按大小顺序排列;如果有多个表格,则顺序应一致。

§7.4 常用统计图

交通调查分析中常用的统计图有:直方图、频率分布图、柱状图、饼形图(结构图)、轮廓图、趋势图、散点图等。

7.4.1 直方图

直方图是调查报告中最常用的统计图。直方图可以在频数表的基础上绘制。图7-2就是根据频数表7-7绘制的。频数表中每个矩形图的宽度就是频数表的组距,矩形图的高度可以是每组的频数、百分数或者是百分数除以矩形图的宽度。

直方图可以直观的表征调查数据的分布形状、分布特征(如最大值、最小值以及众数等)。

7.4.2 频率分布图

样本观测值的分布特性也可以由频率分布曲线和累计频率分布曲线刻画。将直方图中每一个矩形顶部中点用光滑的曲线连接起来形成的曲线就是频率分布曲线(如图7-2中光滑曲线)。把累计百分比数据描绘到二维平面上则可以得到累计频数分布曲线如图7-3所示。频率分布曲线可以大体上表现样本的总体分布形状,如对称性、离散特性,为选择分布函数提供信息;由累计分布曲线可以清楚地发现观测样本的统计特征,如百分位数(50%的分位数、85%位分位数、15%位分位数)。

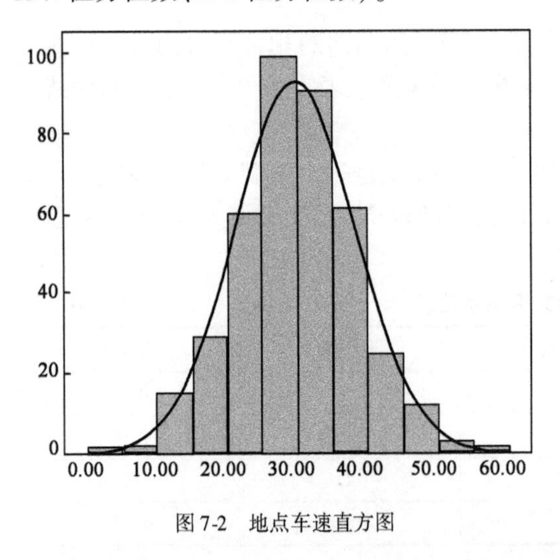

图7-2 地点车速直方图

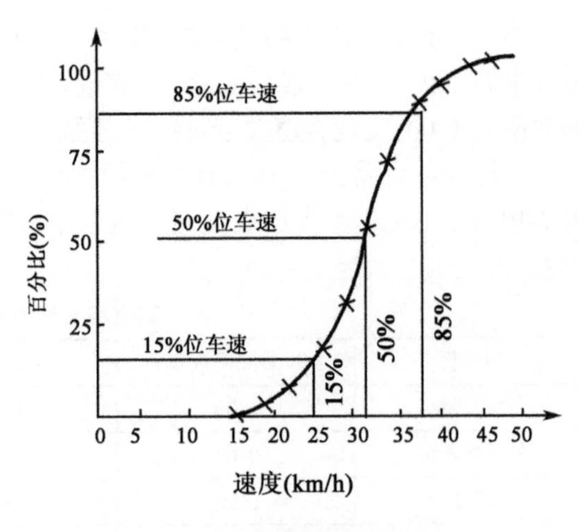

图7-3 速度累计频率分布图

7.4.3 柱状图和饼形图

直方图和频率分布图适用于定量数据。对于定性数据(属性变量,分类变量)可以通过饼形图或柱状图来描述数据的分布情况。

柱状图通过把各类的频数用宽度相同的长方形表示的方法来表征数据的分布,其做法是在横轴上标记定性数据的每个类别,在纵轴上表示频数或频率,长方形的高度就代表各类频数或频率。图 7-4 为某山区道路 3 年内发生的事故类柱状图,通过柱状图可以清晰地比较出各类交通事故发生次数的不同。

饼图(又称圆形图、结构图)是用一个圆和圆内几个扇形的面积来表示数据的频数(频率)分布。定性数据每类对应一个扇形,扇形的中心角大小等于该类所占的比例乘以 3 600。图 7-5为某次交通调查中赞同和不赞同“机动车尾气排放和扬尘是影响空气质量问题”调查者意见分布情况,可以清晰地发现赞同机动车尾气排放和扬尘影响控制质量的占到被调查者的 84.92%,而不赞成的只占 15.08%。

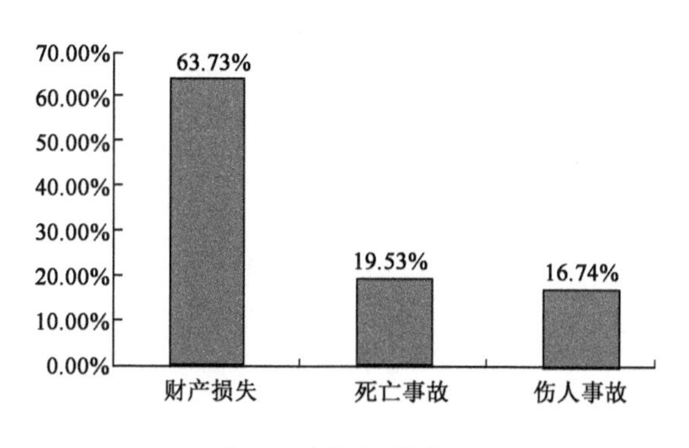

图 7-4　事故类型柱状图

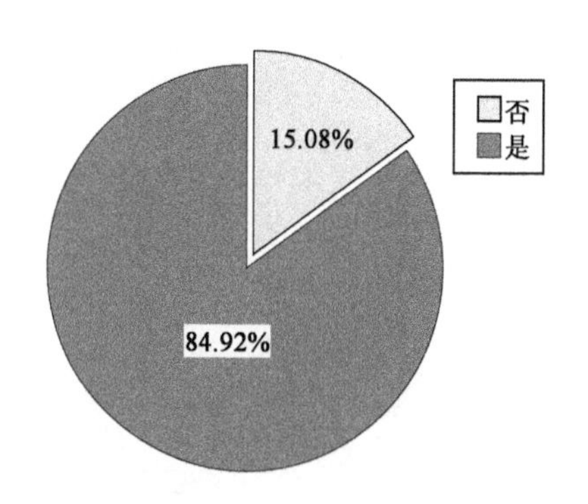

图 7-5　被调查者意见饼型图

7.4.4　趋势图(时序图)

趋势图可用来直观表示研究对象随时间变化发展的情况。以调查数据或观测的数量为纵轴,以时间为横轴绘成图形就得到趋势图。

图 7-6 是根据表 7-11 计算的北京市居民出行时间价值绘制的时间价值变化趋势图,可以清晰发现时间价值是随着时间推移逐渐增加的。

2001～2012 年北京市居民出行时间价值计算结果　　表 7-11

年份(年)	2005	2006	2007	2008	2009	2010	2011	2012
人均可支配收入(元)	17 653	19 978	21 989	24 725	26 738	29 073	32 903	36 469
时间价值(元/h)	8.79	9.95	10.95	12.31	13.32	14.48	16.39	18.16

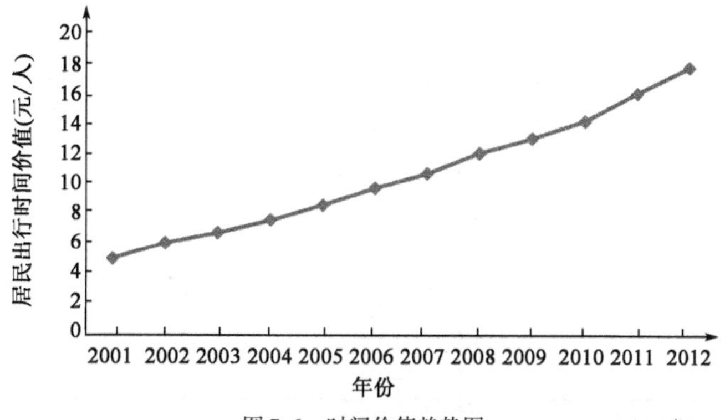

图 7-6　时间价值趋势图

时序图的时间单位可以是日、月、年,也可以是小时、分钟、秒。不同的时序图反映出事物不同时间内变化情况。此外,如果把时序图横轴换成距离指标,如公路里程桩号,则可表示事物在空间上的分布情况(如在事故分析中,公路里程桩号为横轴,事故数为纵轴,则可以用于分析路段上交通事故的分布)。

7.4.5 散点图

如果要分析两个变量之间发展变化的相互影响情况,可用散点图来初步描述。散点图可以清晰、直观地反映出两个变量相依变化的规律。假设变量 X 与变量 Y 的观测值为 (x_i, y_i),$(i=1,2,\cdots,n)$。在平面坐标系上,描出各点 (x_i, y_i),则得到这两个变量的散点图。例如,图 7-7为汽车旅行时间和旅行距离观测数据散点图,数据如表 7-12 所示。

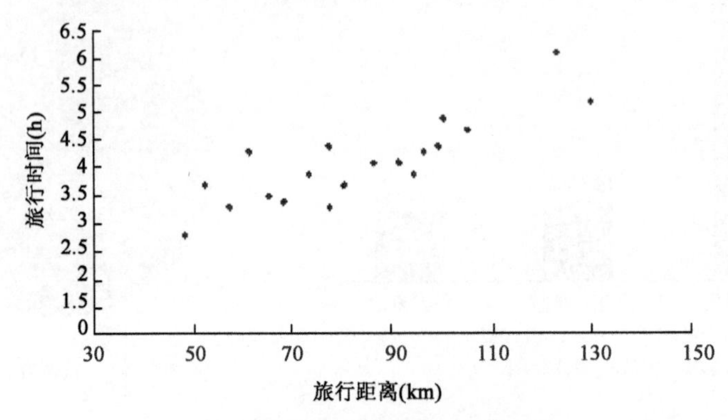

图 7-7 旅行距离和旅行时间散点图

汽车旅行距离和旅行时间 表 7-12

旅行距离(km)	旅行时间(h)	旅行距离(km)	旅行时间(h)	旅行距离(km)	旅行时间(h)
48	2.8	77	3.3	99	4.4
52	3.7	77	4.4	100	4.9
57	3.3	80	3.7	105	4.7
61	4.3	86	4.1	123	6.1
65	3.5	91	4.1	130	5.2
68	3.4	94	3.9		
73	3.9	96	4.3		

通过分析散点图也可以粗略地判断出两变量之间的相关程度。如果所有的点在一条直线上(图 7-8),则完全相关;如果这些点在一条带状区域内,则可能存在很强的线性相关关系;如果这些点分布没有明显规律,则说明变量相关性较弱甚至不相关。

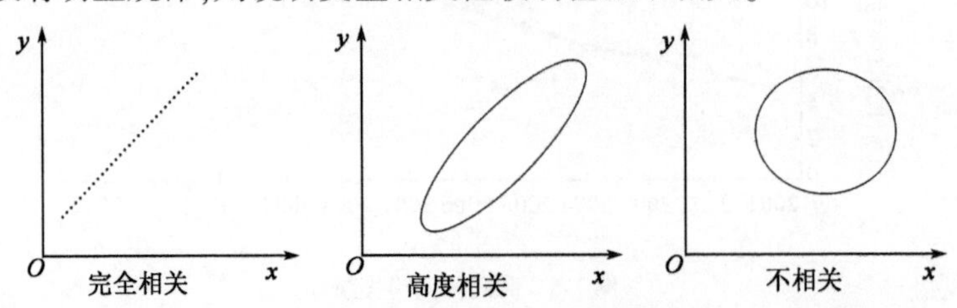

图 7-8 线性相关程度示意图

此外,通过散点图可以很容易地发现异常值,因为异常值总是位于散点图的某个边缘或与其他点距离较远的位置。如果通过散点图发现了异常值,则应进一步诊断,考虑是否剔除异常值。

7.4.6 箱形图

调查数据的分布特征也可以借助于箱形图(Boxplot)进行观察(图 7-9)。箱形图直观地把观测值的中位数、上四分位数、下四分位数、离群值等在图形中表示出来。通过观测上下四分位数与中位数距离可以发现分布的对称性、偏度以及数据离散特性。

箱形图做法如下:作一个长方形,长方形的上、下端分别为上、下四分位数位置(盒子长度就是四分位间距),中间横线是观测值的中位数;从上、下端边向外各画一条线延长到不是离群值的最远点(即线的端点为正常值的最大和最小值);离群值用"°"标出。

通过箱形图不仅可以清晰地发现样本总体的分布情况,还可以对"离群值"的情况有所了解,初步诊断是否存在异常值。此外,通过多个箱形图可以发现相同变量在不同条件下(类别数据)的差异。图 7-9 是根据某信号交叉口饱和车头时距调查数据绘制的箱形图。由箱形图可以发现,不同的排队位置其饱和车头时距的分布存在一定的差异。

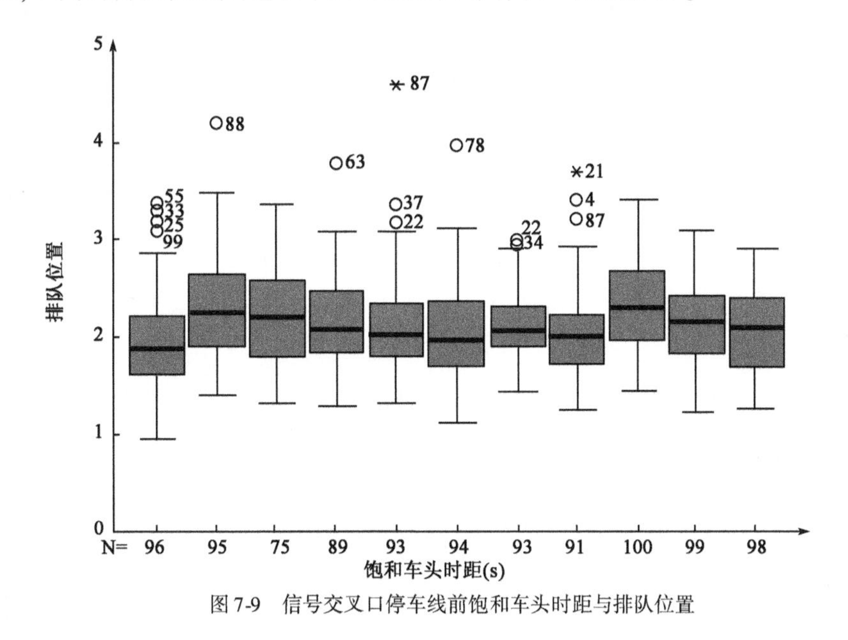

图 7-9 信号交叉口停车线前饱和车头时距与排队位置

7.4.7 P-P 图和 Q-Q 图

P-P 图(概率—概率图)和 Q-Q 图(分位数—分位数图)是一种直观的探索调查数据是否与某个分布一致的分析方法,常用于初步检验调查数据是否来自某种分布。常用的数据统计软件如 SPSS、SAS 和 S-plus 都提供了 P-P 和 Q-Q 图的自动作图方法。这里主要介绍作图原理。

1)P-P 图

假设 $X_1, X_2 \cdots, X_n$ 为来自总体 $F(x)$ 的一个样本,$X_{(1)}, X_{(2)}, \cdots, X_{(n)}$ 为其顺序统计量。记 $Z_{(i)} = F(x_{(i)})$,则由概率论知识可知,$Z_{(i)}$ 服从 Beta 分布,密度函数为:

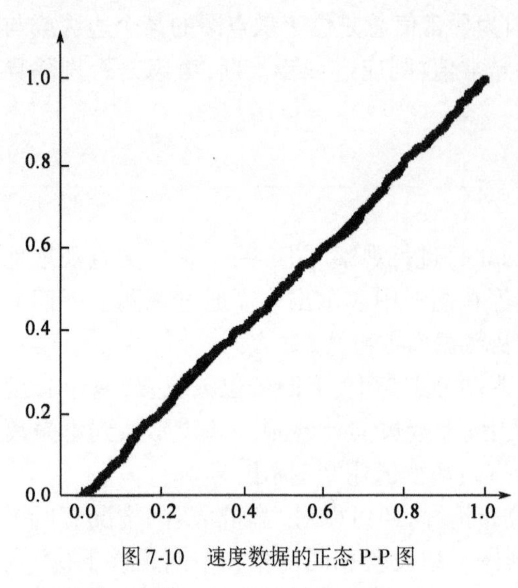

图 7-10　速度数据的正态 P-P 图

$$f(z)=\frac{n!}{(i-1)!\ (n-i)!}z^{i-1}(1-z)^{n-i} \tag{7-15}$$

并且 $E(Z_{(i)})=\frac{i}{n+1}$。将 $(\frac{i}{n+1},Z_{(i)})$，$i=1,2\cdots,n$ 标在直角坐标系就得到 P-P 散点图。如果 $X_1,X_2\cdots,X_n$ 来自总体 $F(x)$，则 $E(Z_{(i)})=\frac{i}{n+1}$，并且 $\left(\frac{i}{n+1},Z_{(i)}\right)$，$i=1,2\cdots,n$ 将分布在直线 $y=x$ 周围。反之，如果这些点明显地偏离直线 $y=x$，则认为 $X_1,X_2\cdots,X_n$ 不是来自分布 $F(x)$。这就是 P-P 图的原理。图 7-10 为观测到的地点车速数据的正态 P-P 图。

2）Q-Q 图

假设 $X_1,X_2\cdots,X_n$ 为来自总体 $F\left(\frac{x-\mu}{\sigma}\right)$ 的一个样本，μ 和 σ 分别为位置参数和尺度参数。记 $z_i=F\left(\frac{x_i-\mu}{\sigma}\right)$，$F^{-1}$ 为 F 的反函数，则 $F^{-1}(z_i)=\left(\frac{x_i-\mu}{\sigma}\right)$，即：

$$X_i=\sigma F^{-1}(z_i)+\mu \tag{7-16}$$

所以 X_i 与 $F^{-1}(z_i)$ 成直线关系，μ 和 σ 分别为截距和斜率。由于经验分布函数 $F_n(x)$ 为 $F\left(\frac{x-\mu}{\sigma}\right)$ 的一致估计，因此，对顺序统计量 $X_{(1)},X_{(2)},\cdots,X_{(n)}$，有：

$$X_{(i)}\approx\sigma F^{-1}(\frac{i}{n})+\mu \tag{7-17}$$

即 $X_{(i)}$ 与 $F^{-1}\left(\frac{i}{n}\right)$ 有近似线性关系。由于当 $i=n$ 时，$F^{-1}(1)$ 为无穷大，无法在图形上表示，所以，对式(7-17)作了修改：

$$X_{(i)}\approx\sigma F^{-1}(\frac{i-0.25}{n+0.5})+\mu \tag{7-18}$$

将点 $(F^{-1}\left(\frac{i-0.25}{n+0.5}\right),X_{(i)})$，$i=1,2,\cdots,n$ 标在直角坐标系中，这些点将分布在一条直线周围。直线的斜率和截距可分别看作 σ 与 μ 的估计。这就是 Q-Q 散点图。当图中的点不是分布在一条直线周围时，则可以初步断定，$X_1,X_2\cdots,X_n$ 不是来自总体 $F\left(\frac{x-\mu}{\sigma}\right)$ 的样本。

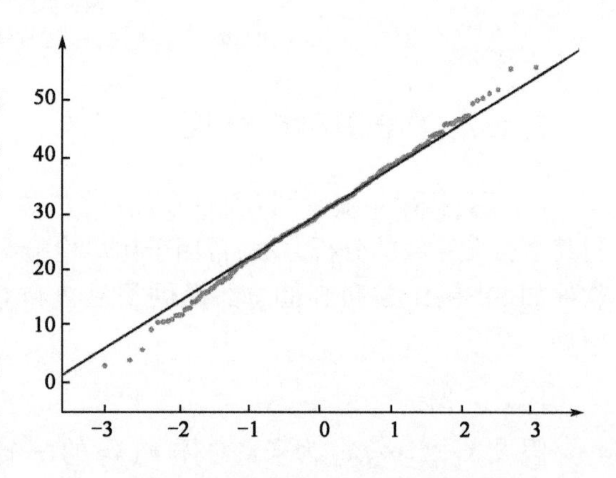

图 7-11　速度数据的正态 Q-Q 图

图 7-11 是观测到的地点车速数据的正态 Q-Q 散点图。从图上可以看出，图中的点几乎分布在一条直线周围。因此，可以认为观测到的地点车速服从正态分布。

统计图具有直观特点，可以清楚地表达出调查数据的特征。绘制精美的统计图还能起到装饰报告的作用。因此，统计图是调查分析必不可少的表达工具。绘制统计图应注意以下事项：

(1)每张统计图都要有编号和标题，标题要简明扼要说明图的内容。

(2)避免使用附加图标说明，图标含义和其相应的数值最好在图中对应位置上给出。

(3)数量(值)单位要恰当，注意图形的均衡性，不仅要能表现出变量变化，并且变量的变化(差异)都是可视的和能解释的。

思　考　题

1. 表 7-13 数据为某条道路上观测到的车辆运行速度，试求样本均值、方差、标准差、中位数和变异系数。

车辆运行速度表　　表 7-13

73.6	73.6	70.4	64.0	73.6	72.0	70.4	65.6	68.8	68.8	57.6
48.0	46.4	51.2	48.0	46.4	54.4	51.2	46.4	48.0	48.0	48.0
60.8	43.2	46.4	49.6	49.6	51.2	51.2	54.4	70.4	65.6	44.8
48.0	46.4	48.0	40.0	51.2	52.8	49.6	51.2	51.2	57.6	51.2
60.8	51.2	54.4	56.0	51.2	51.2	49.6	51.2	48.0	51.2	49.6
51.2	49.6	46.4	46.4	48.0	49.6	49.6	51.2	52.8	54.4	48.0
51.2	49.6	48.0	46.4	46.4	51.2	44.8	44.8	54.4	54.4	60.8
49.6	48.0	54.4	57.6	51.2	44.8	43.2	46.4	48.0	46.4	49.6
49.6	49.6	44.8	54.4	56.0	51.2	49.6	59.2	52.8	52.8	56.0
67.2	72.0	72.0	67.2	64.0	65.6	51.2	52.8	52.8	57.6	62.4
48.0	51.2	46.4	48.0	51.2	49.6	49.6	52.8	52.8	51.2	46.4
56.0	56.0	54.4	57.6	72.0	67.2	54.4	52.8	56.0	56.0	49.6
60.8	57.6	62.4	52.8	57.6	52.8	48.0	44.8	43.2	44.8	48.0

2. 根据上题中数据绘制车辆运行速度直方图。

第8章　调查分析中的统计检验

交通调查分析中常常需要对某些研究问题进行统计检验。例如,在研究行人过街行为时,性别是否对行人步行速度有显著影响?如果不同性别人群步行速度存在差异,这种差异是否是由随机因素引起的?已知驾驶员的反应时间是随机的,是否能断定其服从某个给定的分布?这类假设问题往往需要用统计方法进行检验,统称为统计检验问题。本章主要介绍交通调查与分析中常用的统计检验方法,包括:t 检验、F 检验与分布的拟合优度检验。正态分布是最常用的分布,对正态分布检验,除了 χ^2 检验外,本章还将介绍一些软件中常用的检验方法,如夏皮罗—威尔克(Shapiro-Wilk)的 W 检验和基于偏度与峰度的检验。

§8.1　基 本 概 念

8.1.1　原假设和对立假设

在假设检验中常把一个被检验的假设称为原假设,其对立面称为备择假设。原假设常用 H_0 表示,备择假设用 H_1 表示。例如在检验性别对行人步行速度有无影响中,原假设为"H_0:性别对步行速度无影响",备择假设为"H_1:性别对步行速度有显著影响"。原假设和备择假设应相互排斥。如果原假设 H_0 经检验是正确的,则意味着备择假设 H_1 是错误的;如果原假设 H_0 经过检验后是不正确的,则意味着备择假设 H_1 是正确的。因此,假设检验问题即为决定接受或拒绝原假设。

对一般的假设检验问题可以表述为:

$$H_0:\theta \in \Theta_0 \quad H_1:\theta \in \Theta_1 \tag{8-1}$$

其中,Θ_0 与 Θ_1 为 Θ 的真子集,并且 $\Theta_0 \cap \Theta_1 = \Theta$。

式(8-1)只是给出了原假设和备择假设的一般形式,在实际应用中要根据实际问题构造假设检验问题,例如正态总体 $N(\mu,\sigma^2)$ 均值 μ 检验,要检验的问题可能是以下三种情形之一。

(1)$H_0:u=u_0;H_1:u\neq u_0$。

(2)$H_0:u\geqslant u_0;H_1:u<u_0$。

(3)$H_0:u\leqslant u_0;H_1:u>u_0$。

这三种情形对应的检验问题是有严格区别的。情形(1)检验均值是否发生变化(没有指明变化方向),是双边假设检验问题;情形(2)检验均值是否大于给定的值(指明检验方向),是单边假设检验问题(又称为右边假设检验);情形(3)检验均值是否小于某个值(指明检验方向),是单边假设检验问题(又称为左边假设检验)。不同的情形对应着不同的检验规则。因此,具体是哪种检验情形,应该根据问题的实际情况提出。此外,明确了上述问题,对应用假设检验解决具体问题也具有指导意义。如对情形(2),如果假设 u_0 是根据以往经验获得的总体均值,u 是在新条件下总体均值的可能取值,该假设检验问题就是检验总体均值是否有所增加;如果 u_0 和 u 是不同条件下总体均值的可能取值,则假设检验问题就转化为比较两个总体的均值问题。

8.1.2 检验统计量与临界值

是拒绝还是接受原假设 H_0,这需要一个规则。根据这个规则以及样本 $X_1,X_2,\cdots,X_n$ 提供的信息做出统计推断(接受还是拒绝原假设)。例如,对总体均值的检验问题 $H_0:u\geqslant u_0$;$H_1:u<u_0$。一个直观的想法就是用样本均值 $\overline{X}$ 估计 μ,当 $\overline{X}$ 比 u_0 较大时,就应拒绝原假设 H_0。因此,可以用 $\overline{X}>C$(C 为某个常数)作为检验规则。当 $\overline{X}>C$ 就接受原假设,反之,则拒绝原假设。这里统计量 $\overline{X}$ 就代表了样本提供的信息,C 是做出接受或拒绝原假设的一个关键值,称为临界值。因此,在统计假设检验中,在确定了假设检验问题后,还需要选择合适的统计量概括样本信息并用于统计推断(该统计量称为检验统计量),以及确定临界值。

检验统计量的选取可根据问题的直观背景提出,使得在原假设成立时或对立假设成立时,其取值存在明显的差异。选取检验统计量的一个简便方法就是根据要检验的参数估计,例如有关总体均值的检验统计量常由样本均值构造,而方差检验统计量则由样本方差的无偏估计构造。

临界值的确定应用了小概率事件原则(在概率论中,把发生概率很小的事件称为小概率事件,一般情况下,发生概率小于 0.05 的事件就可以称为小概率事件,有时也取发生概率小于 0.10):如果一个事件发生的概率很小,则在一次试验中看作是不可能发生的事件。以检验正态总体 $N(\mu,1)$ 均值是否为 0 为例说明临界值的确定。假设 $X_1,X_2,\cdots,X_n$ 为来自 $N(\mu,1)$ 的一个样本,则样本均值 $\overline{X}$ 是 u 的无偏估计,并且 $\overline{X}\sim N(0,1/\sqrt{n})$。因此,在原假设 $H_0:u=0$ 成立条件下,$\overline{X}$ 与 0 差别较大的概率 $P[\,|\sqrt{n}(\overline{X}-0)|\geqslant C]$ 应是小概率(或不可能发生)。所以,对给定的 $\alpha(0<\alpha<1)$,令 $P[\,|\sqrt{n}(\overline{X}-0)|\geqslant C]=\alpha$,则可求得临界值 $C=\mu_{\alpha/2}$(式中,$\mu_{\alpha/2}$ 为标准正态分布的 $\alpha/2$ 上分位数,并且当 $\sqrt{n}\overline{X}>\mu_{\alpha/2}$ 或 $\sqrt{n}\overline{X}<-\mu_{\alpha/2}$ 时拒绝原假设)。

对于单边假设检验的临界值,可根据研究问题的实际背景确定。例如,对正态总体均值 $N(\mu,1)$ 的右边假设检验 $H_0:u\geqslant\mu_0$,当原假设成立时,作为 u 的无偏估计 $\overline{X}$ 应该与 u_0 有一定的"距离"。由于 $\sqrt{n}(\overline{X}-\mu_0)$ 服从标准正态分布 $N(0,1)$,因此,其临界值 C 满足 $P[\sqrt{n}(\overline{X}-\mu_0)\geqslant C]=\alpha$,即 $C=\mu_\alpha$,当 $\sqrt{n}(\overline{X}-\mu_0)\geqslant\mu_\alpha$ 接受原假设;同样,对于左边假设检验 $H_0:u\leqslant u_0$,临界值 C 应满足 $P[\sqrt{n}(\overline{X}-\mu_0)\leqslant C]=\alpha$,即 $C=-\mu_\alpha$,当 $\sqrt{n}(\overline{X}-\mu_0)<-\mu_\alpha$,接受原假设(式中,$\mu_\alpha$ 为标准正态分布的 α 上分位数)。

由上所述,临界值的确定是和"小概率"α 的选取有着密切关系的。因此,应结合实际检验问题,选择合适的 α。

8.1.3 两类错误和显著性水平

由临界值的确定方法可以发现,假设检验是以小概率事件作为推断原则的。但是,小概率事件并不一定不发生。在假设检验中可能会犯两种错误。第一类错误是:原假设 H_0 是正确的,但被拒绝了,所以又称为"拒真"错误(其概率就是选取的小概率 α);第二类错误是:原假设 H_0 是错误的,但被接受了,所以又称为"受伪"错误。

调查数据处理中研究人员自然希望犯两类错误的概率都尽量的小。但两者不能兼顾。一般的做法是控制出现第一类错误的概率,即保证出现第一类错误的概率 α 尽量的小。出现第

一类错误的概率 α 称为显著性水平或检验水平。在实际应用中，α 一般取0.05。

8.1.4 p 值与显著性水平

在现代统计学以及许多统计分析软件中，常应用“p”值与显著性水平 α 作比较的方法进行统计推断。p 值定义为检验统计量大于其取值(由样本观测值计算)的概率。为了说明如何应用 p 值来进行假设检验，以“正态总体分布 $N(\mu,1)$，检验原假设 $H_0:u=0$”为例。在原假设 $H_0:u=0$ 成立条件下，$\overline{X}\sim N(0,1/\sqrt{n})$。选取检验统计量 $U=\sqrt{n}\overline{X}$，则 $U\sim N(0,1)$。假设在样本观测值 $x_1,x_2,\cdots,x_n$ 给定的条件下，U 的值为 u_0。因此，p 值可表示为 $p=P(U>u_0)$。

对给定的显著性水平 α，当 $p<\alpha$ 时拒绝原假设；当 $p\geqslant\alpha$ 时则接受原假设。为了便于理解，我们讨论一下 p 值与显著性水平的关系。假设 U 服从标准正态分布，显著性水平 α 对应上分位数为 μ_α。则当 $u_0>u_\alpha$ 时，由小概率事件原则，应该拒绝原假设，而 $p=P(U>u_0)<P(U>u_\alpha)=\alpha$，即 $p<\alpha$；当 $u_0<u_\alpha$ 时，则应接受原假设，而 $p=P(U>u_0)>P(U>u_\alpha)=\alpha$，即 $p>\alpha$。因此，p 值方法与建立在小概率事件原则基础上的检验方法是等价的。

§8.2 总体均值检验

在交通研究中经常遇到总体均值检验问题，即总体均值与样本均值相等的检验，两个正态总体均值相等的检验。针对不同的假设，常用检验方法有 t 检验和 U 检验。

8.2.1 正态总体均值的检验

在交通研究中，有时要分析交通环境或实验环境的变化对一些测量指标的影响。这就需要检验观测变量的样本平均值与经验值(看作总体均值)是否有显著性差异。这类问题看起来是检验总体均值与样本均值相等的检验，实质上是检验总体的均值是否等于某个值(或总体均值是否发生了变化)问题。

这类问题检验可分总体方差已知和总体方差未知两种情形。

1)总体方差未知情形——t 检验

t 检验方法原理主要是应用服从 t 分布的统计量检验给定的统计假设问题。适用于正态总体方差未知的情形。例如，正态总体 $N(u,\sigma^2)$ 方差 σ^2 未知时，检验总体均值 μ 是否等于某个已知的常数 u_0。可构造假设检验：

$$H_0:u=u_0;H_1:u\neq u_0$$

在原假设 $H_0:u=u_0$ 为真的情况下，统计量：

$$t=\frac{\overline{X}-\mu}{S/\sqrt{n}} \tag{8-2}$$

服从自由度为 $n-1$ 的 t 分布。由概率论与数理统计知识可知，正态总体 $N(u,\sigma^2)$ 方差 σ^2 未知时，μ 的置信度 $1-\alpha$ 的置信区间估计为：$\left[\overline{X}-\frac{S}{\sqrt{n}}t_{\alpha/2}(n-1),\overline{X}+\frac{S}{\sqrt{n}}t_{\alpha/2}(n-1)\right]$。由区间估计的定义知：

$$P\left[\left|\frac{\overline{X}-\mu}{S/\sqrt{n}}\right|>t_{\alpha/2}(n-1)\right]=\alpha \tag{8-3}$$

或

$$P[\,|\overline{X}-\mu|>t_{\alpha/2}(n-1)S/\sqrt{n}\,]=\alpha \tag{8-4}$$

因此，在原假设 $H_0:u=u_0$ 成立条件下，样本均值 $\overline{X}$ 与总体均值 μ_0 之差绝对值大于$\frac{S}{\sqrt{n}}t_{\alpha/2}(n-1)$的概率为 α（图 8-1）。换句话说，当 α 取较小值时（如 $\alpha=0.05$），$|\overline{X}-\mu_0|>t_{\alpha/2}(n-1)S/\sqrt{n}$为“小概率事件”。因此，根据统计推断的“小概率事件”原则，应否定原假设 $H_0:u=u_0$，即样本均值 $\bar{X}$ 与总体均值 μ_0 有显著性差异。

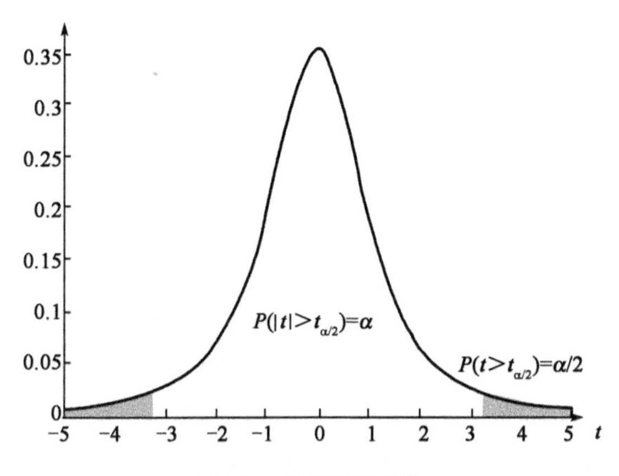

图 8-1　t 分布的临界值

所以，当给定样本观测值 $x_1,x_2,\cdots,x_n$，计算 $t_0=\frac{\bar{x}-\mu_0}{S/\sqrt{n}}$，当 $|t|>t_{\alpha/2}(n-1)$ 时，拒绝原假设 $H_0:u=u_0$；如果 $|t|\leqslant t_{n-1,\alpha/2}$ 则不能拒绝原假设 H_0。这就是 t 检验的原理。其中，$t_{\alpha/2}(n-1)$ 是 t 分布的临界值，可以查 t 分布分位数表（附表 2）得到，当 n 足够大时，由于 t 分布近似于正态分布，可查正态分布表（附表 1）。

有时需要考虑单边假设检验问题：$H_0:u>u_0$。在此情况下，如果 $t>t_\alpha(n-1)$ 则可以接受原假设 H_0；同样，可以考虑原假设假设 $H_0:u<u_0$，当 $t<t_\alpha(n-1)$ 接受原假设。

例 8-1　根据 20 世纪 80 年代北京工业大学对北京市范围内连续行人设施行人步行速度调查，发现男性步行速度平均值为 1.25m/s。现在某个学生为了分析某行人设施行人的步行速度特征，调查 525 个男性，测得平均速度为 1.29m/s，样本标准差为 0.27。是否可以根据调查结果认为该行人设施的行人步行速度明显有所不同？

例 8-1 的问题是，总体均值 $u_0=1.25$ 是否发生了显著性变化。由于总体样本方差未知，应用 t 检验方法。假设检验步骤如下：

（1）确立假设检验问题。

$$H_0:u=u_0$$

（2）构造 T 检验统计量。

$$t=\frac{\overline{X}-u_0}{S/\sqrt{n}}$$

式中：$\overline{X}$——样本均值；

u_0——总体均值；

S——样本标准差；

n——样本量。

(3)计算统计量值。

把 $\overline{X}=1.29, s=0.27, u=1.25, n=525$ 代入,则可计算得 $t=4.17$。

(4)查分位数表,确定临界值。

由于 n 足够大($n=525$),$t(524)$ 可用正态分布近似。取 $\alpha=0.05$,查正态分布表:$u_{0.025}=1.96$。

(5)得出结论。

因为 $t=4.17>1.96$,所以不能接受原假设,即可以认为该行人设施的行人步行速度与已有经验不同的论断。

上述检验方法还可以用于配对数据检验。例如,为了分析实验条件或环境对驾驶员的交通行为的影响,在不同的环境下测量了同一组驾驶员的某生理、心理指标,则可以分析同一个驾驶员在两种环境下的测量指标差。问题归结为检验"测量指标差"的均值是否为0。

2)总体方差已知情形——U 检验

这类检验问题可以归结为在总体方差 σ^2 已知并且比较稳定情况下,要检验观测值均值是否和总体均值一致;或由于实验条件的变化是否对观测值有着显著的影响。假设检验归结为检验 $H_0: u=u_0$。

在原假设成立条件下,$\frac{\overline{X}-\mu}{\sigma/\sqrt{n}}$服从标准正态分布 $N(0,1)$。令:

$$U=\frac{\overline{X}-\mu}{\sigma/\sqrt{n}} \tag{8-5}$$

则 $U \sim N(0,1)$。由标准正态分布的分位数的定义有:

$$P\left[\left|\frac{\overline{X}-\mu}{\sigma/\sqrt{n}}\right|>u_{\alpha/2}\right]=\alpha$$

因此,在原假设 H_0 成立的条件下,对给定样本观测值可按式(8-7)计算 U 值。查标准正态分布表可得临界值 $u_{\alpha/2}$,如果 $|U|>u_{\alpha/2}$,则没有理由接受 H_0;如果 $|U| \leqslant u_{\alpha/2}$,则不能拒绝原假设。

例 8-2 (续例 8-1)在例 8-1 中,如果假设北京市范围内连续行人设施行人步行速度标准差是 $\sigma=0.27$。是否可以根据调查结果认为该行人设施的行人步行速度明显有所变化?

由调查结果可知,$\overline{x}=1.29, \sigma=0.27, u=1.25, n=525$。把这些值代入式(8-7)中求得 $U=3.39$。取 $\alpha=0.05$,查正态分布表:$u_{0.025}=1.96$。因此,$U=3.39>1.96$,所以不能接受原假设,即可以接受该行人设施的行人步行速度明显变化的论断。

8.2.2 两正态总体均值相等的检验

在实践中,往往还会遇到比较两个研究总体均值是否相等的问题。例如,在研究行人通过信号交叉口人行横道时的交通行为特性时,需要分析男性和女性步行速度是否存在显著性差异;在分析驾驶员反映时间特性时,需要考虑性别的影响。由于比较的两个对象之间,任何一个总体分布均值是不知道的,在这种情况下,应考虑两总体均值相等的检验方法。由于两个总体均值是未知的,实际比较的是样本均值,所以有时又称为两样本均值比较的检验或成组比较的检验。

假设 $X_1,X_2,\cdots,X_{n_1}$ 是来自总体 $N(\mu_1,\sigma_1^2)$ 的一个样本，$Y_1,Y_2,\cdots,Y_{n_2}$ 是来自总体 $N(\mu_2,\sigma_2^2)$ 的一个样本。则假设检验问题是：

$$H_0:u_1=u_2;H_1:u_1\neq u_2$$

由于 σ_1^2,σ_2^2 都未知，因此，要分：①$\sigma_1^2=\sigma_2^2=\sigma^2$ 和②$\sigma_1^2\neq\sigma_2^2$ 两种情形讨论。这里只给出情形①的假设检验问题，对于情形②，在下一节介绍。

由概率论知识，当 $\sigma_1^2=\sigma_2^2=\sigma^2$ 时：

$$\frac{(\overline{X}-\overline{Y})-(\mu_1-\mu_2)}{\sqrt{(n_1-1)s_1^2+(n_2-1)s_2^2}}\sqrt{\frac{n_1n_2(n_1+n_2-2)}{n_1+n_2}}\sim t(n_1+n_2-2) \tag{8-6}$$

因此，在原假设 $H_0:u_1=u_2$ 成立条件下，式(8-6)可写成：

$$t=\frac{(\overline{X}-\overline{Y})}{\sqrt{(n_1-1)s_1^2+(n_2-1)s_2^2}}\sqrt{\frac{n_1n_2(n_1+n_2-2)}{n_1+n_2}} \tag{8-7}$$

所以，在原假设 H_0 成立的条件下，t 服从自由度为 n_1+n_2-2 的 t 分布。当样本观测值给定时，则可按式(4-6)计算 t 值。对给定的显著性水平 $\alpha(0<\alpha<1)$，查 t 分布表 $t_{\alpha/2}(n_1+n_2-2)$，如果 $|t|>t_{\alpha/2}(n_1+n_2-2)$ 则没有理由接受 H_0；如果 $|t|<t_{\alpha/2}(n_1+n_2-2)$ 则不能拒绝原假设 $H_0:u_1=u_2$。

例 8-3　为了分析行人在穿越人行横道时，性别对步行速度的影响。分别调查了 140 个青少年男性和 165 个青少年女性。测得平均步行速度分别为 1.76m/s 和 1.58m/s，标准差分别为 0.55 和 0.26。分析性别是否对步行速度有显著影响。

假设男、女青少年在穿越人行横道时，步行速度方差没有显著性差异。则由统计结果可知：$n_1=140,n_2=165,\bar{x}=1.76,\bar{y}=1.58,s_1=0.55,s_2=0.26$。把上述数值代入式(4-6)，求得 $t=3.73$。由于样本量足够大，t 分布可用正态分布近似。取 $\alpha=0.05$，则由分布表可查得临界值为 1.96。由于 $t=4.17>1.96$，不能接受原假设，即性别对步行速度有显著影响。

8.2.3　基于大样本的均值检验

在多数情况下，检验统计量的确切分布是不知道的。这就需要利用统计量的大样本性质——渐近分布进行均值检验。由于此类检验是建立在 U 统计量渐近服从正态分布 $N(0,1)$ 基础上的，所以统称为 U 检验。

1）单样本均值的检验

如前所述，样本量充分大的情况下，t 分布可用正态分布近似。此外，在总体为一般分布的情况下，只要其期望和方差存在，则由中心极限定理可知：

$$U_n=\frac{\overline{X}-\mu}{S/\sqrt{n}} \tag{8-8}$$

近似服从正态分布 $N(0,1)$。因此，在原假设 $H_0:u=u_0$ 成立条件下，仍然可以应用 U 检验方法。

2）两样本均值的比较

前面介绍了两正态总体方差满足条件 $\sigma_1^2=\sigma_2^2=\sigma^2$ 下，两总体均值相等的假设检验问题。

当 $\sigma_1^2 \neq \sigma_2^2$ 时,则 t 检验方法不再适用,在此情形下,可考虑大样本条件下的 U 检验。对于两个一般分布总体,只要满足期望和方差存在,由中心极限定理,也可以应用 U 检验方法检验两样本均值是否相等。

对于假设检验问题:$H_0:u_1=u_2$;$H_1:u_1 \neq u_2$。

构造检验统计量:

$$U=\frac{\overline{X}-\overline{Y}}{\sqrt{S_1^2/n_1+S_2^2/n_2}} \tag{8-9}$$

式中:$\overline{X}$、$\overline{Y}$——分别为两个样本均值;

S_1^2、S_2^2——分别为两个样本方差;

n_1、n_2——分别为两个样本的样本量。

当 n_1、n_2 足够大以及原假设 $H_0:u_1=u_2$ 成立条件下,U 近似的服从标准正态分布 $N(0,1)$。

例 8-4 (续例 8-2)假设男、女青少年在穿越人行横道时,步行速度方差存在显著性差异。则由统计结果可知:$n_1=140$,$n_2=165$,$\bar{x}=1.76$,$\bar{y}=1.58$,$s_1=0.55$,$s_2=0.26$。把上述值代入式(8-9),计算得到求得 $u=3.55$。取 $\alpha=0.05$,查正态分布表:$u_{0.025}=1.96$。$u=3.55>1.96$,所以不能接受原假设,即性别对步行速度有显著影响。

因此,基于大样本理论的 U 检验为一般总体均值以及其他参数检验提供了有力的工具。

8.2.4 多样本均值的比较

当存在多个总体,需要确认总体间均值两两是否存在差异时,问题就转化为多样本均值比较问题。多样本均值比较问题可以用数学语言描述为:

有 $r(r>2)$ 个总体,假设其总体均值分别为 $u_1,u_2,\cdots,u_r$,并且各个总体方差相等。问题是要检验:

$$H_0^{ij}:u_i=u_j,\quad i<j,\quad i,j=1,2,\cdots,r$$

多个均值比较问题可分为观测重复数相等和不相等两种情况。

1)重复数相等情况的 t 方法

假设重复数为 m 次。则对观测样本 $y_{i1},y_{i2},\cdots,y_{im}$;$i=1,2,\cdots,r$,记 $\overline{y}_i=\frac{1}{m}\sum_{j=1}^{m}y_{ij}$ 为第 i 个样本的均值。

直观上,假设 $u_i=u_j$ 成立,则 $|\overline{y}_i-\overline{y}_j|$ 不应过大。因此,可考虑拒绝域:

$$W=\bigcup_{i<j}\{|\overline{y}_i-\overline{y}_j|>c\} \tag{8-10}$$

c 为临界值,即满足:

$$P(W)=P\{\bigcup_{i<j}(|\overline{y}_i-\overline{y}_j|>c)\}=\alpha \tag{8-11}$$

$$\begin{aligned}P(W)&=P\{\bigcup_{i<j}(|\overline{y}_i-\overline{y}_j|>c)\}=1-P(\max_{i<j}|\overline{y}_i-\overline{y}_j|\leqslant c)=P(\max_{i<j}|\overline{y}_i-\overline{y}_j|>c)\\&=P[\max_{i<j}|\overline{y}_i-\overline{y}_j|/\sqrt{MS_e/m}>c/\sqrt{MS_e/m}]\\&=P[\max_{i<j}|(\overline{y}_i-u_i)-(\overline{y}_j-u_j)|/\sqrt{MS_e/m}>c/\sqrt{MS_e/m}]\\&=P[\max_{i}|\overline{y}_i-u_i|/\sqrt{MS_e/m}-\min_{i}|\overline{y}_i-u_i|/\sqrt{MS_e/m}>c/\sqrt{MS_e/m}]\end{aligned}$$

式中，$MS_e=\frac{S_e}{n-r}$为方差 σ^2 的无偏估计，$S_e=\sum_{i=1}^{r}\sum_{j=1}^{m}(y_{ij}-\bar{y}_i)^2, n=rm$。

则：

$$|\bar{y}_i-u_i|/\sqrt{MS_e/m}\sim t(f),\quad f=n-r \tag{8-12}$$

因此，$t_{(r)}=\max_i|\bar{y}_i-u_i|/\sqrt{MS_e/m}$和 $t_{(1)}=\min_i|\bar{y}_i-u_i|/\sqrt{MS_e/m}$可分别看作来自 $t(f)$分布的 r 个样本的最大和最小顺序统计量，从而

$$q(r,f)=t_{(r)}-t_{(1)}$$

是 $t(f)$分布的容量为 r 的样本极差，称为 t 化极差统计量。式(8-11)可表示为：

$$P(W)=P[q(r,f)>c/\sqrt{MS_e/m}]=\alpha$$

因此，c 可取 $q(r,f)$的 $1-\alpha$ 分位数，满足 $c/\sqrt{MS_e/m}=q_{1-\alpha}(r,f)$。即显著性水平为 α 的临界值为：

$$c=q_{1-\alpha}(r,f)\sqrt{MS_e/m}$$

综上可知，检验问题 $u_i=u_j$ 的显著性水平为 α 的拒绝域为：

$$|\bar{y}_i-\bar{y}_j|>q_{1-\alpha}(r,f_e)\sqrt{MS_e/m},\quad i,j=1,2,\cdots,r$$

t 分布极差统计量 $q_\alpha(r,f)$的分位数可查附表 8 得到。

2)重复数不相等情况的 S 方法

当 $r(r>2)$个总体样本观测数不相等时，假设观测样本为 $y_{i1},y_{i2},\cdots,y_{im_i};i=1,2,\cdots,r$，记 $\bar{y}_i=\frac{1}{m_i}\sum_{j=1}^{m_i}y_{ij}$为第 i 个样本的均值。

则当 $u_i=u_j(i<j,i,j=1,2,\cdots,r)$成立时，有：

$$\bar{y}_i-\bar{y}_j\sim N[0,(1/m_i+1/m_j)\sigma^2]$$

用 σ^2 的估计 $MS_e=\frac{S_e}{n-r}$代替 σ^2 ($S_e=\sum_{i=1}^{r}\sum_{j=1}^{m_i}(y_{ij}-\bar{y}_i)^2, n=\sum_{i=1}^{r}m_i$)，则：

$$F_{ij}=\frac{(\bar{y}_i-\bar{y}_j)^2}{(\frac{1}{m_i}+\frac{1}{m_j})MS_e}\sim F(1,f),\quad f=n-r$$

当假设 $u_i=u_j$ 成立时，F_{ij}不应过大。因此，拒绝域为：$W=\bigcup_{i<j}\{F_{ij}>c\}$，并满足：

$$P(W)=P\{\bigcup_{i<j}\{F_{ij}>c\}\}=P(\max_{i<j}F_{ij}>c) \tag{8-13}$$

式中，$\frac{\max_{i<j}F_{ij}}{r-1}$近似服从 F 分布：

$$\frac{\max_{i<j}F_{ij}}{r-1}\dot{\sim}F(r-1,f) \tag{8-14}$$

因此，对给定显著性水平 α，可取：

$$c=(r-1)F_{1-\alpha}(r-1,f) \tag{8-15}$$

当$\max_{i<j}F_{ij}>c$ 时就拒绝 $u=u_2=\cdots=u_r$ 的假设。

若记 $c_{ij}=\sqrt{(r-1)F_{1-\alpha}(r,f_e)}\sqrt{(\frac{1}{m_i}+\frac{1}{m_j})MS_e}$，则当 $|\bar{y}_i-\bar{y}_j|>c_{ij}, i<j(i,j=1,2,\cdots,r)$

时，拒绝原假设 $H_0^{ij}:u_i=u_j$；反之，则接受原假设。

§8.3 总体方差比较

8.3.1 两总体方差相等检验——*F* 检验

应用 t 检验法检验两个总体均值是否相等时，要求两个总体方差 $\sigma_1^2=\sigma_2^2$（又称方差具有齐性）。此外，在交通研究中，比较两个方差有着一定的实际意义，例如在交通运行管理中，检验某项措施实施前后，车辆运行速度方差是否发生变化，可用于评价该措施对交通安全影响效果。

两个总体方差比较可以归结为假设检验问题：$H_0:\sigma_1^2=\sigma_2^2$。

假设 $X_1,X_2,\cdots,X_n$ 为来自总体 $X\sim N(\mu_1,\sigma_1^2)$ 一个样本，$Y_1,Y_2,\cdots,Y_n$ 为来自总体 $Y\sim N(\mu_2,\sigma_2^2)$ 的一个样本。S_1^2 与 S_2^2 分别表示两个总体的样本方差。则由概率论知识可知：

$$F=\frac{\sigma_2^2S_1^2}{\sigma_1^2S_2^2} \tag{8-16}$$

服从自由度为 (n_1-1,n_2-1) 的 F 分布。因此，在原假设 $H_0:\sigma_1^2=\sigma_2^2$ 成立条件下，式(8-16)可表示为：

$$F=\frac{S_1^2}{S_2^2} \tag{8-17}$$

在式(8-17)中要求 $S_1^2>S_2^2$（否则，分子分母互换）。所以，在式(8-17)中 $F\geqslant1$。在原假设 $H_0:\sigma_1^2=\sigma_2^2$ 成立条件下，F 应该等于或接近于1。当 F 大于某个临界值则应否定原假设，即：

$$F>F_{\alpha/2}(n_1-1,n_2-1) \tag{8-18}$$

式中，$F_{\alpha/2}(n_1-1,n_2-1)$ 是分布 $F(n_1-1,n_2-1)$ 的 α 分位数。

因此，在原假设 H_0 成立的条件下。对给定样本观测值可按式(8-17)计算 F 值。查 F 分布表可得临界值 $F_\alpha(n_1-1,n_2-1)$，如果 $F>F_\alpha(n_1-1,n_2-1)$，则没有理由接受 H_0；如果 $F<F_\alpha(n_1-1,n_2-1)$ 则不能拒绝原假设。

例 8-5 某条道路弯道处在进行治理之前为事故多发点。为了评价治理效果，需要对比分析该弯道治理前后车辆运行速度方差。治理前共采集到 69 个样本，计算车辆运行速度标准差为 10.31，治理后采集了 80 个样本，计算车辆运行速度标准差为 8.07。试判断治理前后车辆运行速度标准差是否发生了明显变化。

由题意可知，问题等价于检验原假设：该弯道治理前后车辆运行速度方差没有显著变化。根据统计结果可知 $S_1^2=10.31^2$，$S_2^2=8.07^2$，$n_1=69$，$n_2=80$。代入式(8-17)求得 $F=1.63$。取显著性水平 $\alpha=0.05$，查 F 分布表可得临界值 $F_{0.05}(68,89)=1.53<1.63$。所以，应该拒绝原假设，即该弯道治理前后的速度方差显著不同，并且治理后，该弯道处车辆方差显著小于治理前的车辆运行速度方差。

8.3.2 多总体方差相等检验

多个总体方差相等检验又称为方差齐性检验。假设检验问题为：

$$H_0:\sigma_1^2=\sigma_2^2=\cdots=\sigma_r^2$$

假设 $y_{i1}, y_{i2}, \cdots, y_{im_i}(i=1,2,\cdots,r)$ 为来自 r 个总体的观测样本,样本方差为:

$$S_i^2 = \frac{1}{m_i - 1}\sum_{j=1}^{m_i}(y_{ij} - \bar{y}_i)^2, i = 1,2,\cdots,r$$

记:

$$MS_e = \frac{1}{n - r}\sum_{i=1}^{r}\sum_{j=1}^{m_i}(y_{ij} - \bar{y}_i)^2$$

$$GMS_e = \sqrt[n-r]{(s_1)^{m_1-1}(s_2)^{m_2-1}\cdots(s_r)^{m_r-1}}$$

$$n = \sum_{i=1}^{r} m_i$$

则根据几何平均数不大于算术平均数,可得:

$$GMS_e \leqslant MS_e \tag{8-19}$$

式(8-19)中等号成立当且仅当 $S_1^2 = S_2^2 = \cdots = S_r^2$。因此,当 MS_e/GMS_e 接近于 1 时,说明 $S_1^2 = S_2^2 = \cdots = S_r^2$ 越接近成立,当 MS_e/GMS_e 与 1 差值越大,说明 $S_1^2 = S_2^2 = \cdots = S_r^2$ 不成立的可能性越大。构造拒绝域:

$$W = \ln\left(\frac{MS_e}{GMS_e}\right) > c \tag{8-20}$$

当样本量足够大时:

$$K = \frac{n - r}{d}\ln\left(\frac{MS_e}{GMS_e}\right) \tag{8-21}$$

式(8-21)中 k 近似服从卡方分布 $\chi^2(r-1)$,式(8-21)中 $d = 1 + \frac{1}{3(r-1)}\left[\sum_{i=1}^{r}\frac{1}{m_i - 1} - \frac{1}{n - r}\right]$。因此,对给定的显著性水平 α,原假设 $H_0: \sigma_1^2 = \sigma_2^2 = \cdots\sigma_r^2$ 的拒绝域为:

$$K > \chi_{1-\alpha}^2(r-1) \tag{8-22}$$

上述方差齐性检验方法要求每个总体的样本量大于 5。当存在样本量小于 5 的情形,应当对式(8-22)进行修正:

$$K' = \frac{(r+1)dK}{r - 1(d-1)^2 J - Kd} \tag{8-23}$$

式(8-23)中,$J = \frac{r+1}{d^2}/[2 - d + 2(d-1)^2/(r+1)]$。并且在原假设 $H_0: \sigma_1^2 = \sigma_2^2 = \cdots = \sigma_r^2$ 成立条件下,K' 服从 $F\left[r-1, \frac{r+1}{(d-1)^2}\right]$。因此,对给定的显著性水平 α,拒绝域为:

$$K' > F\left[r-1, \frac{r+1}{(d-1)^2}\right] \tag{8-24}$$

§8.4 分布的拟合优度检验

在交通科研实践活动中,不仅要对参数进行假设检验,有时还要对观测数据来自的总体是否符合给定的分布(族)进行检验。对于这类问题,在统计学中称为分布拟合优度检验问题。

设 $X_1, X_2, \cdots, X_n$ 为来自总体 $X \sim F(x)$ 的一个样本。分布拟合检验就是对假设检验问题:

$$H_0: F(x) = F_0(x); H_1: F(x) \neq F_0(x) \tag{8-25}$$

进行检验。式中，$F_0(x)$为完全已知的(不含未知参数)。对于$F_0(x)$含有未知参数的情形，只要对检验过程做适当修改即可，下文中给出了相应的说明。

本节主要介绍两种常用的分布拟合优度检验方法：χ^2检验法和柯尔莫哥洛夫检验法。

8.4.1 χ^2检验

在交通研究中，变量的分布是常用统计模型。但在实际应用中，所研究对象的确切分布是不知道的，往往基于一定的经验，假设其服从某一分布。这种假设是否正确可用χ^2检验加以验证。

1)χ^2统计量

假设$X_1, X_2, \cdots, X_n$为来自总体$X \sim F_0(x)$[$F_0(x)$是完全已知]的一个样本。将总体X的取值范围分成g个子集(或区间)：

$$\bigcup_{i=1}^{g} E_i, E_i \cap E_i = \varnothing, i \neq j$$

则样本"落入"子集E_i(或区间)的概率为$p_i = P(X \in E_i)$，从而可以计算样本落入子集E_i(或区间)的频数理论值：$F_i = n \cdot p_i$，记样本观测值落在子集(或区间)E_i的实际频数为f_i。令：

$$\chi^2 = \sum_{i=1}^{g} \frac{(f_i - F_i)^2}{F_i} = \left(\sum_{i=1}^{g} \frac{f_i^2}{F_i} \right) - n \tag{8-26}$$

式(8-26)描述了实际观测频数f_i和理论频数$F_i(i=1,2,\cdots,g)$之间的差别。当原假设$H_0: F(x) = F_0(x)$成立时，则式(8-14)定义的统计量称为Pearson χ^2统计量，简称为χ^2统计量。当样本量$n \to \infty$时，χ^2统计量的渐近分布为自由度为$DF = g-1$的χ^2分布。

2)χ^2拟合优度检验

由以上分析可知，在原假设：$H_0: F(x) = F_0(x)$成立条件下，当样本量n足够大时，由式(8-26)定义的χ^2统计量可用自由度为$DF = g-1$的χ^2分布近似。因此，对给定的显著性水平α $(0<\alpha<1)$，查χ^2分布分位数表(附表3)获得临界值$\chi_\alpha^2(g-1)$。比较由式(8-26)计算的χ^2值和临界值$\chi_\alpha^2(g-1)$，若$\chi^2 < \chi_\alpha^2(g-1)$，则接受原假设；若$\chi^2 \geqslant \chi_\alpha^2(g-1) \chi_\alpha^2 < \chi^2$则拒绝原假设。

上述讨论了总体分布$F_0(x)$完全已知的情形。如果分布函数$F_0(x)$中有未知的参数，则不能直接用上述讨论的方法，可用参数的估计值代入分布，计算各组的理论频数F_i，然后按式(8-26)计算χ^2值。相应的χ^2统计量的自由度修改为$DF = g-1-l$，式中l为分布函数$F_0(x)$中估计的参数个数。

应用χ^2拟合优度检验时主要应注意以下事项：

(1)样本量应足够大，一般要求$n>30$。

(2)对样本分组应连续，并且通常要求分组数g不小于5。

(3)各组的理论频数F_i不得少于5。若某个组的理论频数F_i小于5，则将其和相邻的组合并，直至合并后的理论频数大于5为止。

(4)χ^2统计量自由度DF的确定。对于分布完全已知的情形，自由度等于样本最终的分组数减去1，即$DF = g-1$；当分布函数中有未知的参数时，按"估计一个参数损失一个自由度"的原则确定自由度，即自由度$DF = g-1-l$，式中g为样本分组数，l为分布函数中参数个数。

(5)显著性水平α的取值。在实际应用中，一般可取$\alpha = 0.05$。

例 8-6 在某段公路上,观测到达机动车车辆数,以 5min 为计数间隔,结果如表 8-1 所示。试检验车辆到达是否服从泊松分布。

车辆到达观测结果统计 表 8-1

序号	来车数 x_i	观测频数 f_i	$P(X=x_i)$	理论频数 F_i		f_i-F_i	$(f_i-F_i)^2$	$(f_i-F_i)^2/F_i$
1	0	3	0.008 6	2.83	16.28			0.031 8
2	1	14	0.041 0	13.45	0.72			
3	2	30	0.097 4	31.06		1.06	1.123 6	0.036 2
4	3	41	0.154 4	50.63		−9.63	92.736 9	1.831 7
5	4	61	0.183 4	60.16		0.84	0.705 6	0.011 7
6	5	69	0.174 4	57.19		11.81	139.476 1	2.438 8
7	6	46	0.138 1	45.31		0.69	0.476 1	0.010 5
8	7	31	0.093 8	30.76		0.24	0.057 6	0.001 87
9	8	22	0.055 7	18.28		3.72	13.838 4	0.757 02
10	9	8	0.029 4	4.65	14.43	−3.43	14.764 9	0.815 3
11	10	2	0.014 0	6.59				
12	11	0	0.006 0	1.98				
13	≥12	1	0.003 8	1.21				
总计		328	1.00	328.00		—	—	$\chi^2=5.935$

由表 8-1 所给出的数据,可知观测频数 $n=\sum_{i=0}^{12}f_i=328$,样本均值 $\bar{m}=\sum_{i=0}^{12}x_if_i/n=1\,159/328\approx 4.753$。拟合过程如表 8-1 第 3~8 栏所示。计算统计量:

$$\chi^2=\sum_{i=0}^{9}\frac{(f_i-F_i)^2}{F_i}=5.935$$

自由度 $DF=9-1-1=7$,查 χ^2 分布的分位数表,有 $\chi^2_{0.05}(7)=14.07>5.935$。因此,不能拒绝车辆到达数服从泊松分布的假设。即,每 5min 内到达的车辆数可用泊松分布拟合,分布函数为:

$$P(X=x)=\frac{(4.753)^x\mathrm{e}^{-4.753}}{x!}$$

在表 8-1 第 5 栏中,组序号为 1 的理论频数小于 5,故把其与第 2 组合并,同理,把第 10、11、12、13 组合并,则合并后的组数为 9。由于没有给出泊松分布参数值,因而用样本均值估计参数值,根据"估计一个参数损失一个自由度"的原则,最后确定自由度 $DF=9-1-1=7$。

例 8-7 在一个信号交叉口引道上连续观测得到了 206 辆车的车头时距,数据分组整理结果如表 8-2 所示。试用负指数分布拟合观测车头时距分布并予以检验。

负指数分布拟合车头时距统计分析结果 表 8-2

车头时距分组$(a,b]$(s)	区间组中值(s)	观测频数 f_i	$t_i\in(a,b]$ 概率	理论频数 F_i	f_i-F_i	$(f_i-F_i)^2$	$(f_i-F_i)^2/F_i$
(0,1.5)	0.75	16	0.286 3	58.979 8	−42.979 8	1 847.262	31.320 3
(1.5,2.5)	2.00	43	0.258 379	53.226 08	−10.226 1	104.572 8	1.964 69
(2.5,3.5)	3.00	43	0.114 614	23.610 58	19.389 42	375.949 5	15.922 92

续上表

车头时距分组(a,b](s)	区间组中值(s)	观测频数 f_i	$t_i \in (a,b]$ 概率	理论频数 F_i	$f_i - F_i$	$(f_i - F_i)^2$	$(f_i - F_i)^2/F_i$
(3.5,4.5)	4.00	29	0.091 48	18.844 96	10.155 04	103.124 8	5.472 27
(4.5,5.5)	5.00	18	0.073 016	15.041 24	2.958 755	8.754 232	0.582 02
(5.5,6.5)	6.00	13	0.058 278	12.005 28	0.994 724	0.989 476	0.082 42
(6.5,7.5)	7.00	7	0.046 515	9.582 093	-2.582 09	6.667 206	0.695 80
(7.5,8.5)	8.00	9	0.037 126	7.648 011	1.351 989	1.827 873	0.239 00
(8.5,9.5)	9.00	18	0.053 414	11.003 38	6.996 62	48.952 69	4.448 88
(10.5,12.5)	11.00	4	0.034 045	7.013 363	-3.013 36	9.080 357	1.294 72
(12.5,16.5)	12.00	3	0.035 596	7.332 74	-4.332 74	18.772 64	2.560 11
≥16.5	—	3	0.024 422	5.030 853	-2.030 85	4.124 365	0.819 81
总计	—	206	1.00	206	—	—	65.402 9

由表8-2可求得平均车头时距为4.447s，由此值估计负指数分布函数中的参数。则分布函数为：$F(t) = 1 - e^{-t/4.447}$，计算统计量值：

$$\chi^2 = \sum_{i=0}^{9} \frac{(f_i - F_i)^2}{F_i} = 65.403$$

观测数据分组数为12，分布函数中有一个未知参数，所以统计量自由度为 $DF = 12 - 1 - 1 = 10$，查 χ^2 分布的分位数表，有 $\chi^2_{0.05}(10) = 18.307 < 65.403$。所以，不能接受车头时距服从负指数分布。

8.4.2 柯尔莫哥洛夫检验法

柯尔莫哥洛夫(Kolmogrov)检验法是以经验分布为基础的。其思想是：当样本量 n 足够大时，经验分布 $F_n(x)$ 一致收敛到理论分布 $F_0(x)$ [$F_0(x)$ 为连续分布函数]。因此，对于假设检验问题：

$$H_0: F(x) = F_0(x); H_1: F(x) \neq F_0(x)$$

若原假设成立，则其样本 $X_1, X_2, \cdots, X_n$ 的经验分布 $F_n(x)$ 应该与 $F_0(x)$"距离"不应太大。柯尔莫哥洛夫(Kolmogrov)提出了以下统计量：

$$\begin{aligned} D_n &= \sqrt{n} \sup_x |F_n(x) - F_0(x)| \\ &= \sqrt{n} \sup_{1 \leq k \leq n} \{\max[|F_n(x_k) - F_0(x_k)|, |F_n(x_{k+1}) - F_0(x_k)|]\} \end{aligned} \tag{8-27}$$

则当 H_0 成立时，D_n 不宜太大。因此，对给定的显著性水平 $\alpha(0 < \alpha < 1)$ 可查附表5，当 $D_n > D_n(\alpha)$ 时则拒绝原假设。

需要注意的是，柯尔莫哥洛夫检验法方法针对 $F_0(x)$ 为完全已知的情形下是适用的。当 $F_0(x)$ 中含有要估计参数时，应谨慎使用。

例8-8 对 M_3 分布 $F(t) = \begin{cases} 1 - \alpha\exp[-\lambda(t - t_0)], & t \geq t_0 \\ 0, & t < t_0 \end{cases}$

假设根据经验，已知 $\alpha = 0.92, \lambda = 0.30, t_0 = 1.5$，运用柯尔莫哥洛夫拟合优度检验方法对车头时距服从 $M3$ 分布假设检验。由于观测到了206个车头时距，样本量较大，采用分组的方法。检验计算过程如表 8-3 所示。

M_3 分布拟合车头时距计算过程和结果表 表 8-3

k	分组区间	x_k	$F_0(x_k)$	$F_n(x_k)$	$\|F_n(x_k)-F_0(x_k)\|$	$\|F_n(x_{k+1})-F_0(x_k)\|$
1	(0,1.5)	1.50	0.000 0	0.077 7	0.077 7	0.000 3
2	(1.5,2.5)	2.50	0.078 0	0.286 4	0.208 4	0.208 7
3	(2.5,3.5)	3.50	0.495 1	0.495 1	0.000 0	0.131 3
4	(3.5,4.5)	4.50	0.626 5	0.635 9	0.009 4	0.087 7
5	(4.5,5.5)	5.50	0.723 7	0.723 3	0.000 4	0.072 3
6	(5.5,6.5)	6.50	0.795 6	0.786 4	0.009 1	0.062 3
7	(6.5,7.5)	7.50	0.848 7	0.820 4	0.028 4	0.067 7
8	(7.5,8.5)	8.50	0.888 1	0.864 1	0.024 0	0.053 1
9	(8.5,9.5)	9.50	0.917 2	0.907 8	0.009 4	0.031 0
10	(9.5,10.5)	10.50	0.938 7	0.951 5	0.012 7	0.015 0
11	(10.5,12.5)	12.50	0.966 5	0.970 9	0.004 4	0.019 1
12	(12.5,16.5)	16.50	0.990 0	1.000 0	0.010 0	0.007 4
13	(16.5,17.5)	17.50	0.992 6	1.000 0	0.007 4	0.007 4

由表 8-3 可知 $D_n=0.2087$，取显著性水平 $\alpha'=0.05$，查表 $D_{13}^*(0.05)>0.208\ 7$，所以，不能拒绝车头时距服从 M3 分布的假设。

8.4.3 夏皮罗—威尔克(Shapiro-Wilk)的 *W* 检验

分析交通数据的分布时，正态分布往往是首选分布之一。除了 χ^2 检验法、柯尔莫哥洛夫检验法都可以用于正态性检验外，还有些检验方法是针对正态分布提出的，如"夏皮罗—威尔克(Shapiro-Wilk)检验"、"爱泼斯—普利(Epps-Pully)检验"等。

1) *W* 统计量的导出

考虑假设检验问题：$H_0:X_1,X_2,\cdots,X_n$ 来自总体 $N(\mu,\sigma^2)$，μ、σ^2 为参数。

当原假设成立时，由正态分布性质可知 $Y_i=\dfrac{X_i-\mu}{\sigma}(i=1,2,\cdots,n)$ 可看作是来自标准正态分布 $N(0,1)$ 的样本，记其顺序统计量为 $Y_{(1)}\leqslant Y_{(2)}\leqslant\cdots\leqslant Y_{(n)}$。则 $X_1,X_2,\cdots,X_n$ 的顺序统计量 $X_{(1)}\leqslant X_{(2)}\leqslant\cdots\leqslant X_{(n)}$ 满足：

$$E(X_{(i)})=u+m_i\sigma$$

其中，$m_i=E[Y_{(i)}]$。所以，$X_{(1)},X_{(2)},\cdots,X_{(n)}$ 可以表示为：

$$L=A\beta+\varepsilon$$

式中：$L=(X_{(1)},X_{(2)},\cdots,X_{(n)})^{\mathrm{T}}$；

$\beta=(\mu,\sigma)^{\mathrm{T}}$；

$\varepsilon=(\varepsilon_1,\varepsilon_2,\cdots,\varepsilon_n)^{\mathrm{T}}$；

$$A=[A_1\quad m]=\begin{bmatrix}1 & m_1\\ 1 & m_2\\ \vdots & \vdots\\ 1 & m_n\end{bmatrix}。$$

用 V 表示 $Y_{(1)}, Y_{(2)}, \cdots, Y_{(n)}$ 的协方差阵，$m = (m_1, m_2, \cdots, m_n)^T$。则由式(8-27)求得 σ 的最小二乘估计：

$$\hat{\sigma} = m^T V^{-1} X / (m^T V^{-1} m) = \sum_i c_i X_{(i)} \tag{8-28}$$

式中，$C^T = (c_1, c_2, \cdots, c_n) = m^T V^{-1} / (m^T V^{-1} m)$。

此外，由样本 $X_1, X_2, \cdots, X_n$ 可以求得 σ^2 的矩估计：

$$s^2 = \frac{1}{n}\sum_{i=1}^{n}(X_i - \overline{X})^2 = \frac{1}{n}\sum_{i=1}^{n}[X_{(i)} - \overline{X}]^2 \tag{8-29}$$

当原假设 H_0 成立时，则 $\hat{\sigma}^2$ 应和 s^2 一致，因此，可根据 σ^2 的两种不同估计的比值 $\hat{\sigma}^2 / s^2$ 构造关于原假设 H_0 的检验统计量，这就是夏皮罗—威尔克统计量的由来。为了使得检验统计量保持在0与1之间，夏皮罗—威尔克对 $\hat{\sigma}$ 的系数作了修正，并提出了用于检验正态分布的夏皮罗—威尔克(Shapiro-Wilk)检验统计量：

$$W = \frac{[\sum_i a_i X_{(i)}]^2}{\sum_i [X_{(i)} - \overline{X}]^2} \tag{8-30}$$

其中，$a_i = -a_{n+1-i}$，$\sum_{i=1}^{n} a_i = 0$，$\sum_{i=1}^{n}(a_i)^2 = 1$。$a_i$ 的取值如附表6所示。

2)W 检验

由于 $a_i = -a_{n+1-i}$，$\sum_{i=1}^{n} a_i = 0$，$\sum_{i=1}^{n}(a_i)^2 = 1$，所以，式(8-20)又可表示为：

$$W = \frac{[\sum_i a_i X_{(i)}]^2}{\sum_i [X_{(i)} - \overline{X}]^2} = \frac{\{\sum_i (a_i - \overline{a})(X_{(i)} - \overline{X})\}^2}{\sum_i [X_{(i)} - \overline{X}]^2 \sum_i [a_{(i)} - \overline{a}]^2} \tag{8-31}$$

由 Jensen 不等式 $\{\sum_i (a_i - \overline{a})[X_{(i)} - \overline{X}]\}^2 \leqslant \sum_i (a_i - \overline{a})^2 \sum_i [X_{(i)} - \overline{X}]^2$ 可得 $W \leqslant 1$。

根据前面的推导可知，当原假设 H_0 成立时，W 的取值应接近于1。因此，对给定的检验水平 α，当 $W \leqslant W_\alpha$ 应拒绝原假设。式中，W_α 为原假设成立时 W 的 α 分位数，其值可查附表7。

例8-9 表8-4为某道路弯道处车辆减速前观测到的车辆运行速度。试检验车辆运行速度是否服从正态分布。

某道路弯道处车辆流运行速度观测值(km/h) 表8-4

48.0	59.4	44.0	66.4	34.1	25.3	32.8
54.9	68.1	55.8	49.4	63.4	52.5	36.1
22.3	50.5	54.6	42.4	48.8	40.2	72.3
29.0	54.5	56.2	55.0	57.9	35.8	52.9
56.8	68.0	43.9	36.5	32.3	64.1	50.7
64.4	31.1	60.1	54.7	38.6	60.7	53.7
28.4	29.0	51.7	55.7	51.1	55.5	41.1
38.1	61.1	46.2	57.5	55.7	32.8	64.3
39.9	67.7	26.2	49.7	45.8	47.9	46.4
51.2	40.8	46.9	37.1	60.9	55.6	42.6
44.8	36.0	60.2	52.5	42.9	36.2	54.1
54.6	31.6	44.8	45.7	15.4	37.0	46.8
53.7	64.1	38.8	53.1	50.2	57.7	58.6
53.0	45.7	55.3	56.1	53.7	32.7	42.4

问题归结为检验原假设:车辆运行速度服从正态分布。根据表 8-4 中的数据,计算 $W=0.97$,取检验水平 $\alpha=0.05$,查附表 7 可得 $W_{0.05}=0.94$,因此 $W>W_{\alpha}$。所以,不应该拒绝原假设,即可以认为车辆在该弯道处运行速度服从正态分布;在一些数据分析软件中(如 SAS),不但会计算 W 值还会输出 p 值,如本例中 p 值为 $P(W<0.97)=0.188(>0.05)$。因此,根据 p 值也可以接受原假设。

夏皮罗—威尔克(Shapiro-Wilk)的 W 检验方法,一般需要借助于专门的数据分析软件进行,应用起来不是很方便。而下面介绍的爱泼斯—普利(Epps-Pully)检验和基于偏、峰度的正态性检验借助于一般的计算工具就可以实现,具有更好的可操作性。

8.4.4 基于偏、峰度的正态分布检验

设 $X_1,X_2,\cdots,X_n$ 是来自于总体 $F(x)$ 的随机样本,$f(x)$ 为 $F(x)$ 的密度。令:

$$\mu=\int_{-\infty}^{+\infty}xf(x)\mathrm{d}x$$

$$\nu_k=\int_{-\infty}^{+\infty}(x-u)^k f(x)\mathrm{d}x$$

则总体 $F(x)$ 的偏度、峰度分别定义为:

$$V_1=\frac{\nu_3}{(\nu_2)^{3/2}} \tag{8-32}$$

$$V_2=\frac{\nu_4}{(\nu_2)^{2}} \tag{8-33}$$

对正态分布,$V_1=0,V_2=3$。根据矩估计法,V_1、V_2 的矩估计(或样本偏度、峰度)分别为:

$$\beta_1=\frac{\frac{1}{n}\sum_{i=1}^{n}(X_i-\overline{X})^3}{\left[\frac{1}{n}\sum_{i=1}^{n}(X_i-\overline{X})^2\right]^{\frac{3}{2}}} \tag{8-34}$$

$$\beta_2=\frac{\frac{1}{n}\sum_{i=1}^{n}(X_i-\overline{X})^4}{\left[\frac{1}{n}\sum_{i=1}^{n}(X_i-\overline{X})^2\right]^{\frac{4}{2}}} \tag{8-35}$$

如果总体为正态分布,则当 n 充分大时,近似有:

$$\beta_1\sim N\left[0,\frac{6(n-2)}{(n+1)(n+3)}\right] \tag{8-36}$$

$$\beta_2\sim N\left[3-\frac{6}{n+1},\frac{24n(n-2)(n-3)}{(n+1)^2(n+3)(n+5)}\right] \tag{8-37}$$

记 $\sigma_1=\sqrt{\frac{6(n-2)}{(n+1)(n+3)}}$,$\sigma_2=\sqrt{\frac{24n(n-2)(n-3)}{(n+1)^2(n+3)(n+5)}}$,$k_1=\beta_1/\sigma_1$,$k_2=\left(\beta_2-3+\frac{6}{n+1}\right)/\sigma_2$。则当 $X_1,X_2,\cdots,X_n$ 总体 $F(x)$ 为正态分布时,近似地有

$$k_1\sim N(0,1),k_2\sim N(0,1) \tag{8-38}$$

因此,当原假设 H_0 为真,且样本量 n 充分大时,样本偏度 β_1 与 $V_1=0$ 偏离不应太大,样本峰度 β_2 与 $V_2=3$ 偏离不应太大,也就是说,$|k_1|$ 与 $|k_2|$ 不应太大,当 $|k_1|$ 与 $|k_2|$ 过大时就应拒

绝原假设 H_0。即对给定显著性水平 α，当 $|k_1| \geqslant c_1$ 或 $|k_2| \geqslant c_2$ 时就应拒绝原假设，其中 c_1, c_2 确定如下：

$$c_1 = c_2 = \mu_{\alpha/4}$$

其中，$\mu_{\alpha/4}$ 为标准正态分布的 $\alpha/4$ 上分位数。

例 8-10 （续例 8-9）对表 8-4 中的速度观测数据，试用基于偏度、峰度的正态性检验方法，检验其是否服从正态分布。

由表中数据可以分别计算偏度系数和峰度系数 $\beta_1 = -0.402$ 与 $\beta_2 = 2.72$；同样计算 $\sigma_1 = 0.240$，$\sigma_2 = 0.459$，$k_1 = 1.675$，$k_2 = -0.478$。取显著性水平为 $\alpha = 0.10$，则查正态分布表（附表 1）可得 $\mu_{0.025} = 1.96$，因此 $|k_1|$ 与 $|k_2|$ 都不大于 $\mu_{0.025} = 1.96$，所以不能拒绝原假设，即车辆运行速度服从正态分布，与夏皮罗—威尔克（Shapiro-Wilk）W 检验得到的结论一致。

统计检验是研究中常用的方法，其在数据比较等方面都有着广泛的应用。但是，统计检验结论只是告诉人们是否存在差异，这种差异是由偶然性引起的还是真实存在的，检验差异的大小以及判断差异的来源则对此无法解释。此外，在应用统计检验时，报告中应该给出检验方法以及对应的 p 值，以便为决策人员提供更好的决策信息。

§8.5 变量独立性检验

8.5.1 定类变量独立性检验问题

对于定类变量 X 与 Y，其观测结果可以汇总成列联表形式（表 8-5）。表的 r 行表示定类变量 X 的取值水平，c 列表示定类变量 Y 的取值水平，交叉项为两个定类变量取不同水平值时的观测频数。

令 $\pi_{ij} = P(X=i, Y=j)$，表示 (X,Y) 的观测值落入 i 行第 j 列单元的概率；$\pi_{i+} = \sum_{j=1}^{c} P(X=i, Y=j)$ 和 $\pi_{+j} = \sum_{i=1}^{r} P(X=i, Y=j)$ 分别为边缘概率；n_{ij} 为 (X,Y) 的观测值落入 i 行第 j 列单元的频数。

定义定类变量 X 与 Y 是统计独立的，如果对于 X 的不同的取值（水平），Y 的条件分布是相同的。用数学的语言描述为：

$$H_0: \pi_{ij} = \pi_{i+}\pi_{+j}, \quad i = 1, 2, \cdots, r;\ j = 1, 2\cdots, c \tag{8-39}$$

因此，检验两个定类变量 X、Y 的独立性，就是检验 H_0 成立。

交叉分类列联表　　表 8-5

观 测 值		Y				合计
		1	2	…	c	
X	1	n_{11}	n_{12}	…	n_{1c}	$n_{1+} = \sum_{i=1}^{c} n_{1i}$
	2	n_{21}	n_{22}	…	n_{2c}	$n_{2+} = \sum_{i=1}^{c} n_{2i}$
	…	…	…	…	…	…
	r	n_{r1}	n_{r2}	…	n_{rc}	$n_{r+} = \sum_{i=1}^{c} n_{ri}$
合计		$n_{+1} = \sum_{j=1}^{r} n_{j1}$	$n_{+2} = \sum_{j=1}^{r} n_{j2}$	…	$n_{+c} = \sum_{j=1}^{r} n_{jc}$	$N = \sum_j n_{+j} = \sum_i n_{i+}$

8.5.2 独立性卡方检验

记 $N=\sum_{i,j}n_{ij}$为样本量,$e_{ij}=N\pi_{ij}$为(X,Y)的观测值落入 i 行第 j 列单元的期望频数。

当原假设 $H_0:\pi_{ij}=\pi_{i+}\pi_{+j}$成立,则观测频数 n_{ij}与期望频数 e_{ij}的差不能太大。

因此,检验 H_0 可用卡方统计量:

$$x^2=\sum_{ij}\frac{(n_{ij}-e_{ij})^2}{e_{ij}} \tag{8-40}$$

由于式(8-40)中期望频数 e_{ij}是未知的,需要用样本信息来估计。当样本量 N 给定时,则 e_{ij}估计为

$$\hat{e}_{ij}=N\hat{\pi}_{ij} \tag{8-41}$$

其中,$\hat{\pi}_{ij}$为 $\pi_{ij}=P(X=i,Y=j)$的估计。当原假设 H_0(X 与 Y 是统计独立)成立时,则有:

$$\hat{\pi}_{ij}=\frac{n_{i+}}{N}\frac{n_{+j}}{N} \tag{8-42}$$

把式(8-42)代入式(8-41)可得:

$$\hat{e}_{ij}=N\frac{n_{i+}}{N}\frac{n_{+j}}{N}=\frac{n_{i+}}{N}n_{+j}=\frac{n_{+j}}{N}n_{i+} \tag{8-43}$$

从而有:

$$x^2=\sum_{ij}\frac{(n_{ij}-\hat{e}_{ij})^2}{\hat{e}_{ij}} \tag{8-44}$$

当单元格中观测频数期望估计 $\hat{e}_{ij}$过小时,会对检验效果有一定影响,需要进行修正:

$$x^2=\sum_{ij}\frac{(|n_{ij}-\hat{e}_{ij}|-0.5)^2}{\hat{e}_{ij}} \tag{8-45}$$

根据概率论与数理统计知识,由式(8-45)计算的统计量服从自由度为 d[$d=(r-1)(c-1)$,r、c 分别是行数与列数]的χ^2 分布。因此,可以应用式(8-45)对定类变量进行独立性检验。

8.5.3 定序变量独立性检验

卡方检验可以用于检验两个定类变量(名义变量、次序变量)独立性,但是当变量中至少有一个为次序变量时,卡方检验并没有考虑变量的次序信息。而实际应用中,当变量为有序变量,变量间的关联性往往具有"趋势"性特点,即随着 X 水平的增加,Y 的水平也增加或减少。这种趋势相关性可用式(8-46)度量:

$$r=\frac{\sum_{ij}(x_i-\bar{x})(y_i-\bar{y})p_{ij}}{\sqrt{\sum(x_i-\bar{x})^2p_{i+}}\sqrt{\sum_j(y_i-\bar{y})^2p_{+j}}} \tag{8-46}$$

式中,x_i 为 X 在水平 i 时的"赋值",y_i 为 Y 在水平 j 的"赋值";$\bar{x}$ 与 $\bar{y}$ 分别为 X 与 Y"赋值"的平均值,$\bar{x}=\sum_{i=1}^{r}x_ip_{i+}$,$\bar{y}=\sum_{j=1}^{c}y_ip_{+j}$;$p_{ij}=\frac{n_{ij}}{N}$为$(X,Y)$的观测值落入 i 行第 j 列单元的频数,$p_{i+}=\frac{n_{i+}}{N}$,$p_{+j}=\frac{n_{+j}}{N}$。

对于检验 H_0:X 与 Y 独立,可用统计量:

$$M^2=(N-1)r^2 \tag{8-47}$$

当 N 较大时,M^2 近似服从自由度为1的卡方分布。M^2 越大,说明 X 与 Y 相关性越大,即越应该拒绝 X 与 Y 独立假设,平方根 $M=\sqrt{N-1}r$ 近似服从标准正态分布。

8.5.4 案例:安全带的使用

例8-11 表8-6为研究人员统计的交通事故中安全带使用情况与受伤程度数据,通过统计数据可以研究使用安全带对发生交通事故的驾乘人员保护作用。

实践经验表明,安全带可以保护驾乘人员安全,降低由于交通事故导致的受伤严重程度。为了验证使用安全带与受伤程度的相关性,分别应用式(8-45)与式(8-47)对表8-6中统计的数据检验使用安全带情况与受伤程度是否独立。

安全带使用情况与受伤程度统计 表8-6

使用安全带	受伤程度		合　计
	非致命	致命	
是	1 105	414	1 519
否	411 111	483	411 594
合计	412 216	897	413 113

由式(8-45)计算得到,$\chi^2=51\ 441$。取检验水平 $\alpha=0.05$,查附表3可得 $\chi^2(1)_{0.05}=3.84$,因此 $\chi^2>\chi^2(1)_{0.05}$。应拒绝使用安全带与受伤程度独立性假设。

事故受伤程度明显具有次序变量特征,使用统计量 M^2 进行独立性检验。对受伤程度赋值:"非致命"赋值0,"致命"赋值1。同样,"使用安全带"赋值1,"不使用安全带"赋值0。

应用式(8-46)计算得到 $r=-0.35$,代入式(8-47)求得 $M^2=51\ 247.5$。

由上述分析结果可以发现,x^2 统计量与 M^2 统计量检验结果相同:使用安全带与受伤程度具有相关性。

思　考　题

1.χ^2 检验步骤有哪些?应注意问题有哪些?

2.表8-7为美国佛罗里达州高速公路安全与机动车管理局汇总的某一年发生的事故记录。应用独立性检验法分析安全带使用与受伤情况关联性。

事故记录 表8-7

安全带使用	受伤情况	
	死亡	未死亡
是	1 601	162 527
否	510	412 368

第9章　相关分析方法

相关分析是研究随机变量之间的相关关系的一种统计方法。根据数据类型,相关分析可以分为:定比变量与定比变量相关,定序变量与定序变量相关,定类变量与定类变量相关,定比变量与序变量、定比变量与定类变量、序变量与定类变量相关等。

§9.1　引　　言

在交通调查中,常常要分析研究对象之间的相关性。相关性是指一个变量的变化与另一个变量具有关联性。进行相关性分析就是确定变量之间是否存在相关性以及相关程度的大小。

1)相关性质

相关性质常用相关方向来刻画,可分为正相关、负相关与不相关。当一个变量增加,另一个也有增加趋势,称之为正相关;一个变量增加,另一个变量倾向减小,称之为负相关。当变量 X 与变量 Y 之间存在正相关或负相关关系时,称变量 X 与变量 Y 具有相关性。当一个变量变化和另一个变量变化无关时,则称为不相关。对正态总体分布而言,不相关和独立是等价的。

2)相关程度

根据相关程度的大小可分为完全相关、不完全相关和不相关。完全相关就是两个变量之间,一个变量的数量变化完全由另一个变量确定;不相关是指两个变量的变化互不影响;介于完全相关和不相关之间的就是不完全相关。图9-1展现了几种相关性和相关程度。

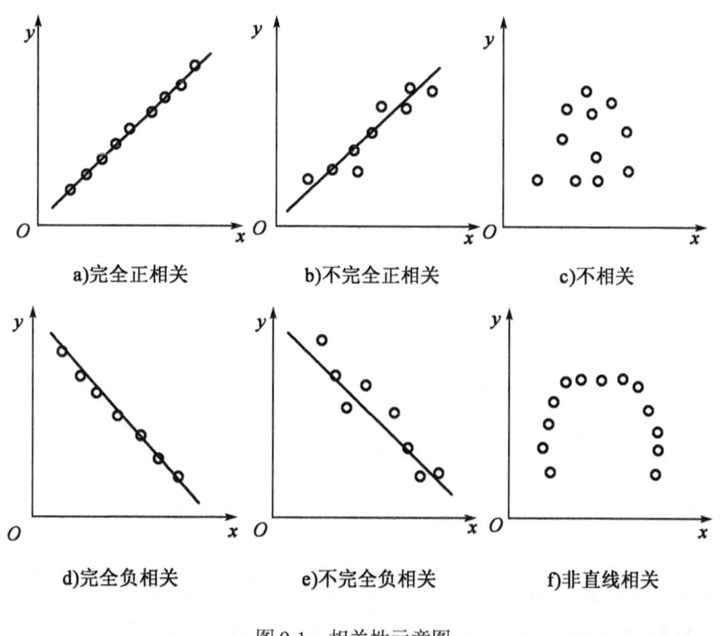

图9-1　相关性示意图

相关分析就是解决以下几个问题：①变量之间是否有相关关系；②是正相关还是负相关；③是线性相关还是曲线相关；④相关程度大小。

§9.2 定比变量相关分析

在相关分析中，最常用的是线性相关分析，其主要用于分析两个定比变量呈线性相依关系的程度。线性相关程度常用线性相关系数刻画。

9.2.1 线性相关系数

对于定比变量 X 与 Y，定义它们之间的相关系数

$$\rho=\frac{E[X-E(X)][Y-E(Y)]}{\sigma_X\sigma_Y} \tag{9-1}$$

其中，$E(X)$ 与 σ_X 分别为 X 的数学期望和标准差，$E(Y)$ 与 σ_Y 分别为 Y 的数学期望和标准差。则由概率论知识知，ρ 表征了变量 X 与 Y 之间的线性关系：

(1) 当 $\rho>0$ 时，则表示 X 与 Y 为正相关，其意义是 X 与 Y 有相同的变化趋势：当 X 增加，则 Y 有增加趋势；当 X 减小，则 Y 有减小趋势。

(2) 当 $\rho<0$ 时，为负相关，X 变化趋势与 Y 变化趋势相反：即当 X 增加，Y 有减小趋势；当 X 减小，则 Y 有增加趋势。

(3) 当 $\rho=0$ 则没有相关性，即 Y 的变化趋势与 X 变化趋势没有联系。

在实际应用中，往往不知道变量 X 与 Y 的具体分布，所以直接计算 ρ 具有一定的难度，一般用样本相关系数来刻画它们之间的线性相关性。

样本线性系数又称为 Pearson 相关系数。假设变量 X 与 Y 的样本观测值分别为 $x_1,x_2,\cdots,x_n$ 与 $x_1,x_2,\cdots,x_n$，样本相关系数定义为

$$r=\frac{\sum_{i=1}^{n}(x_i-\bar{x})(y_i-\bar{y})/n}{S_xS_y} \tag{9-2}$$

式中，$\bar{x}$ 与 $\bar{y}$ 分别为 $x_1,x_2,\cdots,x_n$ 与 $x_1,x_2,\cdots,x_n$ 的均值；S_x 与 S_y 分别为 X 与 Y 的样本标准差。应用中，可直接计算样本相关系数 r，并根据其大小来分析两个变量之间的线性相关性。

线性相关程度大小的判定，一般根据经验可分为以下几种：

(1) 不相关：$|r|<0.30$。

(2) 一般相关：$0.30<|r|<0.65$。

(3) 中等程度相关：$0.65\leq|r|<0.80$。

(4) 高度相关：$0.80\leq|r|\leq1.00$。

线性相关系数的用途很多，在建立线性回归模型中，可以通过计算样本相关系数来判断两个变量之间是否具有线性关系，并由此选择影响变量；此外，由概率论知识可知，如果两个变量服从正态分布，则这两个变量的不相关和独立是等价的，可通过相关系数来判定两个变量是否独立。

需要指出的是，相关系数只是度量了两个变量（或两组数据）之间的线性相关程度，不能反映其他方面的关系。当相关系数为 0 时，并不能说明两个变量（或两组数据）之间没有关

系；此外，相关不等于“因果”关系，在两组数据没有任何相关背景情况下，计算相关系数未必有一定的实际意义。

9.2.2 相关系数的检验

线性相关分析中，一般假设变量 X 与 Y 服从正态分布。在此假设条件下，检验变量 X 与 Y 不相关，意味 X 与 Y 相互独立。原假设为：

$$H_0:\rho=0$$

用样本相关系数 r 估计 ρ。在原假设 $H_0:\rho=0$ 成立条件下，统计量

$$t=\sqrt{n-2r}/\sqrt{1-r^2} \tag{9-3}$$

服从自由度为 $n-2$ 的 t 分布。因此，当观测值给定时，由式(9-1)与式(9-2)可求得 t 值。计算概率值：$p=P(T>t)$。对给定的显著性水平 $\alpha(0<\alpha<1)$。如果 $p>\alpha$ 则应接受原假设，否则就拒绝原假设。

例 9-1 表 9-1 为某个路段观测到的速度(km/h)和密度(辆/km)数据。

某路段速度和密度观测结果　　表 9-1

速度(km/h)	密度(辆/km)	速度(km/h)	密度(辆/km)	速度(km/h)	密度(辆/km)	速度(km/h)	密度(辆/km)
20.4	38.8	30.8	31.6	121.7	8.5	90.1	13.2
27.4	31.5	26.5	34	106.5	11.1	106.7	11.4
106.2	10.6	35.7	28.9	130.5	8.6	99.3	11.2
80.4	16.1	30	28.8	101.1	11.1	107.2	10.3
141.3	7.7	106.2	10.5	123.9	9.8	109.1	11.4
130.9	8.3	97	12.3	144.2	7.8	29.5	31.8

由式(9-2)求得相关系数：$r=-0.97(p=0.000<0.05)$，因此，速度和密度是高度相关的。密度和运行速度两者之间存在着很强的线性相关性，并且相关系数为负值，表明随着密度的增加，车辆运行的速度是下降的。速度—密度散点图(图 9-2)也表明速度和密度之间的存在很强的相关性。

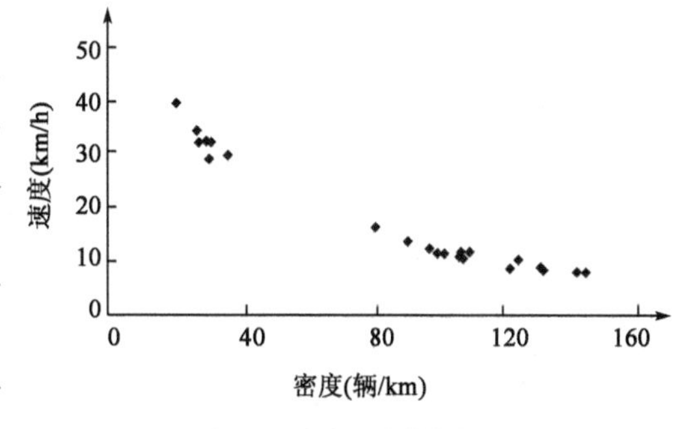

图 9-2　密度—速度散点图

线性相关系数是相关分析中最常用的分析方法，其适用于以下条件：

(1)数据为定比或定距数据。要求 X 与 Y 为定比变量或定距变量。

(2)正态分布。在小样本情况下要求 X 与 Y 的总体分布为正态分布，当样本量超过 30 时，可不要求总体服从正态分布。

9.2.3 偏相关

前面介绍了两个变量之间的线性相关系数和如何判断两个变量之间是否存在相关性。但是，在实践中往往会遇到这种情况，两个变量往往受到其他变量的影响，例如，在分析某城市机动车保有量和居民收入关系时，假设居民平均收入和机动车保有量都与劳动人口相关。随着劳动人口的变化，居民平均收入和机动车保有量都在变化，如果不消除劳动人口的变化影响，

只计算机动车保有量和居民收入的相关系数,则很难说明两者之间的相关程度。在分析此类问题时,常常用到偏相关分析。

偏相关系数定义:假设 p 个变量 $X_i(i=1,2,\cdots,p)$,变量 X_1 和 X_2 的偏相关系数为:

$$\rho_{12,(345\cdots p)} = R_{12} / \sqrt{R_{11}R_{22}} \tag{9-4}$$

式中,R_{ij} 为相关系数阵 R 去掉 i 行与 j 列后所组成的行列式。R 构成如下

$$R = \begin{pmatrix} \rho_{11} & \rho_{12} & \cdots & \rho_{1p} \\ \rho_{21} & \rho_{22} & \cdots & \rho_{2p} \\ \vdots & \vdots & & \vdots \\ \rho_{p1} & \rho_{p2} & \cdots & \rho_{pp} \end{pmatrix}$$

ρ_{ij} 为 X_i 与变量 X_j 的相关系数。当 ρ_{ij} 未知时,可用样本相关系数 r_{ij} 代替 ρ_{ij} 计算偏相关系数 $r_{12,(345..p)}$。在此情况下,样本偏相关系数可以按式(9-4)计算:

$$r_{12,(345..p)} = \frac{r_{12,345...(p-1)} - r_{1p(345...p)} \times r_{2p(345...p)}}{[1-(r_{1p,345...p-1})^2]^{1/2}[1-(r_{2p(345...p-1)})^2]^{1/2}} \tag{9-5}$$

$r_{12,(345..p)}$ 表示将变量 $X_3,\cdots,X_p$ 固定后变量 X_1 和 X_2 之间的线性相关关系。特别地,当 $p=3$ 和 $p=4$ 时分别有以下算式:

$$r_{12,3} = \frac{r_{12} - r_{13}r_{23}}{\sqrt{(1-r_{13}^2)(1-r_{23}^2)}} \tag{9-6}$$

$$r_{12,34} = \frac{r_{12,4} - r_{13,4}r_{23,4}}{\sqrt{(1-r_{13,4}^2)(1-r_{23,4}^2)}} \tag{9-7}$$

同样,可以对偏相关系数进行检验。偏相关系数检验可以应用式(9-7)定义的统计量:

$$t = \sqrt{n-k-2r} / \sqrt{1-r^2} \tag{9-8}$$

服从自由度为 $n-k-2$ 的 t 分布。式(9-8)中,n 为样本量,k 为被固定的变量个数,r 为样本偏相关系数。

例 9-2 表 9-2 为我国若干年货运周转量(万 t/km)与国内生产总值数据(亿元)统计数据,分析民航货运周转量与公路货运周转量相关性。

货运周转量(万 t/km)与国内生产总值(亿元)统计表 表 9-2

总货运周转量	铁路货运周转	公路货运周转量	民航货运周转量	国内生产总值
2 996 414.00	2 001 875.00	82 6438.00	167 691.10	2 478.76
2 838 704.00	1 929 269.00	754 264.00	155 171.00	2 174.46
2 846 652.00	1 952 602.00	783 237.00	110 470.00	2 011.31
3 127 394.00	2 263 274.00	769 190.00	94 500.00	1 810.09
3 174 494.00	2 311 011.00	784 888.00	78 595.00	1 615.73
3 230 371.00	2 393 403.00	762 027.00	74 940.00	1 394.89
3 195 823.00	2 301 941.00	725 740.00	78 142.00	1 084.03
3 144 270.00	2 303 265.00	767 790.00	73 216.00	863.54
2 938 220.00	2 153 176.00	591 187.00	54 929.00	709.10
2 867 747.00	2 230 406.00	659 642.00	65 614.00	598.90
2 686 699.00	2 067 402.00	574 635.00	44 662.00	500.82
2 274 095.00	2 179 878.00	546 022.00	38 194.00	455.96
2 885 687.00	2 344 684.00	498 391.00	42 612.00	410.22

续上表

总货运周转量	铁路货运周转	公路货运周转量	民航货运周转量	国内生产总值
2 791 465.00	2 282 106.00	471 393.00	37 966.00	326.82
2 567 762.00	2 133 836.00	405 645.00	28 281.00	284.86
471 953.00	1 992 247.00	109 184.00	27 437.00	257.12
4 308 425.00	4 171 789.00	113 871.00	20 896.00	216.61
3 792 817.00	3 666 600.00	110 118.00	26 173.00	183.13
3 449 747.00	3 329 450.00	106 767.00	24 173.00	154.94

计算民航货运周转量与公路货运周转量相关系数 $r_{12}=0.944$,民航货运周转量与国内生产总值相关系数为 $r_{13}=0.989$,公路货运周转量与国内生产总值相关系数为 $r_{23}=0.954$。由线性相关系数计算结果发现:民航货运周转量、公路货运周转量是相关的。由于民航货运周转量、公路货运周转量都与国内生产总值相关,为了消除国内生产总值的影响,应用偏相关分析分析民航货运周转量、公路货运周转量的相关性。由式(9-5)计算得到偏相关系数为:

$$r_{12,3}=\frac{r_{12}-r_{13}r_{23}}{\sqrt{(1-r_{13}^2)(1-r_{23}^2)}}=\frac{0.944-0.989\times0.954}{\sqrt{(1-0.989^2)(1-0.954^2)}}=0.011$$

应用公式(9-7)进一步计算得到 $t=0.046, p=P(T>t)>0.05$。因此,可以认为民航货运周转量、公路货运周转量不存在偏相关性,其相关性是由于两个变量都与国内生产总值相关引起的。

§9.3 定类变量相关分析

在交通调查中,有时需要研究两个定类变量之间的相关性的情况。例如,出行目的与出行方式之间的相关程度、驾驶员安全带的使用与受教育水平之间相关程度等。本节介绍应用卡方检验分析两定类变量间的相关性。

9.3.1 定类变量的相关性度量

本书在第 8 章介绍了两定类变量独立 χ^2 检验方法,其只能说明两个定类变量是否相关,不能说明两变量之间相关程度。对于两个定类变量的相关性可以用 φ 系数、C 系数、V 系数度量。

1)φ 系数

φ 系数定义为:

$$\varphi=\sqrt{\frac{\chi^2}{N}} \tag{9-9}$$

式中,φ 为系数,度量相关程度;χ^2 为 2×2 列联表计算的 χ^2 值,由式(8-45)定义;N 为样本量。

φ 系数适用于以下条件:

(1)定类数据。观测结果为频数数据。

(2)2×2 列联表。数据为 2×2 列联表形式(2 行 2 列)。

2)C 系数(Contingency Coefficient of Association)

当两个定类变量中至少一个变量取值水平大于 2 时,可以应用 C 系数度量相关性:

$$C = \sqrt{\frac{\chi^2}{\chi^2 + N}} \tag{9-10a}$$

或修正 C 系数：

$$C = \sqrt{\frac{\chi^2}{\chi^2 + N}} \cdot \sqrt{\frac{r}{r-1}} \tag{9-10b}$$

式中，C 为关联系数；χ^2 为列联表计算的 χ^2 值；N 为样本量；r 为列联表的行数。

式(9-10a)计算的 C 系数最小值为 0，其上限取决于列联表的大小，如果是 2×2 的列联表，则其上限是 0.707。式(9-10b)计算的 C 系数取值范围为 0～1.00。

C 系数适用于以下条件：

(1)定类数据。观测结果为频数数据。

(2)列联表。可用于 2×2 或更多列或行的列联表数据。

3)V 系数(克雷默相关系数)

$$V = \sqrt{\frac{\chi^2}{N(m-1)}} \tag{9-11}$$

式中，V 为克雷默相关系数；m 为列联表中行数与列数的最小值。V 系数取值范围为 0～1，相关系数越大，说明相关性越强。

φ 系数、C 系数与 V 系数都是基于 χ^2 值计算的“相关”系数。其共同特点是可以通过 χ^2 检验来判断两个定类变量是否相关，然后由计算的“相关”系数值判断相关程度。表 9-3 给出了基于 χ^2 值计算“相关”系数与相关程度的描述。

基于 χ^2 值的相关程度描述 表 9-3

相关系数范围	相关程度定性描述	相关系数范围	相关程度定性描述
0.01～0.09	微弱相关	0.50～0.69	高度相关
0.10～0.29	低度相关	0.70～0.89	非常高度相关
0.30～0.49	中度相关	0.90～1.00	接近完全相关

9.3.2 案例分析

例 9-3 有人曾针对农村交通事故中是否使用安全带与受伤严重程度之间关系进行了研究。表 9-4 为统计结果。受伤程度分为五类：(1)未受伤；(2)受伤但不需要紧急医疗服务；(3)受伤并得到紧急医疗服务，但没有住院；(4)受伤并住院，但没有死亡；(5)受伤并死亡。

使用安全带与交通事故关系 表 9-4

安全带使用	受伤程度					合计
	1	2	3	4	5	
否	9 369	214	1 420	347	76	11 426
是	12 827	168	917	156	29	14 097
合计	22 196	382	2 337	503	105	25 523

计算得到 $\chi^2 = 471.75$，查对应 $\chi^2_{0.05} = 14.86$。因此，使用安全带与交通事故受伤程度是有关联的。分别计算 C 系数和 V 系数：

$$C=\sqrt{\frac{\chi^2}{\chi^2+N}}\times\sqrt{\frac{r}{r-1}}=\sqrt{\frac{14.86}{14.86+25\,523}}\times\sqrt{\frac{2}{2-1}}=0.19$$

$$V=\sqrt{\frac{x^2}{N(m-1)}}=\sqrt{\frac{14.58}{25\,523\times(2-1)}}=0.14$$

通过χ^2检验说明使用安全带与受伤程度有一定关联性,但通过 C 系数与 V 系数发现,这种关联程度不是很强,这可能与数据中发生交通事故但未受伤人数所占比例较多有关,其“稀释”了使用安全带对受伤程度的影响作用。

9.3.3 优势比

下面针对定类变量 X 与 Y 都只有两种取值的情况给出相关性一种度量方法——优势比法。

由于 X 只有两个取值,不妨记为 X_1、X_2(同样 Y 的两个取值分别记为 Y_1、Y_2)。定义 X 取值 X_1 的概率为 p_{X1},取值 X_2 的概率为 $p_{X2}=1-p_{X1}$(同样 Y 取值 Y_1 的概率为 p_{Y1},取值 Y_2 的概率为 $p_{Y2}=1-p_{Y1}$)。X 取值 X_1 的优势和 Y 取值 Y_1 的优势分别为:

$$odds_X=\frac{p_{X1}}{1-p_{X1}} \tag{9-12}$$

$$odds_Y=\frac{p_{Y1}}{1-p_{Y1}} \tag{9-13}$$

则 X 与 Y 的优势的比值为:

$$\theta=\frac{odds_X}{odds_Y}=\frac{P_{X1}/(1-P_{X1})}{P_{Y1}/(1-P_{Y1})} \tag{9-14}$$

称 θ 为优势比,其为任何非负实数。当 X 与 Y 独立时,则 $\theta=1.00$。当 θ 离 1.00 越远,说明定类变量 X 与 Y 的相关性越强。例如,优势比 θ 等于 3 就比 θ 等于 1 时具有更强的相关性;优势比 θ 等于 0.25 就比 θ 等于 0.75 时具有更强的相关性。

在实际应用中,可用样本优势比度量相关程度,计算如下:

$$\hat{\theta}=\frac{n_{11}/n_{12}}{n_{21}/n_{22}}=\frac{n_{11}n_{22}}{n_{12}n_{21}} \tag{9-15a}$$

式中,n_{ij}为(X_i,Y_j)的观测频数。如果某个观测值 $n_{ij}=0$,则应用式(9-14a)计算的 $\hat{\theta}$ 将等于 0 或∞。因此,考虑修正

$$\hat{\theta}=\frac{(n_{11}+0.5)(n_{22}+0.5)}{(n_{12}+0.5)(n_{21}+0.5)} \tag{9-15b}$$

对于表 9-4 中数据,计算得到使用安全带和不使用安全带发生死亡的交通事故的优势比为:

$$\hat{\theta}=\frac{odds_1}{odds_2}=3.25$$

因此,由该结果可以断定,不使用安全带发生死亡事故风险是使用安全带发生死亡事故风险的 3.25 倍。

§9.4 定序变量相关分析

两个定序变量间的相关性是指两个定序变量存在一种“单调非线性”依存关系，即当其中一个变量取“值”较大时，则另一个定序变量取值也较大，或相反。例如，收入水平高的群体，其平均出行次数可能就多(这里把收入和出行次数当作定序变量处理)。

对于两个定序变量相关性可以用 Spearman 秩相关系数和 Kendall 的 τ 系数来度量。

9.4.1 Spearman 秩相关系数

当定序变量 X 与定序变量 Y 存在相关关系时，则它们取值“单调性”变化的关联性必然会反映在$(x_i,y_i)(i=1,2,\cdots,n)$相应的秩$(R_i,S_i)(i=1,2,\cdots,n)$上。基于上述思想，统计学家提出了 Spearman 秩相关系数来度量定序变量的相关性：

$$r_s=\frac{\sum(R_i-\bar{R})(S_i-\bar{S})}{\sqrt{\sum(R_i-R)^2}\sqrt{\sum(S_i-S)^2}} \tag{9-16}$$

式中，r_s 为秩相关系数；$\bar{R}$ 与 $\bar{S}$ 分别为 X 与 Y 的秩的平均值，$\bar{R}=\sum_{i=1}^{n}R_i/n$，$\bar{S}=\sum_{i=1}^{n}S_i/n$。

由于：

$$\sum_{i=1}^{n}R_i=\sum_{i=1}^{n}S_i=1+2+\cdots+n=n(\ +1)/2$$

$$\sum_{i=1}^{n}(R_i)^2=\sum_{i=1}^{n}(S_i)^2=1+2^2+\cdots+n^2=n(n+1)(2n+1)/6$$

则式(9-16)可以简化为：

$$r_s=1-\frac{6}{n(n^2-1)}\sum_{i=1}^{n}(R_i-S_i)^2 \tag{9-17a}$$

或：

$$r_s=1-\frac{6\sum_{i=1}^{n}D_i^2}{n(n^2-1)} \tag{9-17b}$$

式中，D_i 为(x_i,y_i)秩的差。

Spearman 相关系数检验方法操作步骤如下：

在原假设“H_0：定序变量 X 与定序变量 Y 不具有相关性”为真的条件下，统计量

$$t=\sqrt{n-2}\,r_s/\sqrt{1-r_s^2}\quad(n\geqslant 30) \tag{9-18a}$$

服从自由度为 $n-2$ 的 t 分布。当样本量 $n\geqslant 100$ 时，t 近似服从正态分布

$$U=\sqrt{n-1}\,r_s\xrightarrow{L}N(0,1) \tag{9-18b}$$

9.4.2 Kendall 的 τ 系数

关于定序变量相关性另一个常用的度量是 Kendall 的 τ 统计量。假设定序变量 X 与定序变量 Y 正相关时，对样本$(X_1,Y_1),(X_2,Y_2),\cdots,(X_n,Y_n)$，当 $X_i>X_j$ 时，则 $Y_i>Y_j$ 的概率应该大于0.5，或者说 X_i-X_j 与 Y_i-Y_j 倾向于有相同的符号，即 $p=P\{(X_i-X_j)(Y_i-Y_j)>0\}=P$

$\{(R_i - R_j)(S_i - S_j) > 0\} > 0.5$；反之，假设变量 X 与变量 Y 负相关时，则

$$p = P\{(X_i - X_j)(Y_i - Y_j) < 0\} = P\{(R_i - R_j)(S_i - S_j) < 0\} > 0.5$$

因此，当 $p = 0.5$（或接近）时，则易倾向于认为定序变量 X 与定序变量 Y 没有相关性。基于上述思想，Kendall 提出用 $\tau = 2p - 1$ 作为相关性的度量。当 $\tau > 0(p > 0.5)$ 时，意味着定序变量 X 与 Y 正相关；当 $\tau < 0(p < 0.5)$ 时，意味着 X 与 Y 负相关；而 $\tau = 0(p = 0.5)$ 时，意味着 X 与 Y 不相关。

Kendall 给出了 τ 无偏估计公式：

$$\begin{aligned}\tau &= \sum_{i<j} \mathrm{sign}(X_i - X_j)(Y_i - Y_j) / \sqrt{(T_0 - T_1)(T_0 - T_2)} \\ &= \sum_{i<j} \mathrm{sign}(R_i - R_j)(S_i - S_j) / \sqrt{(T_0 - T_1)(T_0 - T_2)}\end{aligned} \tag{9-19}$$

其中：

$$\mathrm{sign}(z) = \begin{cases} 1, & z > 0 \\ 0, & z = 0; \\ -1, & z < 0 \end{cases}$$

$$T_0 = n(n-1)/2$$

$$T_1 = \sum t_i(t_i - 1)/2$$

$$T_2 = \sum u_i(u_i - 1)/2$$

t_i 与 u_i 分别是 X 与 Y 的观测样本中第 i 个结（具有相等的秩）所包含观测值的个数，n 是样本量。

当观测样本中没有“结”时，则式(9-19)可以简化为：

$$\begin{aligned}\tau &= \frac{2}{n(n-1)} \sum_{i<j} \mathrm{sign}(X_i - X_j)(Y_i - Y_j) \\ &= \frac{2}{n(n-1)} \sum_{i<j} \mathrm{sign}(R_i - R_j)(S_i - S_j)\end{aligned} \tag{9-20}$$

当样本量 $n > 100$ 时，近似的有：

$$\tau \sqrt{\frac{9n(n-1)}{2(2n+5)}} \xrightarrow{L} N(0,1) \tag{9-21}$$

Kendall 相关检验方法操作步骤如下：

当变量 X 与变量 Y 不相关时，则 $\tau = 0$。由式(9-21)构造统计量

$$U = \tau \sqrt{\frac{9n(n-1)}{2(2n+5)}} \tag{9-22}$$

在原假设“H_0：变量 X 与变量 Y 不相关”成立条件下，U 应接近于 0。因此，当 X 与 Y 的观测值给定时，分别用式(9-20)和式(9-22)计算 τ 值、U 值并进行相关性检验。

Spearman 秩相关系数和 Kendall 的 τ 系数方法只应用了两个变量“单调变化”关系，而与具体数值的大小无关。其适用条件为：

(1)度量两个变量间的单调相关（包括线性相关和单调曲线相关）；

(2)分析两个定序变量之间相关性；

(3)分析一个定序变量与另一定比（或定距）变量相关性；

(4)分析定比变量或定距变量间的相关性。

§9.5 其他相关性分析

9.5.1 定类变量与定比变量相关性

当一个变量为定类变量,另一个为定比变量时,两者之间的相关性度量可采用 Eta 相关系数表示(以下用变量 E 表示 Eta 数值)。不妨假设 X 为定类变量(不失一般性,假设其取值为 $1,2,\cdots,k$),Y 为定比变量,数据结构如表 9-5 所示。

一个分类变量和一个定比变量的数据形式 表 9-5

定类变量 X	连续变量 Y		
1	$y_{11},y_{21},\cdots,y_{n_{1}1}$	$\bar{y}_1=\frac{1}{n_1}\sum_{j=1}^{n_1}y_{j1}$	$\bar{y}=\frac{1}{N}\sum_j\sum_i y_{ji}$ 样本量:$n=\sum_{i=1}^{k}n_i$
2	$y_{12},y_{22},\cdots,y_{n_{2}2}$	$\bar{y}_2=\frac{1}{n_2}\sum_{j=1}^{n_2}y_{j2}$	
…	…	…	
k	$y_{1k},y_{2k},\cdots,y_{n_{k}k}$	$\bar{y}_k=\frac{1}{n_k}\sum_{j=1}^{n_k}y_{jk}$	

则 Eta 系数值 E 计算如下:

$$E=\sqrt{E^2}=\sqrt{\frac{\sum_i\sum_j(y_{ij}-\bar{y})^2-\sum_i\sum_j(y_{ij}-\bar{y}_i)^2}{\sum_i\sum_j(y_{ij}-\bar{y})^2}} \tag{9-23}$$

可化简为:

$$E=\sqrt{\frac{\sum_i n_i(\bar{y}_i)^2-n(\bar{y})^2}{\sum_i\sum_j y_{ij}^2-n(\bar{y})^2}} \tag{9-24}$$

式中,y_{ij}为定比变量 Y 的观测值,n_i 为 X 取值 i 时对应的 Y 观测样本量;$\bar{y}$ 为变量 Y 的所有观测值的平均值;$\bar{y}_i$ 为定类变量 X 取值 i 的情况下对应的 Y 的样本均值。

Eta 系数取值范围为 0～1.00。E 的数值越大,说明定类变量 X 对 Y 的影响越大,相关程度就越高。

当把定序变量当作定类变量来处理时,可以应用 Eta 系数值来度量定序变量与定比变量相关性。同样,可应用 Eta 系数值来度量定序变量与定距变量相关性。

9.5.2 定类变量与定序变量相关性

当分析定类变量与定序变量相关性时,可把定序变量当作定类变量来处理,问题就转化为两个定类变量之间的相关性问题。可以应用前面介绍的"定类变量相关分析"方法。

9.5.3 相关性分析方法汇总

为了便于实际应用,表 9-6 列出常见相关性度量指标和方法。

不同变量间相关性度量指标 表9-6

变量类型	变量类型	相关度量指标
定类变量	定类变量	C 系数、V 系数、优势比
定类变量	定序变量	C 系数、V 系数、优势比
定比/定距变量	定类变量	Eta 系数值
定比/定距变量	定量变量	Pearson 相关系数、Spearman 相关系数、τ 系数
定序变量	定序变量	Spearman 相关系数、τ 系数

思 考 题

1. 结合观测数据类型,论述为什么不同的数据类型采用不同的相关分析方法?
2. 叙述秩相关系数与线性相关系数区别与联系。
3. 如何进行相关分析?

第10章　线性回归分析方法

应用回归分析方法不但可以分析变量间因果关系，而且可以研究两个或多个变量之间的函数关系，通过建立函数关系，可以达到预测目的。

根据因变量与自变量之间的函数形式的不同，回归分析模型可分为线性回归模型和非线性回归模型。根据主要影响因素的多少，又可将线性回归分析方法分为一元线性回归方法和多元线性回归方法。本章主要介绍线性回归分析方法。

§10.1　一元线性回归方法

10.1.1　一元线性回归模型

表10-1是一组汽车旅行距离和旅行时间记录资料。根据经验知道旅行距离越远，旅行时间越长。下面进一步研究两者之间的关系。

旅行距离和旅行时间　　　表10-1

旅行距离(km)	旅行时间(h)	旅行距离(km)	旅行时间(h)	旅行距离(km)	旅行时间(h)
130	5.2	123	6.1	52	3.7
80	3.7	77	3.3	99	4.4
65	3.5	96	4.3	86	4.1
105	4.7	48	2.8	94	3.9
91	4.1	100	4.9	73	3.9
73	3.9	77	4.4	57	3.3
61	4.3	68	3.4		

为了直观地显示两者之间的关系，以旅行距离为横坐标，旅行时间为纵坐标把这些点描在图上（图10-1）。由图10-1可以发现，这些点大致落在一条直线附近，也就是说，旅行时间和旅行距离基本上是线性关系，即可用方程

$$y=\beta_0+\beta_1 x \tag{10-1}$$

近似表示。但是，旅行时间与旅行距离并不是严格的满足式(10-1)，而是存在一定的误差。更一般地，将研究对象作为因变量y，影响因素作为自变量x，假设它们之间关系为：

$$y=\beta_0+\beta_1 x+\varepsilon \tag{10-2}$$

式(10-2)中，β_0称为回归常数，β_1称为回归系数，ε为误差项。对于因变量和自变量观测值(x_i,y_i)，$i=1,2,\cdots,n$，由式(10-2)可得

$$y_i=\beta_0+\beta_1 x_i+\varepsilon_i \tag{10-3}$$

并假设 $\varepsilon_i(i=1,2,\cdots)$ 满足：

$$\varepsilon_i \sim N(0,\sigma^2)$$

$$Cov(\varepsilon_i,\varepsilon_j)=\begin{cases}\sigma^2, & i=j\\ 0, & i\neq j\end{cases} \tag{10-4}$$

式(10-4)中，σ^2 为误差项 ε 的方差。在式(10-2)和式(10-3)中只有一个自变量，并且因变量和模型参数之间是线性关系，故称为一元线性回归模型，或简单回归模型。在实际应用中，β_0 与 β_1 的实际值往往是未知的，式(10-2)或式(10-3)又称为理论回归模型。

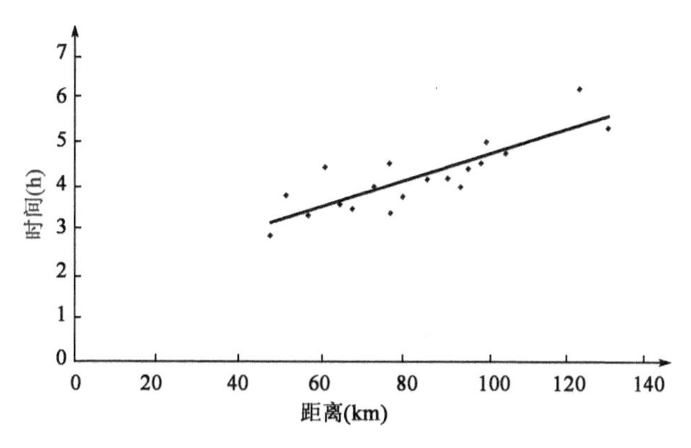

图 10-1　旅行距离与旅行时间散点图

10.1.2　模型参数估计

式(10-2)或式(10-3)中参数 β_0 和 β_1 是未知的。在实际应用中，重要的一步就是根据观测数据 (x_i,y_i)，$i=1,2,\cdots,n$ 估计 β_0 和 β_1。假设 β_0 和 β_1 的估计值分别为 $\hat{\alpha}+\hat{\beta}_0$ 与 $\hat{\alpha}+\hat{\beta}_1$，则由式(10-2)可得到估计模型(又称经验回归模型)：

$$\hat{y}=\hat{\beta}_0+\hat{\beta}_1 x \tag{10-5}$$

对于每个观测值 x_i，由式(10-5)可以得到估计值 $\hat{y}_i=\hat{\beta}_0+\hat{\beta}_1 x_i$。记估计值 $\hat{y}_i$ 与实际观测值 y_i 偏差：

$$e_i=y_i-\hat{y}_i$$

e_i 刻画了观测值和估计值的偏离程度，是 ε_i 的估计。一个很自然的想法是，对于所有的 x_i，若 $\hat{y}_i$ 与 y_i 的偏离越小，则模型与观测数据拟合得越好。一般常用 $(y_i-\hat{y}_i)^2$ 来度量 $\hat{y}_i$ 与 y_i 的接近程度。所有观测值 y_i 与估计值 $\hat{y}_i$ 的偏离平方和为：

$$S(\hat{\beta}_0,\hat{\beta}_1)=\sum_{i=1}^{n}e_i^2=\sum_{i=1}^{n}(y_i-\hat{\beta}_0-\hat{\beta}_1 x_i)^2 \tag{10-6}$$

则 $S(\hat{\beta}_0,\hat{\beta}_1)$ 刻画了全部观测值与估计值偏离程度。当 $S(\hat{\beta}_0,\hat{\beta}_1)$ 达到最小时，$\hat{y}_i$ 与 y_i 接近程度最好。因此，对 β_0 和 β_1 的所有可能取值，$\hat{\beta}_0$ 与 $\hat{\beta}_1$ 应满足

$$\min S(\beta_0,\beta_1)=\sum_{i=1}^{n}\varepsilon_i^2=\sum_{i=1}^{n}(y_i-\beta_0-\beta_1 x_i)^2 \tag{10-7}$$

上述确定参数 $\hat{\beta}_0$ 与 $\hat{\beta}_1$ 的方法称为最小二乘法，并由此方法得到的估计称为最小二乘估计。由于 $S(\beta_0,\beta_1)$ 是 β_0 和 β_1 的二次函数，且是非负的，因而最小值总是存在的。根据极值原理可得：

$$\begin{cases} \left.\dfrac{\partial(S(\beta_0,\beta_1)}{\partial\beta_0}\right|_{\beta_0=\hat{\beta}_0}=0 \\ \left.\dfrac{\partial(S(\beta_0,\beta_1)}{\partial\beta_1}\right|_{\beta_1=\hat{\beta}_1}=0 \end{cases} \tag{10-8}$$

整理得：

$$\begin{cases} n+\hat{\beta}_0+\hat{\beta}_1\sum\limits_{i=1}^{n}x_i=\sum\limits_{i=1}^{n}y_i \\ \hat{\beta}_0\sum\limits_{i=1}^{n}x_i+\hat{\beta}_1\sum\limits_{i=1}^{n}x_i^2=\sum\limits_{i=1}^{n}x_iy_i \end{cases} \tag{10-9}$$

由式(10-9)求得$\hat{\beta}_0$与$\hat{\beta}_1$：

$$\begin{cases} \hat{\alpha}+\hat{\beta}_1=(\sum\limits_{i=1}^{n}x_iy_i-w\bar{x}\bar{y})/(\sum\limits_{i=1}^{n}x_i^2-n\bar{x}^2) \\ \hat{\beta}_0=\bar{y}-\hat{\beta}_1\bar{x} \end{cases} \tag{10-10}$$

或

$$\begin{cases} \hat{\beta}_1=\sum\limits_{i=1}^{n}(y_i-\bar{y})(x_i-\bar{x})/\sum\limits_{i=1}^{n}(x_i-\bar{x})^2 \\ \hat{\beta}_0=\bar{y}-\hat{b}\bar{x} \end{cases} \tag{10-11}$$

式中，$\bar{x}=\dfrac{1}{n}\sum\limits_{i=1}^{n}x_i,\bar{y}=\dfrac{1}{n}\sum\limits_{i=1}^{n}y_i$。

以表10-1数据为例，通过计算最后求得旅行时间与旅行距离回归方程：

$$y=0.028\ 5x+1.734$$

即：

$$旅行时间=0.028\ 5\times旅行距离+1.734$$

上述结果可以这样理解：旅行时间是旅行距离的线性函数，并且随旅行距离的增加而增加，每增加1公里旅行距离则旅行时间要平均增加0.028 5h。常数1.734可以理解为货物装载或卸载时间。

10.1.3 模型假设检验

一元线性回归模型假设检验包括：回归系数显著性检验、回归方程的显著性检验和拟合优度检验。

1）回归系数的显著性检验

对于回归模型$y=\beta_0+\beta_1x+\varepsilon$，变量$x$和$y$之间的线性假设是否合理，是应用中非常关注的一个问题，这可以通过检验回归系数的显著性得到判别，常用t检验法。其思想是首先建立原假设$H_0:\beta_1=0$，如果假设H_0成立，则其估计值$\hat{\beta}_1$的绝对值不会太大，否则就应该接受备择假设$H_1:\beta_1\neq0$。由前面的分析可知

$$E(\hat{\alpha}+\hat{\beta}_1)=\beta_1$$

$$Var(\hat{\beta}_1)=\frac{\sigma^2}{\sum(x_i-\bar{x})^2}$$

把 σ^2 的估计值 $s^2=\frac{1}{n-2}\sum_{i=1}^{n}(y_i-\hat{y}_i)^2$ 带入上式,则 $\hat{\beta}_1$ 方差估计值 $s_{\beta_1^2}$ 为:

$$s_{\beta_1^2}=\frac{s^2}{\sum(x_i-\bar{x})^2} \tag{10-12}$$

构造统计量:

$$t_{\beta_1}=\frac{\hat{\beta}_1-\beta_1}{s_{\beta_1}} \tag{10-13}$$

在原假设 H_0 成立的条件下,t_{β_1} 服从自由度为 $n-2$ 的 t 分布,即 $t_{\beta_1}\sim t(n-2)$,其中 n 为观测样本个数。可以通过查 t 分布表来决定是否接受原假设 $H_0:\beta_1=0$ 是否成立。即对给定的显著性水平 $\alpha(0<\alpha<1)$,查 t 分布表对应的 t 值:$t_{n-2,\alpha/2}$,如果 $|t_{\beta_1}|>t_{n-2,\alpha/2}$,则没有理由接受 $H_0:\beta_1=0$,表明回归系数显著不为0,说明变量 x 和 y 之间的线性假设是合理的,假设检验通过;如果 $|t_{\beta_1}|\leqslant t_{n-2,\alpha/2}$,则不能拒绝原假设,即 $H_0:\beta_1=0$ 成立,表明 x 和 y 之间的线性假设不合理,因变量 y 的变化不能由自变量 x 解释。

需要说明的是,备选假设 $H_1:\beta_1\neq0$ 是双边的,只要满足 $|t_{\beta_1}|\leqslant t_{\alpha/2}$ 则没有理由拒绝原假设 $H_0:\beta_1=0$;此外,有时候需要考虑单边假设的情况 $H_1:\beta_1>0$(或 $\beta_1<0$)。在此情况下,如果 $t_{\beta_1}<t_{n-2,\alpha}$ 则可以接受原假设 $H_0:\beta_1=0$。

例如,在出行预测中考虑无小汽车家庭,收入 I 对平均出行次数 T_r 的影响。可以考虑以下回归方程:

$$T_r=\beta_0+\beta_1 I+\varepsilon$$

从理论上来说,对于高收入的家庭,其平均出行次数较多。因此,备择假设为 $H_1:\beta_1>0$;如果不知道收入是否会影响平均出行次数就需要考虑双边假设 $H_1:\beta_1\neq0$。

2)回归方程的显著性检验

回归方程显著性检验是检验所有的回归系数是否同时为0,这对于一元回归分析而言,与回归系数的显著性检验是相同的。回归方程的显著性检验是利用方差分析的思想来检验模型的总体线性关系的显著性,又称为回归方程的 F 检验。

观测值 y_i 和平均值 $\bar{y}$ 之间的偏差可以分解为:

$$y_i-\bar{y}=(y_i-\hat{y}_i)+(\hat{y}_i-\bar{y}),\quad i=1,2,\cdots,n \tag{10-14}$$

将上式两边平方并求和,则有:

$$\sum(y_i-\bar{y})^2=\sum(y_i-\hat{y})^2+2\sum(y_i-\hat{y}_i)(\hat{y}_i-\bar{y})+\sum(\hat{y}_i-\bar{y})^2 \tag{10-15}$$

注意到 $\hat{\beta}_0=\bar{y}-\hat{\beta}_1\bar{x}$, $\hat{y}_i=\bar{y}+\hat{\beta}_1(x_i-\bar{x})$,代入式(10-15)右边中间项,则:

$$2\sum(y_i-\hat{\beta}_0-\hat{\beta}_1x_i)(\hat{\beta}_0+\hat{\beta}_1x_i-\hat{\beta}_0-\hat{\beta}_1\bar{x})=0$$

所以:

$$\sum(y_i-\bar{y})^2=\sum(y_i-\hat{y}_i)^2+\sum(\hat{y}_i-\bar{y})^2 \tag{10-16}$$

记 $TSS=\sum(y_i-\bar{y})^2$,$ESS=\sum(\hat{y}_i-y_i)^2$,$RSS=\sum(\hat{y}_i-\bar{y})^2$。则 TSS 反映了因变量观察值 $y_1,y_2,\cdots,y_n$ 和其平均值("中心")的偏离情况,称为总偏差,也称为总偏差平方和。$ESS=\sum(\hat{y}_i-y_i)^2$ 是因变量观测值和估计值之间总偏差,称为残差平方和,它反映了除 x 对 y 的线性影响之外的一切使 y_i 变化的因素的影响,因为无法用 x 来解释说明,又称之为未解释偏差。而 $RSS=\sum(\hat{y}_i-\bar{y})^2$ 是引入线性关系后的偏差,称为回归平方和。

构造统计量 F：

$$F = \frac{RSS/1}{ESS/n-2} \tag{10-17}$$

在模型假设 $H_0:\beta_1=0$ 成立的条件下，由式(10-17)定义的统计量服从 F 分布，其第一自由度为 1，第二自由度为 $n-2$，即

$$F \sim F(1,n-2) \tag{10-18}$$

F 检验步骤为：

(1)计算 F 值。应用式(10-17)计算 F 值。

(2)查表。对给定的显著性水平 α，查 F 分布表，得到临界值 $F_\alpha(1,n-2)$；

(3)判断。若 $F>F_\alpha(1,n-2)$ 则否定原假设 $H_0:\beta_1=0$，认为两变量间存在显著的线性关系，模型通过检验；反之，若 $F<F_\alpha(1,n-2)$，则接受原假设 $H_0:\beta_1=0$，即模型的自变量不能解释因变量的变化。

3)拟合优度检验

回归平方和在总偏差平方和中的比重反映了回归模型对观测数据的拟合程度，因而可以用其作为判定模型对观测值拟合的优劣。引入判定系数 R^2，其定义为：

$$R^2 = \frac{\sum(\hat{y}_i-\bar{y})^2}{\sum(y_i-\bar{y})^2} = 1-\frac{\sum(y_i-\hat{y}_i)^2}{\sum(y_i-\bar{y})^2} \tag{10-19}$$

R^2 表示因变量的变差被回归模型解释的程度，即模型中引入自变量后因变量的变差可由自变量解释的比例，其可解释 y 与 x 间线性关系强弱。由式(10-19)可知，$0\leqslant R^2\leqslant 1$。一般而言，$R^2$ 越接近 1 说明模型对观测数据拟合程度越高。通常，R^2 大于 0.8 则可以认为模型拟合程度较高。

上面介绍了线性回归模型的检验方法。如果模型假设检验没有通过，其原因可能有以下几种：

(1)影响预测对象的因素除 x 外还有其他不可忽略的因素；

(2)变量间不是线性关系，可能具有其他关系；

(3)变量间确实无关。

一旦出现检验没有通过，则需要对上述几种情况分别处理，并考虑其他的模型，重新拟合。

10.1.4 预测置信区间

应用式(10-5)，即 $\hat{y}=\hat{\beta}_0+\hat{\beta}_1 x$，得到的 $\hat{y}$ 是估计值，并不是实际发生值。在实际研究中，求出 $\hat{y}$ 是简单的，但对决策意义不大，因为在客观世界中，交通问题要受到各种环境、各种外因的影响，预测对象的实际值总会与预测值有着或大或小的偏差。如果仅根据某一点的预测值做出决策，必然会给实际工作带来困难，也就很可能导致决策失误。因而，不仅要求出预测值，并且还要知道预测值可能偏离实际值的范围，即需要估计一个范围，并且知道这个范围包含预测对象实际值的可靠程度。这个范围就是预测置信区间。

对所研究预测对象 y 来说，若由一组观测数据 $(x_i,y_i)(i=1,2,\cdots,n)$ 确定 2 个值 $y_{\mathrm{L}},y_{\mathrm{U}}$，对于给定值 $\alpha(0<\alpha<1)$ 并满足

$$P(y_{\mathrm{L}}<y<y_{\mathrm{U}})=1-\alpha \tag{10-20}$$

称区间 (y_{L},y_U) 是 y 的置信度为 $1-\alpha$ 的置信区间。$y_{\mathrm{L}},y_{\mathrm{U}}$ 分别为置信度为 $1-\alpha$ 的置信

下限和上限。$1-\alpha$ 称为置信水平或置信度,α 为显著水平。

设预测点为(x_0, y_0),则该点预测值为:

$$\hat{y}_0 = \hat{\beta}_0 + \hat{\beta}_1 x_0 \tag{10-21}$$

由数理统计的知识可知 $E(\hat{\beta}_0) = \beta_0, E(\hat{\beta}_1) = \beta_1$。所以

$$E(\hat{y}_0) = \beta_0 + \beta_1 x_0 \tag{10-22}$$

预测误差为 $e_0 = \hat{y}_0 - y_0$,并且

$$\begin{aligned} Var(e_0) &= E(\hat{y}_0 - y_0)^2 = E[(\hat{\beta}_0 - \beta_0) + (\hat{\beta}_1 - \hat{\beta}_1)x_0 + (-\varepsilon_0)]^2 \\ &= Var(\hat{\beta}_0) + x_0^2 Var(\hat{\beta}_1) + 2x_0 Cov(\hat{\beta}_0, \hat{\beta}_1) + Var(\varepsilon_0) \end{aligned}$$

把 $Var(\hat{\beta}_0)$、$Var(\hat{\beta}_1)$以及 $Cov(\hat{\beta}_0, \hat{\beta}_1)$代入上式,并整理可得:

$$Var(e_0) = \left[1 + \frac{1}{n} + \frac{(x_0 - \bar{x})2}{\sum(x_i - \bar{x})^2}\right]\sigma^2 \tag{10-23}$$

由于 σ^2 是未知的,在实际应用中,可用其无偏估计 $s^2 = \frac{1}{n-2}\sum_{i=1}^{n}(y_i - \hat{y}_i)^2$ 代替。所以,预测方差 $Var(e_0)$估计为:

$$s_0^2 = S^2\left[1 + \frac{1}{n} + \frac{(x_0 - \bar{x})^2}{\sum(x_i - \bar{x})}\right] \tag{10-24}$$

并可以证明$\frac{\hat{y}_0 - y_0}{s_0}$服从自由度为 $n-2$ 的 t 分布,即

$$\frac{\hat{y}_0 - y_0}{s_0} \sim t_{n-2} \tag{10-25}$$

因此,y_0 的置信水平为 $1-\alpha$ 的预测区间为

$$(\hat{y}_0 - t_{n-2,\alpha/2}S_0, \hat{y}_0 + t_{n-2,\alpha/2}S_0) \tag{10-26}$$

其中,$t_{n-2,\alpha/2}$是自由度为$(n-2)$的 t 分布 $\alpha/2$ 分位点。

从上面分析可以发现,随预测点(x_0, y_0)的不同,预测标准误差 s_0 也不同,从而预测区间也随之改变,并且有以下结论:

(1)x_0 越接近 $\bar{x}$,s_0 就越小。预测区间也就越窄。当 $x_0 = \bar{x}$ 时,S_0 达到最小值,预测精度达到最高。

(2)n 愈大,即观测样本量愈多,则 s_0 愈小,其预测的精度也相应地提高。

此外,依据概率论中 3σ 原则也可以得到简便的预测区间求法。在样本量较大的情况下($n>30$),t 分布趋近于正态分布,即 $y_0 \sim N(\hat{\beta}_0 + \hat{\beta}_1 x_0, s_0^2)$。因而由 3σ 原则,可以得到预测区间:

$$\left.\begin{aligned} P(y_0 - s_0 < \hat{y}_0 < y_0 + s_0) &= 0.682 \\ P(y_0 - 2s_0 < \hat{y}_0 < y_0 + 2s_0) &= 0.954 \\ P(y_0 - 3s_0 < \hat{y}_0 < y_0 + 3s_0) &= 0.997 \end{aligned}\right\} \tag{10-27}$$

10.1.5 案例分析

例 10-1 表 10-2 为某机场历年乘客流量统计结果,利用历年统计数据建立预测模型并预测该机场 1990 年乘客流量。

某机场历年乘客流量统计(百万人)　　表 10-2

年份	乘客	年份	乘客	年份	乘客
1969	20.43	1975	31.05	1981	42.97
1970	22.65	1976	34.13	1982	43.39
1971	25.1	1977	34.81	1983	45.87
1972	27.82	1978	39.82	1984	50.9
1973	30.11	1979	43.15	1985	53.36
1974	29.07	1980	42.57		

以乘客流量统计年份为横坐标,以乘客数为纵坐标得到历年乘客与年份散点图(图 10-2)。由图 10-2 可以发现,历年乘客流量几乎成一条直线。因此,考虑建立一元线性回归模型拟合观测数据。

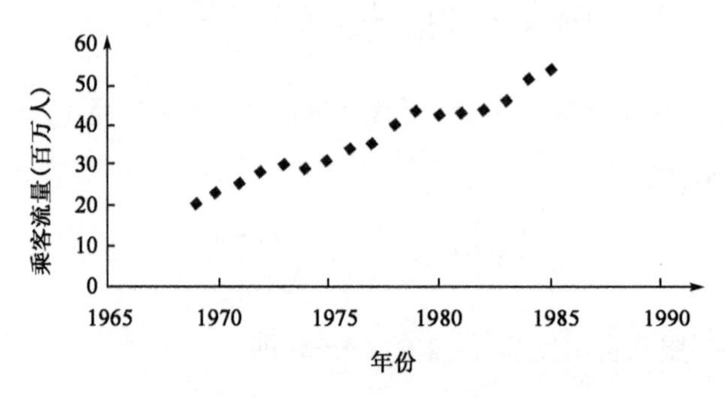

图 10-2　历年乘客流量散点图

即考虑模型:

$$y = \beta_0 + \beta_1 x + \varepsilon$$

其中,y 为乘客数,x = 观测年份 - 1960。根据观测数据得到回归模型:

$$y = 3.5771 + 1.9252x$$

$R^2 = 0.976$,回归标准差 $s_y = 1.58$,$s_y/\bar{y} = 0.044 < 15\%$,平均绝对百分比误差为3.42%,最大绝对百分比误差为6.94%。模型预测拟合效果较好。某年该机场乘客流量可用以下公式预测:

$$乘客数 = 3.5771 + 1.9252 \times (目标年 - 1960)$$

因而 1990 年的乘客流量预测值为:$3.5771 + 1.9252 \times (1990 - 1960) = 61.33$(百万人)。

§10.2　多元线性回归模型

一元线性回归模型是应用两个变量间的线性关系来达到预测的目的。但实际中,一个变量的变化往往受多个因素的影响,例如城市住宅区交通出行的产生可能与小区大小(建筑面积)、小区人口数、小区职工数等多个因素有关。在这种情况下,需要应用多元线性回归模型。

10.2.1　多元线性回归模型

假设某一变量 y 受 $x_1, x_2, \cdots, x_p$ 影响,并具有以下线性关系

$$y = \beta_0 + \beta_1 x_1 + \beta_2 x_2 + \cdots + \beta_p x_p + \varepsilon \tag{10-28}$$

式中,β_0 为回归常数;$\beta_j(j=1,2,\cdots,p)$为未知的常数,称为回归系数;ε 是误差项,并假设 $E(\varepsilon)=0, Var(\varepsilon)=\sigma^2$,称式(10-28)为多元线性回归模型。

对 y 与 $x_1,x_2,\cdots,x_p$ 的 n 组观测数据,可以把它们写成 $n(p+1)$排列形式,如表10-3所示。

观测数据表 表10-3

观测序号	y	x_1	x_2	x_3	$\cdots$	x_p
1	y_1	x_{11}	x_{12}	x_{13}	$\cdots$	x_{1p}
2	y_2	x_{21}	x_{22}	x_{23}	$\cdots$	x_{2p}
$\vdots$	$\vdots$	$\vdots$	$\vdots$	$\vdots$		$\vdots$
n	y_n	x_{n1}	x_{n2}	x_{n3}	$\cdots$	x_{np}

表中 x_{ij} 为第 j 个自变量 x_j 的观测第 i 个观测值;每行为一个观测,每列是一个变量的全部观测值。把它们代入式(10-28)中,则有:

$$\begin{cases} y_1=\beta_0+\beta_1x_{11}+\beta_2x_{12}+\cdots+\beta_px_{1p}+\varepsilon_1 \\ y_2=\beta_0+\beta_1x_{21}+\beta_2x_{22}+\cdots+\beta_px_{2p}+\varepsilon_2 \\ \qquad\vdots \\ y_n=\beta_0+\beta_1x_{n1}+\beta_2x_{n2}+\cdots+\beta_px_{np}+\varepsilon_n \end{cases} \tag{10-29}$$

其中,$\varepsilon_k(k=1,2,\cdots,n)$表示第 k 次观测误差,相互独立服从正态分布 $N(0,\sigma^2)$。记式(10-29)解为 $\hat{\beta}=(b_0,b_1,b_2,\cdots,b_p)^{\mathrm{T}}$ 并代入式(10-28),可得到回归模型(经验回归模型):

$$\hat{y}=b_0+b_1x_1+b_2x_2+\cdots+b_px_p \tag{10-30}$$

因此,当给定 $x_1,x_2,\cdots,x_p$ 的一组取值时,就可用式(10-30)预测 y 值。

多元线性回归方程也可以写成矩阵形式:

$$Y=\begin{pmatrix} y_1 \\ y_2 \\ \vdots \\ y_n \end{pmatrix}$$

$$X=\begin{pmatrix} 1 & x_{11} & x_{12} & \cdots & x_{1p} \\ 1 & x_{21} & x_{22} & \cdots & x_{2p} \\ \vdots & \vdots & \vdots & & \vdots \\ 1 & x_{n1} & x_{n1} & \cdots & x_{np} \end{pmatrix}$$

$$\beta=\begin{pmatrix} \beta_0 \\ \beta_1 \\ \vdots \\ \beta_p \end{pmatrix}$$

$$E=\begin{pmatrix} \varepsilon_1 \\ \varepsilon_2 \\ \vdots \\ \varepsilon_n \end{pmatrix}$$

则式(10-29)可用矩阵形式表示为：

$$Y = X\beta + E \tag{10-31}$$

10.2.2 参数估计及其性质

多元线性回归模型参数估计仍可应用最小二乘法求解。根据最小二乘法原理，β 的最小二乘估计 $\hat{\beta}$ 满足：

$$\min S(\beta) = \sum_{k=1}^{n} e_k^2 = (Y - X\beta)^{\mathrm{T}}(Y - X\beta) \tag{10-32}$$

由极值原理和向量求导法则可得：

$$\left.\frac{\partial S(\beta)}{\partial \beta}\right|_{\beta=\hat{\beta}} = -2X^{\mathrm{T}}Y + 2X^{\mathrm{T}}X\hat{\beta} = 0 \tag{10-33}$$

一般情况下，总是假设观测样本数大于自变量个数，即 $n > p$，并假设 $(X^{\mathrm{T}}X)^{-1}$ 存在，则有

$$\hat{\beta} = (X^{\mathrm{T}}X)^{-1}X^{\mathrm{T}}Y \tag{10-34}$$

其中，$(X^{\mathrm{T}}X)^{-1}$ 为 $(X^{\mathrm{T}}X)$ 的逆矩阵，X^{T} 为 X 的转置矩阵，并且满足：

$$E(\hat{\beta}) = \beta \tag{10-35}$$

$$Cov(\hat{\beta}) = \sigma^2(X^{\mathrm{T}}X)^{-1} \tag{10-36}$$

容易进一步验证：

$$E(e_i) = E(y_i - \hat{y}_i) = 0$$

$$E\left(\sum_{i=1}^{n} e_i^2\right) = \sum_{i=1}^{n} E(y_i - \hat{y}_i)^2 = (n - p - 1)\sigma^2$$

所以

$$s^2 = \frac{\sum_{i=1}^{n}(y_i - \hat{y}_i)^2}{n - p - 1} \tag{10-37}$$

为 σ^2 的无偏估计，在实际应用中，可用 s^2 估计 σ^2。

10.2.3 模型假设检验

1)回归方程的显著性检验

把总偏差平方和分解为回归平方和与残差平方和，即

$$\sum(y_i - \bar{y})^2 = \sum(y_i - \hat{y}_i)^2 + \sum(\hat{y}_i - \bar{y})^2 \tag{10-38}$$

其中，$TSS = \sum(y_i - \bar{y})^2$ 为总偏差平方和，$ESS = \sum(\hat{y}_i - y_i)^2$ 为残差平方和，$RSS = \sum(\hat{y}_i - \bar{y})^2$ 为回归平方和。模型显著性检验是要检验因变量 y 与自变量 $x_1, x_2, \cdots, x_m$ 之间是否有线性关系，即要检验假设 $H_0: \beta_1 = \beta_2 = \cdots = \beta_p = 0$ 是否成立。和一元线性回归模型一样，构造 F 统计量：

$$F = \frac{RSS/p}{ESS/(n - p - 1)} \tag{10-39}$$

在模型假设 $H_0: \beta_1 = \beta_2 = \cdots = \beta_p = 0$ 成立的条件下，F 统计量服从第一自由度为 p，第二自由度为 $(n-p-1)$ 的 F 分布，即：

$$F \sim F(p, n - p - 1) \tag{10-40}$$

F 检验步骤：

(1)计算 F 值；

(2)对给定的显著性水平 α，查 F 分布表，得到临界值 $F_\alpha(p,n-p-1)$；

(3)判断。若 $F>F_\alpha(p,n-p-1)$ 则否定原假设 H_0，认为变量间存在显著的线性关系，模型通过检验；反之，若 $F<F_\alpha(p,n-p-1)$，则接受原假设 H_0，即模型自变量不能很好地解释因变量变化情况。

实际应用中还经常遇到这样的情况：是否有必要把某些变量考虑在模型中。该问题可阐述如下：

模型1：$y=\beta_0+\beta_1x_1+\beta_2x_2+\cdots+\beta_qx_q+\beta_{q+1}x_{q+2}\cdots+\beta_px_p+\varepsilon$。

模型2：$y=\beta_0+\beta_1x_1+\beta_2x_2+\cdots+\beta_qx_q+\varepsilon$。

模型1比模型2多引入了 $p-q(q>0)$ 个自变量：$x_{q+1},x_{q+2},\cdots,x_p$，引入的变量是否能提高模型的拟合优度。问题归结为检验假设

$$H_0:\beta_{q+1}=\beta_{q+2}=\cdots=\beta_p=0$$

该问题检验与 F 检验步骤类似。步骤如下：

(1)将所有变量 $x_1,x_2,\cdots,x_q,x_{q+1},\cdots,x_p$ 引入回归方程，并计算回归平方和 $RSS(x_1,\cdots,x_q,\cdots,x_p)$、残差平方和 $ESS(x_1,\cdots,x_q,\cdots,x_p)$。

(2)从回归方程中剔除变量 $x_{q+1},x_{q+2},\cdots,x_p$ 后，用余下的变量 $x_1,x_2,\cdots,x_q$ 重新建立回归方程并计算回归平方和 $RSS(x_1,x_2,\cdots,x_q)$；计算偏回归平方和 $RSS^*=RSS(x_1,\cdots,x_q,\cdots,x_p)-RSS(x_1,\cdots,x_q)$。偏回归平方和反映了自变量 $x_{q+1},x_{q+2},\cdots,x_p$ 对回归模型的贡献大小。

(3)构造检验统计量。

$$F^*=\frac{RSS^*/(p-q)}{ESS/(n-p-1)} \tag{10-41}$$

在模型假设 $H_0:\beta_{q+1}=\beta_{q+2}=\cdots=\beta_p=0$ 成立的条件下，F^* 服从第一自由度为 $p-q$，第二自由度为 $n-p-1$ 的 F 分布，即

$$F^*\sim F(p-q,n-p-1) \tag{10-42}$$

特别是当 $q=p-1$ 时，问题归结为检验单个自变量对模型贡献是否显著。

2)回归系数显著性检验

前面讨论了回归模型所有自变量对回归方程的总体效果，即回归模型的显著性检验。但是在实际应用中，模型显著并不意味着每个自变量 $x_1,x_2,\cdots,x_p$ 对因变量 y 之间都存在着显著线性关系。常常有这样的情况，在 m 个自变量中只有 $(g<p)$ 个变量与 y 存在显著的线性关系时，回归模型仍然显著，换句话说，在拒绝全部回归系数等于零的假设 $H_0:\beta_1=\beta_2=\cdots=\beta_p=0$ 的同时，并不拒绝其中有少数几个 β_i 等于零。如果某个变量 x_i 的系数 β_i 与0无显著不同，则该变量的变化对解释因变量 y 的变化没有帮助，可以考虑将其剔除。因此，需要对 $\beta_i(i=1,2,\cdots,p)$ 逐一检验，即检验假设 $H_0:\beta_i=0(i=1,2,\cdots,p)$。该假设可通过计算各回归系数的 t 值得到检验。检验步骤如下：

(1)构造原假设：$H_0:\beta_i=0$。

(2)计算回归系数 β_i 的 t 值。

$$t_i=\frac{b_i}{s_{b_i}},i=1,2,\cdots,p \tag{10-43}$$

其中，b_i 为 β_i 的估计值，s_{b_i} 为 b_i 的标准差，$s_{b_i}=\sqrt{s^2C_{ii}}$，其中，C_{ii} 为 $(X^TX)^{-1}$ 对角线上第 i

个元素，$s^2=\frac{\sum_{i=1}^{n}e_i^2}{n-p-1}=\frac{\sum_{i=1}^{n}(y_i-\hat{y}_i)^2}{n-p-1}$。可以证明 t_i 服从自由度为 $n-p-1$ 的 t 分布，即

$$t_i=\frac{b_i}{S_{b_i}}\sim t_{n-p-1} \tag{10-44}$$

对给定的显著水平 α，$0<\alpha\leqslant 1$，从 t 分布表中查得与 α 相对应的 $t_{n-p-1,\alpha/2}$。

(3) 判断。

若 $|t|>t_{n-p-1,\alpha/2}$，则应该拒绝原假设，即 $\beta_i\neq 0$，认为变量 x_i 对 y 的影响是显著的。

若 $|t|\leqslant t_{n-p-1,\alpha/2}$，则不应拒绝原假设 $\beta_i=0$，即自变量 x_i 对 y 的影响是不显著的。

需要指出的是，回归系数 t 检验没有通过时，要分析其中的原因，该自变量是否事实上对因变量无影响，或是不自变量之间存在共线性。此外，从回归模型中剔除一个变量后，譬如剔除 x_i，需要用余下的 $p-1$ 自变量对因变量 y 重新建立回归模型，给出参数估计，并对新模型的回归系数逐个进行检验，直到余下的回归系数都显著时为止。

3）拟合优度检验

对多元回归模型判定系数 R^2 定义为：

$$R^2=\frac{\sum(\hat{y}_i-\overline{y})^2}{\sum(y_i-\overline{y})^2}=1-\frac{\sum(y_i-\hat{y}_i)^2}{\sum(y_i-\overline{y})^2} \tag{10-45}$$

由式(10-45)可知，判定系数和一元回归模型中定义的判定系数形式相同，但是自变量的增加可能使回归平方和增加，而导致判定系数 R^2 增加。因此，对一元回归模型定义的判定系数 R^2，在多元的情况下需要修正其对自变量依赖的影响。定义：

$$\overline{R}^2=1-\frac{\sum(y_i-\hat{y}_i)^2/(n-p-1)}{\sum(y_i-\overline{y})^2/(n-1)} \tag{10-46}$$

$\overline{R}^2$ 称为修正的判定系数。当回归模型对观测数据拟合的越好，则式(10-46)右边的分式中分子越小，从而 $\overline{R}^2$ 越大。R^2 和 $\overline{R}^2$ 都反映了模型的拟合优度，在应用中两者可结合使用来说明回归效果。

由式(10-39)和式(10-45)可以得到 F 统计量和判定系数 R^2 的关系：

$$F=\frac{n-p-1}{p}\frac{R^2}{1-R^2} \tag{10-47}$$

两者从不同的角度对回归模型加以检验。F 检验是检验自变量 $x_1,x_2,\cdots,x_p$ 和因变量 y 之间是否存在显著的线性关系；R^2 是通过测定由于引入自变量总的偏差平方和减少的比例。式(10-47)给出了 F 和 R^2 的关系，由其可以回答 R^2 值多大时才有显著的回归效果。对给定的显著水平 α，F 对应的临界值 F_α，则 $R^2\geqslant\frac{pF_\alpha}{(n-p-1)+pF_\alpha}$时，回归效果显著。

10.2.4 预测置信区间

假设预测点为$(x_{01},x_{02},\cdots,x_{0p},y_0)$，可计算 y_0 的预测值

$$\hat{y}_0=b_0+b_1x_{01}+b_2x_{02}+\cdots\cdots b_px_{0p}=x_0\hat{\beta} \tag{10-48}$$

其中，$x_0=(1,x_{01},x_{02},\cdots,x_{0p})$（注意 $\hat{y}_0$ 为 $y_1,y_2,\cdots,y_n$ 的线性函数且不含 y_0，y_0 与 $\hat{y}_0$ 是独立的）。预测误差为 $e_0=\hat{y}_0-y_0$，并满足：

(1)$E(e_0)=0$。

$Var(e_0)=Var(\hat{y}_0)+Var(y_0)=\sigma^2+\sigma^2 x_0(X^{\mathrm{T}}X)^{-1}x_0^{\mathrm{T}}=\sigma^2[1+x_0(X^{\mathrm{T}}X)^{-1}x_0^{\mathrm{T}}]$

(2)$(\hat{y}_0-y_0)\sim N(0,\sigma^2[1+x_0(X^{\mathrm{T}}X)^{-1}x_0^{\mathrm{T}}])$。

由条件(1)可得到预测误差 e_0 的方差估计:$s_0^2=s^2(1+x_0(X^{\mathrm{T}}X)x_0^{\mathrm{T}})$,其中 $s^2=\frac{1}{n-p-1}\sum_{i=1}^{n}(y_i-\hat{y}_i)^2$ 为 σ^2 的无偏估计,并且:

$$t=\frac{\hat{y}_0-y_0}{s_0}\sim t_{n-p-1} \tag{10-49}$$

可由式(10-49)构造置信水平为 $1-\alpha$ 的 y_0 预测区间

$$(\hat{y}_0-t_{n-p-1,\alpha/2}S_0,\hat{y}_0+t_{n-p-1,\alpha/2}S_0) \tag{10-50}$$

其中,$t_{n-p-1,\alpha/2}$是自由度为$(n-p-1)$的 t 分布 $\alpha/2$ 分位点。同样,当样本量较大时($n>30$),t 分布趋近于正态分布,即 $y_0\sim N(\hat{y}_0,s_0^2)$,则可以应用 3σ 原则可以确定预测区间。

10.2.5 自变量的选择

在建立回归模型时,由于不能具体确定哪些因素影响是显著的,往往列出许多认为对研究对象有影响的因素。但实际上,其中一部分因素的影响不大或根本没有影响。因此,有必要对进入模型的自变量加以选择,从中选择出对因变量影响显著的变量子集。这不仅可以简化模型,节省运算时间;同时还会降低自变量之间的共线性问题,提高模型精度。

1)自变量选择的几个准则

(1)拟合优度准则

当模型中自变量个数增加时,判定系数 R^2 会增加。但是自变量个数增加同时,残差平方和自由度减小,从而使得模型预测区间幅度变大,降低了模型预测可靠性。可考虑修正判定系数 $\overline{R}^2$:

$$\overline{R}^2=1-\frac{n-1}{n-p}(1-R^2) \tag{10-51}$$

容易验证 $\overline{R}^2\leqslant R^2$,但是随着自变量个数的增加 $\overline{R}^2$ 并不一定增大,并且当所增加的自变量对 y 影响不显著时,$\overline{R}^2$ 反而可能会减小。因此,可选择 $\overline{R}^2$ 最大时对应的回归方程作为最优回归方程。

(2)平均残差平方和最小原则

对式(10-29),平均残差平方和为:

$$s_p^2=\frac{\sum(y_i-\hat{y}_i)^2}{n-p-1} \tag{10-52}$$

其中,因子$\frac{1}{n-p-1}$随着自变量个数 p 的增加而增加,体现了对自变量个数的增加而施加的"惩罚"。用 s_p^2来选择回归方程自变量,结果是 s_p^2最小者对应的回归子集为最优的。

(3) AIC 准则

AIC 准则又称 AIC 信息量准则(Akaike Information Criterion, 简称 AIC)是日本统计学家 Akaike(赤池)于 1974 年提出的一种较为一般的模型选择准则。

假设原模型有 m 个自变量,考虑选择其中 p 个自变量,定义 AIC 信息量

$$AIC=n\ln(ESS_p)+2p \tag{10-53}$$

其中，ESS_p 为由 p 个自变量计算得到的回归残差平方和。AIC 准则就是选择使 AIC 信息量达到最小的自变量子集。回归分析的建模过程中，对每个回归子集计算 AIC，其中 AIC 最小者所对应的模型是"最优"回归方程。

(4) C_p 准则

1964 年马勒斯从预测的角度提出用来选择自变量的统计量，就是常说的 C_p 统计量。假设最初建立回归模型中有 m 个自变量，拟选择其中 p 个自变量重新建立回归模型，并定义 C_p 统计量为：

$$C_p = \frac{ESS_p}{s^2} - (n - 2p) \tag{10-54}$$

其中 ESS_p 与式(10-53)中定义相同，s^2 为原模型误差方差 σ^2 估计。选择使 C_p 尽可能小的变量子集，这个变量子集对应的回归方程就是"最优"回归方程。

以上讨论了自变量选择准则。自变量的选择方法也有许多，如岭回归法、主成分回归法、向后(剔除)回归法、向前回归法、逐步回归方法等。下面对后三种方法做简单的介绍。

2) 向后、向前回归法与逐步回归法

向后(剔除)回归法原理：回归初始时，把所有的变量都包含在模型中，然后检查每个自变量对应的回归系数。如果所有回归系数显著不为 0(看 t 统计量)，则模型不能被简化；如果一个或多个是显著为 0(与给定的显著性水平 α 比较)，则将最显著的变量剔除，然后重新回归计算；重复上述步骤，直到没有自变量可以剔除为止。

向前回归法则和向后(剔除)回归法相反。其从最简单的模型开始 $y = \beta_0 + \varepsilon$，然后引入新的自变量(每步只引入一个变量)，根据式(10-41)计算引入变量的"贡献"。如果贡献不显著[对给定的显著性水平 α，$F^* \leqslant F_\alpha(1, n-3)$]，则该变量不进入模型；如果贡献显著[$F^* > F_\alpha(1, n-3)$]则该变量进入模型；然后考虑引入另一个变量。重复上述步骤，直至没有变量进入为止。应用向前回归方法时需要注意，模型中每引入一个新的变量，模型中参数增加一个，残差平方和损失一个自由度。

向后(剔除)回归法与向前回归法有一个明显的不足：一个自变量一旦被剔除出(或进入)模型，则不会再进入(或被剔除)模型。特别是，当自变量之间存在共线性时，应用这两种方法既使引入不同自变量(或自变量个数有差异)而模型判定系数 R^2 却变化不大。而逐步回归方法则克服了上述不足。

逐步回归法：逐步回归方法结合了向前和向后回归方法。首先应用向前回归法，开始时模型包含了最显著的变量 x_i；在第二步中如果 $RSS(x_j|x_i)$ 为显著的则引入新的变量 x_j，接着应用向后(剔除)回归法，检验 $RSS(x_i|x_j)$ 是否显著。如果 $RSS(x_i|x_j)$ 不显著，则 x_i 将从模型中剔除，并寻找另一变量 x_k，并检验 $RSS(x_k|x_j)$ 是否显著，如果显著则进入模型。如果 $RSS(x_i|x_j)$ 为显著的，则 x_i 与 x_j 保留在模型中，并继续寻找另一个变量。重复上述步骤直到没有变量可进入模型为止。

例 10-2 表 10-4 为一组实验观测数据。y 为消耗 1L 汽油行驶里程，x_1 为汽缸数，x_2 表示汽缸容积，x_3 为发动机马力，x_4 为汽车重量，x_5 为加速度大小，x_6 为发动机类型。用表中数据建立预测模型，分析消耗 1L 汽油行驶里程与这些变量的关系。

对表 10-4 中数据分别应用向前回归分析、向后回归分析与逐步回归的方法，结果如表 10-6 ~ 表 10-8 所示。

汽车油耗试验数据 表 10-4

y	x_1	x_2	x_3	x_4	x_5	x_6
16.9	8	350	155	4.360	14.9	1
15.5	8	351	142	4.054	14.3	1
19.2	8	267	125	3.605	15.0	1
18.5	8	360	150	3.940	13.0	1
30.0	4	98	68	2.155	16.5	0
27.5	4	134	95	2.560	14.2	0
27.2	4	119	97	2.300	14.7	0
30.9	4	105	75	2.230	14.5	0
20.3	5	131	103	2.830	15.9	0
17.0	6	163	125	3.140	13.6	0
21.6	4	121	115	2.795	15.7	0
16.2	6	163	133	3.410	15.8	0
20.6	6	231	105	3.380	15.8	0
20.8	6	200	85	3.070	16.7	0
18.6	6	225	110	3.620	18.7	0
18.1	6	258	120	3.410	15.1	0
17.0	8	305	130	3.840	15.4	1
17.6	8	302	129	3.725	13.4	1
16.5	8	351	138	3.955	13.2	1
18.2	8	318	135	3.830	15.2	1
26.5	4	140	88	2.585	14.4	0
21.9	6	171	109	2.910	16.6	1
34.1	4	86	65	1.975	15.2	0
35.1	4	98	80	1.915	14.4	0
27.4	4	121	80	2.670	15.0	0
31.5	4	89	71	1.990	14.9	0
29.5	4	98	68	2.135	16.6	0
28.4	4	151	90	2.670	16.0	0
28.8	6	173	115	2.595	11.3	1
26.8	6	173	115	2.700	12.9	1
33.5	4	151	90	2.556	13.2	0
34.2	4	105	70	2.200	13.2	0
31.8	4	85	65	2.020	19.2	0
37.3	4	91	69	2.130	14.7	0
30.5	4	97	78	2.190	14.1	0
22.0	6	146	97	2.815	14.5	0
21.5	4	121	110	2.600	12.8	0
31.9	4	89	71	1.925	14.0	0

对于向前回归要给定变量进入模型的显著水平(本次计算取0.10);而对向后回归则要设置变量保留在模型中的显著水平(取0.10);逐步回归则要对这两个值都要设置。由表10-6

可知,共有三个变量进入了模型,最先进入模型的是汽车重量 x_4,其次是汽缸容积 x_2,最后是发动机马力 x_3。因此,每升汽油汽车能行驶的公里数(相同的道路等条件下)主要受 x_4、x_2 与 x_3 三个变量的影响,受汽缸数 x_1、加速度 x_5、发动机类型 x_6 的影响则不大。应用向后回归法(表 10-6),首先被剔除的变量为加速度 x_5,其次是发动机类型 x_6,再后是汽缸数 x_1,最后剔除变量为发动机马力 x_3。即由向后回归法得到结论为:消耗 1L 汽油汽车行驶的公里数与 x_4 和 x_2 有关,与向前回归法得到的结果稍有不同。这主要是由于各个自变量之间存在很强的相关性(表 10-5),特别是 x_2、x_3 与 x_4 之间共线性关系较强。

逐步回归分析结果(表 10-8)与向前回归结果一致,因此,倾向于选择模型:

$$y = \beta_0 + \beta_2 x_2 + \beta_3 x_3 + \beta_4 x_4 + \varepsilon$$

从而得到预测模型:

$$\hat{y} = 58.12 - 0.0556 x_2 - 0.0067 x_3 - 12.722 x_4$$

变量之间的相关系数　　表 10-5

变量	y	x_1	x_2	x_3	x_4	x_5	x_6
y	1.000	-0.806	-0.786	-0.871	-0.903	-0.057	-0.498
x_1	-0.806	1.000	0.940	0.864	0.917	-0.129	0.831
x_2	-0.786	0.940	1.000	0.872	0.951	-0.143	0.775
x_3	-0.871	0.864	0.872	1.000	0.917	-0.253	0.720
x_4	-0.903	0.917	0.951	0.917	1.000	-0.034	0.667
x_5	-0.057	-0.129	-0.143	-0.253	-0.034	1.000	-0.310
x_6	-0.498	0.831	0.775	0.720	0.667	-0.310	1.000

向前回归结果　　表 10-6

步骤	常数	x_1	x_2	x_3	x_4	x_5	x_6	R^2	C_p
1	48.71				-8.365			0.816	28.57
2	57.89		0.055 7		-15.018			0.870	11.977
3	58.11		0.055 6	-0.066 7	-12.7216			0.882	10.067 5

向后(剔除)回归结果　　表 10-7

步骤	常数	x_1	x_2	x_3	x_4	x_5	x_6	R^2	C_p
0	65.87	-1.988	0.039 8	-0.138 5	-6.093	-0.479	4.190	0.90	7.00
1	60.19	-2.014	0.050 9	-0.097 2	-8.691		4.067	0.91	7.46
2	59.49	-0.891	0.067 1	-0.058 8	-12.516			0.87	10.34
3	58.11		0.0556	-0.066 7	-12.722			0.88	10.07
4	57.89		0.0557		-15.018			0.87	11.98

逐步回归分析结果　　表 10-8

步骤	常数	x_1	x_2	x_3	x_4	x_5	x_6	R^2	C_p
1	48.71				-8.365			0.81	28.6
2	57.89		0.055 7		-15.018			0.87	12.0
3	58.12		0.055 6	-0.006 7	-12.722			0.88	10.1

10.2.6 共线性诊断

多元线性回归预测模型参数估计常用最小二乘估计方法，要求$(X^{T}X)^{-1}$存在，即x_1，x_2，…，x_p之间不存在线性关系。实际上，在多数情况下，这种严格的线性关系是很少存在的，但是即使如此，当x_1，x_2，…，x_p之间相关程度较大时，β的估计$\hat{\beta}$较不稳定，由此得到的模型其预测能力较低，甚至出现与专业知识不符合的现象，所以有必要对模型的共线性加以诊断，并尽可能消除共线性的影响。

1）共线性表现

共线性表现主要有：

（1）自变量相关系数矩阵中，某些自变量之间相关系数绝对值较大；

（2）回归系数符号与专业知识不符合；

（3）回归方程检验不显著。

上述共线性表现可以帮助初步判断模型的合理性。一旦出现上述现象，则应进行共线性检查并考虑对模型加以改进。

2）共线性诊断

共线性诊断常用方法有条件数法与膨胀因子法。

（1）膨胀因子法

假设变量x_j与其他变量x_1，x_2，…，x_{j-1}，x_{j+1}，…，x_p不存在共线性关系，则x_j关于x_1，x_2，…，x_{j-1}，x_{j+1}，…，x_p回归判定系数R_j^2应该接近0，或者$1-R_j^2$应接近1。因此，当不存在共线性关系时，$1/(1-R_j^2)$不应该太大。

定义膨胀因子：

$$VIF_j=1/(1-R_j^2) \tag{10-55}$$

一般建议$VIF_j>10$，则表明存在很强的共线性关系。

（2）条件数法

记自变量观测值构成的矩阵X_1

$$X_1=\begin{pmatrix} x_{11} & x_{12} & \cdots & x_{1p} \\ x_{21} & x_{22} & \cdots & x_{2p} \\ \vdots & \vdots & & \vdots \\ x_{n1} & x_{n2} & \cdots & x_{np} \end{pmatrix}$$

假设$X_1^{T}X_1$的p个特征值依次为$\lambda_1\geqslant\lambda_2\geqslant\cdots\geqslant\lambda_p$。定义$k=\lambda_1/\lambda_p$，称$k$为$X_1$的条件数，其反映了共线性的严重程度。表10-9给出了条件数与共线性关系，可供参考。

条件数与共线性　　表10-9

k的取值	共线性程度	k的取值	共线性程度
$0<k\leqslant100$	无共线性	$k>1\,000$	严重共线性
$100<k\leqslant1\,000$	中等或较强的共线性		

例10-3　例10-2（续）分析表10-4列出的汽缸数、汽缸容积、发动机马力、汽车重量、加速度大小、发动机类型是否存在共线性关系。对表10-4中数据建立全回归模型：

$$y=\beta_0+\beta_1x_1+\beta_2x_2+\beta_3x_3+\beta_4x_4+\beta_5x_5+\beta_6x_6+\varepsilon$$

结果如表10-10所示，判定系数 $R^2=0.91$，$\bar{R}^2=0.89$。

全回归模型参数估计结果　　表10-10

参　数	估 计 值	t	$P(T>t)$
β_0	65.867 0	14.372	0.000 1
β_1	-1.987 8	-2.346	0.025 6
β_2	0.039 8	2.137	0.040 6
β_3	-0.138 5	-2.973	0.005 7
β_4	-6.093 0	-1.952	0.060 1
β_5	-0.479 3	-1.569	0.126 7
β_6	4.190 1	2.274	0.030 1

通过计算可求得 $X_1^TX_1$ 的特征值：

$\lambda_1=4.434\,0$，$\lambda_2=1.030\,2$，$\lambda_3=0.345\,9$，$\lambda_4=0.121\,6$，$\lambda_5=0.052\,4$，$\lambda_6=0.015\,9$。

因此，条件数为 $k=\lambda_1/\lambda_m=279$。参照表10-9给出的建议，可知自变量之间存在中等或较强的共线性关系。

3）共线性消除

消除共线性影响的方法有许多，但基本上可以分为两类：选择“最优”回归子集法，如前面介绍的逐步回归方法；另一类是通过选择合适的估计方法来修正估计结果，如岭回归方法、偏最小二乘回归法，主成分回归法等。后面一类中的几种方法已超越本书讨论的内容，有兴趣的同学可参阅相关书籍学习。

§10.3　建模过程中注意的几个问题

本节主要对一元线性回归模型和多元线性回归模型建模方法加以总结，以帮学生更好地在实践中掌握这门技术。一般而言，线性回归模型建模过程需要注意以下几个问题。

10.3.1　模型描述

确立模型的因变量和自变量。建模的第一步是根据已有的理论和经验确立模型中的影响因素（自变量）$x_1,x_2,\cdots,x_p$（因变量 y 一般根据研究需要确定），当没有理论可供借鉴时，则需要根据观测或调查数据给出的信息来确定。对于一元回归模型，可借助于散点图来判断或计算相关系数；对于多元回归模型，应用预测变量和影响因素之间的相关系数，把与研究因素不相关的影响因素剔除在模型之外。

建模过程中一个重要原则是简单化原则，即在其他条件相同的情况下，选择最简单的模型。因此，当预测精度和预测能力相同的条件下，能用一元回归模型则不用多元回归模型，在多元回归模型中尽量选择回归变量少的模型。

10.3.2　参数估计

对于线性回归模型，最常用的参数估计方法是最小二乘法，在假设影响因素相互独立、误差项独立同分布并服从正态分布条件下，得到的估计为无偏的，并且由此得到的模型是最优的

(平均残差平方和最小)。但是,当上述假设条件不满足时(如影响因素之间存在共线性或各误差项为异方差时),由最小二乘法得到的估计则不是最优的,需要考虑其他的估计方法或建模方法(如逐步回归),甚至需要数据变换。

10.3.3 模型诊断

模型对观测数据拟合是否充分是判断模型是否合理的一个基本条件。回归模型对数据拟合不充分可能有以下两个原因:

(1)模型不正确;

(2)模型假设不正确,特别是误差项独立同分布假设。

当因变量 y 和自变量 $x_1,x_2,\cdots,x_p$ 是非线性关系,而用线性模型拟合,会出现拟合不充分;当模型假设不满足时,特别是假设误差项独立同分布并服从正态分布与实际不符合,也会出现拟合不充分。

模型诊断的一个重要方法就是考察残差 $e_i=y_i-\hat{y}_i$。由于 e_i 描述了回归模型没能解释的部分,e_i 可以看作误差 ε_i 的估计。如果误差项假设正确,则 e_i 能很好地反映误差项假设分布特点。因此,可通过观察残差图初步诊断模型假设是否正确。常用残差图有三种:e_i 关于 $\hat{y}_i$ 的残差图,e_i 关于每个自变量 x_i 的残差图,e_i 关于 i 的残差图(适用于时间序列,i 为观测时间)。一般常用 e_i 关于 $\hat{y}_i$ 的残差图。当模型对观测数据拟合充分时,e_i 与 $\hat{y}_i$ 几乎是不相关的,残差图特点如图 10-3a)所示。

当选择的模型不正确时,可根据残差分布特点修改模型,例如,当残差图如图 10-3b)时则可考虑在模型中增加一个常数或一个自变量;当残差图如图 10-3c)时,则考虑是否增加高次项;当残差图如图 10-3d)时,表明方差线性增长,应采用加权回归。

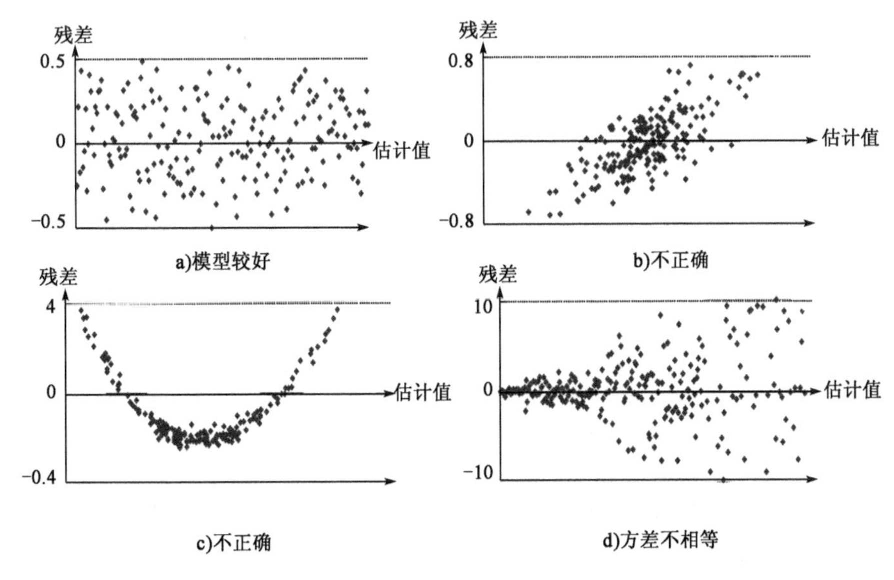

图 10-3 残差图

通过检查残差图,可以发现模型拟合是否充分,并且有助于考虑改进模型。

10.3.4 异方差问题

当 e_i 关于 $\hat{y}_i$ 残差图为一个“漏斗”形时,如图 10-3d)所示,则可判定各观测值误差方差不相等,与模型误差分布假设不一致。异方差会导致模型参数检验失效、参数估计方差增大、模型精度降低等问题。为此,可考虑应用加权最小二乘估计或数据变换。下面对这两种方法做简单介绍。

1)加权最小二乘估计

假设因变量每个观测值具有不同的误差方差,即线性模型：

$$Y = X\beta + E \tag{10-56}$$

误差协方差阵为：

$$Cov(E) = \sigma^2 \begin{bmatrix} w_1^{-1} & 0 & \cdots & 0 \\ 0 & w_2^{-1} & \cdots & 0 \\ \vdots & \vdots & & \vdots \\ 0 & 0 & \cdots & w_N^{-1} \end{bmatrix} \tag{10-57}$$

记：

$$\Gamma = \begin{bmatrix} w_1 & 0 & \cdots & 0 \\ 0 & w_2 & \cdots & 0 \\ \vdots & \vdots & & \vdots \\ 0 & 0 & \cdots & w_N \end{bmatrix} \tag{10-58}$$

$$\Gamma^{1/2} = \begin{bmatrix} \sqrt{w_1} & 0 & \cdots & 0 \\ 0 & \sqrt{w_2} & \cdots & 0 \\ \vdots & \vdots & & \vdots \\ 0 & 0 & \cdots & \sqrt{w_N} \end{bmatrix} \tag{10-59}$$

则：

$$Cov(E) = \sigma^2 \Gamma^{-1}$$

令：

$$\Gamma^{1/2} Y = \Gamma^{1/2} X\beta + E' \tag{10-60}$$

其中,$E' = \Gamma^{1/2} E$,并且 $Cov(E') = \Gamma^{1/2} Cov(E) \Gamma^{1/2} = \sigma^2 \Gamma^{1/2} \Gamma \Gamma^{1/2} = \sigma^2 I$。即：

$$Cov(E') = \sigma^2 \begin{bmatrix} 1 & 0 & \cdots & 0 \\ 0 & 1 & \cdots & 0 \\ \vdots & \vdots & & \vdots \\ 0 & 0 & \cdots & 1 \end{bmatrix}$$

变换后的式(10-60)方差是相同的,可求其最小二乘估计。但与变换前相比,其最小化目标函数具有以下形式：

$$Q^* = \sum_{k=1}^{N} w_k \varepsilon_k^2 = \sum_{k=1}^{N} w_k [y_k - (\beta_0 + \beta_1 x_{k1} + \beta_2 x_{k2} + \cdots + \beta_m x_{km})]^2 \tag{10-61}$$

式(10-61)称为加权最小二乘法。并由此得到的估计称为加权最小二乘估计。容易验证参数估计为：

$$\hat{\beta}^* = (X^{\mathrm{T}} \Gamma^{1/2} \Gamma^{1/2} X)^{-1} X^{\mathrm{T}} \Gamma^{1/2} \Gamma^{1/2} Y = (X^{\mathrm{T}} \Gamma X)^{-1} X^{\mathrm{T}} \Gamma Y \tag{10-62}$$

由上面的论述可知,加权最小二乘估计弥补了最小二乘估计的不足(误差方差不相等),并且加权最小二乘估计仍具有无偏性等优良性质。

2) Box-Cox 变换

当误差不服从正态分布假设时,可考虑对数据应用 Box-Cox 变换:

$$w(\lambda)=\begin{cases}(y^{\lambda}-1)/\lambda, & \lambda\neq 0\\ \ln(y), & \lambda=0\end{cases} \tag{10-63}$$

特别的,当 λ 取值为$\frac{1}{2}$、-1、0 时,则相应对应着平方根、倒数、对数变换。因此,该变换包含了常用变换形式。上述变换基本思想是:适当选取 λ,使 $w(\lambda)$ 服从或近似服从正态分布。Box-Cox 变换不仅可以处理观测误差非正态分布,还可以处理异方差、回归函数非线性、观测样本不独立等问题。

10.3.5 回归模型中的"非线性"变量

线性回归模型假设各个自变量对因变量的影响是线性的。但是,有时自变量却是以非线性形式对因变量影响的;还有一种情形,有些影响变量为非连续变量,如一个家庭中的人数、拥有小汽车数等;此外,有些变量则是属性变量,如人的性别,是否就业等。对于上述情况可以应用下面介绍的方法。

1) 定义新变量

当自变量对因变量的影响是非线性的,例如某公路上观测到的车流速度 y 与流量 x 近似的满足以下关系:

$$y=\beta_0+\beta_1x_1+\beta_2x^2+\varepsilon$$

则在建立模型时,可重新定义变量:$x_1=x, x_2=x^2$,则上述模型可以表示为:

$$y'=\beta_0+\beta_1x_1+\beta_2x_2+\varepsilon$$

同样,当模型中需要引入高次项时,如 x^d(d 为一整数),则可以定义 $x_d=x^d$。对于更加复杂的情况,可参阅下一章节"非线性回归预测方法"内容。

2) 哑元变量

当影响变量为非连续或属性变量时,常应用引入哑元变量的方法来分析其对因变量的影响。

例 10-4 假设分析收入 x_1 对无小汽车家庭出行次数 y 的影响,并假设每个家庭最多拥有两辆车,则每个家庭拥有车辆情况只能是:0,1 或 2 其中一种。

定义哑元变量:

$$z_1=\begin{cases}1, & \text{该家庭有一辆车}\\ 0, & \text{其他}\end{cases}$$

$$z_2=\begin{cases}1, & \text{该家庭有两辆车}\\ 0, & \text{其他}\end{cases}$$

建立线性回归方程如下:

$$y=\beta_0+\beta_1x_1+\beta_2z_1+\beta_3z_2+\varepsilon$$

假设由观测数据得到的回归方程为:

$$y=1.04+1.21x_1+0.78z_1+3.26z_2$$

则对无小汽车家庭($z_1=z_2=0$),出行次数和收入关系为:

$$y=1.84+1.21x_1$$

同样,可以分析家庭有一辆小汽车和两辆小汽车的情况。

10.3.6 模型精度的度量

建立回归模型主要目的是用于预测。因此,还要对模型预测精度加以分析。预测精度度量指标一般有以下几种。

1)回归标准差

回归标准差定义为:

$$s_y=\sqrt{\frac{\sum_{i=1}^{n}(y_i-\hat{y}_i)^2}{n-2}} \tag{10-64}$$

s_y 越接近于0,说明模型可靠程度越高;s_y 越大,模型偏离观测值越大,预测可靠性越差。因此,在评价预测模型的优劣时,往往寻求回归标准差较小的。在实际应用中,s_y 到底要求多大,是个很难把握的问题,常用回归标准差和观测值的均值比,即$\frac{s_y}{|\bar{y}|}$来直观判断。一般的,当$\frac{s_y}{|\bar{y}|}<15\%$时,可以认为模型预测精度较高。

2)平均绝对误差

平均绝对误差考虑了所有观测值和估计值之间偏差的绝对值。其计算公式为:

$$MAE=\sum_{i=1}^{n}\frac{|e_i|}{n} \tag{10-65}$$

由平均绝对误差可以引申出平均误差,即所有观测值和估计值之间的偏差平均值。但是,平均误差往往会出现正负值抵消,从而缩小了平均误差。而平均绝对误差则避免了这一问题,因而能够很好地反映预测的精度。

3)均方误差

均方误差公式为:

$$MSE=\sum_{i=1}^{n}\frac{e_i^2}{n} \tag{10-66}$$

均方误差和平均绝对误差一样,能很好地反映预测的精度。但是,由于引入了平方项 e_i^2,使得其比平均绝对误差对波动更敏感。

4)误差标准差

误差标准差计算如下:

$$SDE=\sqrt{\frac{\sum_{i=1}^{n}e_i^2}{n-1}} \tag{10-67}$$

误差标准差和平均绝对误差一样,可以很好地反映预测精度。

5)百分比误差

百分比误差定:

$$PE_i = \left(\frac{y_i - \hat{y}_i}{y_i}\right) \cdot 100\% \tag{10-68}$$

百分比误差考察了误差相对于观测值大小,是相对度量。它要求对每个观测值都要计算百分比误差,但实际应用时,可以只考虑绝对值最大的百分比误差$\left|\frac{y_i - \hat{y}_i}{y_i}\right| \cdot 100\%$,当其较小时(如≤10%),则可认为模型预测精度较高。

6)平均绝对百分比误差

平均绝对百分比误差:

$$MAPE = \frac{\sum_{i=1}^{n} |PE_i|}{n} \tag{10-69}$$

还可以计算平均百分比误差:

$$MPE = \frac{\sum_{i=1}^{n} PE_i}{n} \tag{10-70}$$

但是,平均百分比误差会存在正负抵消的问题,在应用该指标时,应当谨慎。而平均绝对百分比误差则不存在这个问题。

上面介绍了几种预测精度度量指标。其中,百分比误差、平均百分比误差和平均绝对百分比误差是对预测精度的相对度量,其对预测模型精度的度量要比回归标准差、平均绝对误差和误差平方和更直接。

在实际预测中,可以根据预测精度大小来评价预测模型的优劣,并选择合适的预测模型。但需要指出的是,预测精度、模型假设检验和模型预测能力是有着区别的。模型假设检验可以用来判定模型是否可以用来拟合历史数据;精度分析则是模型对历史数据拟合效果的一个度量;而模型的预测能力则往往不能简单通过历史数据来说明。由于预测对象是未来还没有发生的一种状态,不能应用未来数据来分析模型的预测能力,一个很直接的方法是:把一部分观测数据用来估计模型参数,而余下部分数据用作模型预测能力的评价,通过模型预测值和这部分实际数据进行对比分析(精度分析),从而判定模型的预测能力。

例 10-5 表 10-1 共给出了 20 对观测值。每次应用其中 19 对观测值来估计模型参数,而用余下的 1 对观测值与预测值比较,来分析模型的预测能力。表 10-11 中第 1 行是用其余 19 对观测值对模型拟合结果。得到回归方程为:

$$y = 1.609 + 0.030x$$

其中,y 为旅行时间,x 为旅行距离。判定系数 $R^2 = 68\%$,把估计点 $x = 130$,代入回归方程,求得预测值为 $\hat{y} = 5.54$(实际值为 $y = 5.20$),预测误差为 $e = 5.20 - 5.54 = -0.34$。同样,对其他观测重复上述过程,结果如表 10-11 所示。

Jack-knife 刀切法预测结果 表 10-11

x	y	$\hat{a}$	$\hat{b}$	R^2(%)	$\sum e^2/17$	$\hat{y}$	$e = y - \hat{y}$	e^2
130	5.2	1.609	0.030	68.000	0.177	5.540	-0.340	0.116
80	3.7	1.759	0.028	72.000	0.176	4.030	-0.330	0.109
65	3.5	1.754	0.028	70.000	0.182	3.600	-0.100	0.010

续上表

x	y	$\hat{a}$	$\hat{b}$	$R^2(\%)$	$\Sigma e^2/17$	$\hat{y}$	$e=y-\hat{y}$	e^2
105	4.7	1.729	0.029	70.000	0.182	4.730	-0.030	0.001
91	4.1	1.729	0.029	71.000	0.179	4.340	-0.240	0.058
73	3.9	1.722	0.029	71.000	0.182	3.810	0.090	0.008
61	4.3	1.512	0.031	78.000	0.138	3.380	0.920	0.846
123	6.1	2.071	0.024	67.000	0.127	5.000	1.100	1.210
77	3.3	1.801	0.028	73.000	0.158	3.970	-0.670	0.449
96	4.3	1.722	0.029	71.000	0.180	4.490	-0.190	0.036
48	2.8	1.866	0.027	67.000	0.176	3.170	-0.370	0.137
100	4.9	1.769	0.028	70.000	0.176	4.560	0.340	0.116
77	4.4	1.684	0.029	73.000	0.169	3.900	0.500	0.250
68	3.4	1.788	0.028	70.000	0.178	3.700	-0.300	0.090
52	3.7	1.552	0.030	73.000	0.166	3.130	0.570	0.325
99	4.4	1.718	0.029	71.000	0.181	4.570	-0.170	0.029
86	4.1	1.736	0.029	71.000	0.182	4.190	-0.090	0.008
94	3.9	1.707	0.029	74.000	0.166	4.450	-0.550	0.303
73	3.9	1.722	0.029	71.000	0.182	3.810	0.090	0.008
57	3.3	1.753	0.028	69.000	0.182	3.370	-0.070	0.005
							0.150	4.105

可以发现，预测总误差为0.150，平均误差为0.008（=0.150/20）。而预测误差方差为0.228（=4.105/18）。而由全部数据（20对观测值）得到的回归方程为：

$$y=0.0285x+1.734$$

其$R^2=71\%$，预测均方误差为0.173。因此，这两种情况下得到的结果是有区别的。这个区别可以理解为，对于用部分数据得到的结果，是用来评价模型预测能力的，而用全部观测值得到的模型是用于预测的。但是，当两种预测得到的结果差别很大时，应值得注意。

思　考　题

1. 一元线性回归与多元线性回归分析方法区别与联系？
2. 回归分析中的假设检验问题有哪些？
3. 如何诊断并消除多元回归分析中共线性的影响？

第11章 广义线性回归模型

§11.1 引 言

前面介绍的一元线性回归分析和多元线性回归分析统称为线性回归分析。可以统一表示为：

$$Y_i = \beta_0 + \beta_1 x_{i1} + \beta_2 x_{i2} + \cdots + \beta_k x_{ik} + \varepsilon_i, \quad i = 1,2,\cdots,n \tag{11-1}$$

式中，y_i 为因变量的第 i 个观测样本，$\beta_0, \beta_1, \cdots, \beta_k$ 为未知参数。模型要满足以下假设：

(1)因变量 Y 为连续变量，且服从正态分布；

(2)误差项均值为0：$E(\varepsilon_i) = 0, i = 1,2,\cdots,n$；

(3)误差方差为等方差，即 $Var(\varepsilon_i) = \sigma^2, i = 1,2,\cdots,n$；

(4)ε_i 相互独立，$Cov(\varepsilon_i, \varepsilon_j) = 0, i \neq j$。

受上述假设条件的限制，线性回归模型在解决某些问题时存在明显的不足，特别是不适用于解决以下几类问题：

(1)假设因变量服从正态分布可能并不合理，例如对于某个路段上一段时期内发生的事故数。这些观测结果可能是计数数据或离散数据，其分布往往不能用连续型变量表示；

(2)假设所有观测的误差方差相等，在一些场合下是不合适的。例如，当路段事故数服从泊松分布时，方差随着事故数均值的增加而增加，随观测数据的增加而变大，这显然不满足模型假设；

(3)因变量取值限定在一定的范围内，如选择某种出行方式的比例，其值只能在0～1之间，但用线性回归模型进行预测时，预测值可以取任何值，会超过因变量的实际值。

为了克服上述问题，有必要对线性回归模型进行改进，本章介绍的广义线性回归模型(GLM：Generalized linear model)就是其中一种拓展。

§11.2 广义线性回归模型

11.2.1 广义线性回归模型

广义线性回归模型主要在以下几个方面对传统线性回归模型推广：

(1)因变量服从正态分布这一条件放宽。Y 的分布是指数族分布，正态分布只是其中一种。在交通工程中，一般常用二项分布、负二项分布、泊松分布、伽马分布等。

(2)因变量 Y 和自变量 X 可以取离散值或连续值。例如在研究交通出行方式选择行为时，可以用 $Y=1$ 表示采用公交出行，$Y=0$ 表示不采用公交出行。

(3)对因变量 Y 与自变量 $x_1, x_2, \cdots, x_k$ 之间关系进行推广。传统线性模型要求：

$$\mu = E(Y) = \beta_0 + \beta_1 x_1 + \beta_2 x_2 + \cdots + \beta_k x_k \tag{11-2}$$

广义线性模型对式(11-2)作了进一步推广,只假设 $E(Y)=\mu$ 与影响变量 $x_1,x_2,\cdots,x_k$ 之间满足关系:

$$g(u)=\beta_0+\beta_1x_1+\beta_2x_2+\cdots+\beta_kx_k \tag{11-3}$$

其中,$g(\cdot)$ 为一严格单调的函数,称为联系函数(link function)。式(11-3)的右侧为传统的线性函数形式,是广义线性模型名称的由来。通过对因变量和自变量的选择,以及选择合适的联系函数就可以建立多种广义线性模型。

归纳起来,广义线性模型主要由三部分构成:因变量(或响应变量)Y,它是随机变量,可用概率分布刻画;自变量(或解释变量)$x_1,x_2,\cdots,x_k$;联系函数 $g(\cdot)$,其是联系随机变量均值 $E(Y)=\mu$ 与自变量 $x_1,x_2,\cdots,x_k$ 的函数。

11.2.2 常用广义线性模型

(1)线性回归模型

当联系函数为 $g(\mu)=\mu$ 时,并且因变量 Y 的分布为正态分布时。则广义线性模型就是传统线性模型式(11-1),并称联系函数为 $g(\mu)=\mu$ 为"恒等联系"。

(2)Logistic 回归模型

当因变量 Y 为 $0-1$ 分布时(Y 取值仅为 0 或 1),即 Y 的分布为:

$$P(Y=y)=p^y(1-p)^{1-y} \tag{11-4}$$

可求得 $E(Y)=P(Y=1)=p$。选择联系函数为 $g(\mu)=\ln(\mu/1-\mu)$,可得

$$\ln\frac{p}{1-p}=\beta_0+\beta_1x_1+\beta_2x_2+\cdots+\beta_kx_k \tag{11-5}$$

从而得到 Logistic 回归模型

$$p=\frac{e^{\beta_0+\beta_1x_1+\beta_2x_2+\cdots+\beta_kx_k}}{1+e^{\beta_0+\beta_1x_1+\beta_2x_2+\cdots+\beta_kx_k}} \tag{11-6}$$

由于 Logistic 回归模型在交通研究中,特别是交通行为分析和交通规划中应用较广泛,其详细内容在后面一章中专门讨论。

(3)泊松(Poisson)回归模型

当因变量 Y 为离散计数变量时(如 Y 为一段时间内,某路段上发生的交通事故数),并且 Y 的分布为:

$$P(Y=y)=e^{-\mu}\frac{\mu^y}{y!} \tag{11-7}$$

则由泊松分布性质:$E(Y)=\mu$。选取联系函数 $g(\mu)=\ln(\mu)$,可得到泊松回归函数

$$\mu=\exp(\beta_0+\beta_1x_1+\cdots+\beta_kx_k)=\exp(\sum_{j=0}^{k}\beta_ix_i) \tag{11-8}$$

或:

$$\ln\mu=\beta_0+\beta_1x_1+\cdots+\beta_kx_k \tag{11-9}$$

由于泊松回归模型的联系函数是对数函数,泊松回归模型又被称为对数线性模型。

(4)负二项回归模型

负二项回归模型是在泊松回归模型的基础上提出的。泊松回归模型的一个重要特点也是其一个局限条件:均值和方差相等。实际应用中,有方差大于均值的情况。例如,交通安全研究人员发现,在特定的场合下,一段时间内发生的交通事故数应用负二项分布来刻画更适合。

负二项回归模型为:

$$P(Y=y)=\left(\frac{1}{y!}\right)\left\{\frac{\Gamma[y+(1/K)]}{\Gamma(1/K)}\right\}\left(\frac{K\lambda}{1+K\lambda}\right)^{y}(1+K\lambda)^{-1/K} \tag{11-10}$$

$$\lambda=\exp(\beta_0+\beta_1x_1+\cdots+\beta_kx_k) \tag{11-11}$$

容易验证：

$$E(Y)=\lambda, Var(Y)=\lambda+K\lambda^2$$

式中，K 是一个参数（$K>0$），当 K 取值越接近于 0 时，负二项分布方差越与泊松分布方差接近，称为“超散布参数”（Overdispersion Parameter）。

（5）Probit 模型

当因变量 Y 为 0－1 分布时［其分布为式（11-4）］，如果选取联系函数为正态分布函数：

$$\Phi(x)=\frac{1}{\sqrt{2\pi}}\int_{-\infty}^{x}\exp\left(-\frac{x^2}{2}\right)dx$$

则对应的广义线性模型就是 Probit 模型

$$p=\Phi(\beta_0+\beta_1x_1+\cdots+\beta_kx_k) \tag{11-12}$$

Logistic 回归模型和 Probit 模型在交通行为研究中得到广泛应用，但相对而言，Logistic 回归模型更为流行，并有成熟的软件供分析者使用。

11.2.3 二分数据的广义线性模型

广义线性回归模型与传统线性回归模型相比，其可以用于分析属性变量（或分类变量）。由于这些属性变量并没有实际的数量意义甚至是些符号，不能直接引入回归方程。解决的办法就是引入哑元变量（或虚拟变量）。

例如，在交通安全评价时，驾驶员的年龄是作为一个自变量，其取值情况共分为 K 组，则可以引入 $K-1$ 个（哑元）变量 $x_1,\cdots,x_{K-1}$ 表示驾驶员的年龄，其中

$$x_i=\begin{cases}1, & \text{年龄在第 } i \text{ 组}\\ 0, & \text{否则}\end{cases}, \quad i=1,\cdots,K-1$$

因此，$(x_1,\cdots,x_{K-1})$ 有 K 种取值情况：

$$a_1=(1,0,\cdots,0);a_2=(0,1,\cdots,0);\cdots$$

$$a_i=(0,0,\cdots,1,\cdots,0,0);\cdots;a_K=(0,0,\cdots,0,0)$$

因变量 Y 也会遇到上述情况。例如，在旅行工具选择行为分析中，可选择的工具有汽车、火车、轮船、飞机 4 种，因变量 Y 取这 4 个“状态”之一。由于个人条件等原因不同，不同的旅行的人，对上述 4 种工具的选择是不一样的。因此，可以分析目标变量（因变量）Y 或对选择某种旅行工具出行比例进行分析，以确定在旅行工具选择中起着重要影响作用的因素。对于这一类型的自变量，可以参照因变量定义哑元变量的方法解决。

§11.3 广义线性模型参数估计和检验

11.3.1 参数估计方法

常用广义线性模型参数估计方法是极大似然估计方法（MLE）。对于广义线性模型，由于因变量 Y 服从指数分布族，即有以下分布形式：

$$c(y)\exp[y\theta-b(\theta)] \tag{11-13}$$

式中,θ 为参数,$c(\cdot)$ 与 $b(\cdot)$ 为函数。例如,对于 Y 服从 0－1 分布:

$$P(Y=y)=p^{y}(1-p)^{1-y}$$

令 $\theta=\ln\left(\frac{p}{1-p}\right)$,则 $p=\frac{\exp(\theta)}{1+\exp(\theta)}$。将 $p=\frac{\exp(\theta)}{1+\exp(\theta)}$ 代入分布函数中,得到:

$$P(Y=y)=\exp[y\theta-\log(1+e^{\theta})]$$

记 $c(y)=1, b(\theta)=\ln(1+e^{\theta})$,则转化为式(11-13)形式。

又如,对于 Y 服从泊松(Poisson)分布:

$$P(Y=y)=e^{-\mu}\frac{\mu^{y}}{y!}$$

令参数 $\theta=\ln(\mu)$,则 $\mu=\exp(\theta)$,把 $\mu=\exp(\theta)$ 代入泊松分布函数,则有:

$$P(Y=y)=\frac{1}{y!}\exp[y\theta-\exp(\theta)]$$

记 $c(y)=1/y!, b(\theta)=\exp(\theta)$,则转化为式(11-13)形式。其他常用广义线性模型可以采用类似的变换,表示成式(11-14)形式,并可以验证:

$$\frac{d}{d\theta}b(\theta)=E(Y) \tag{11-14}$$

由联系函数定义:

$$g[\mu=E(Y)]=\beta_0+\beta_1x_1+\beta_2x_2+\cdots+\beta_kx_k \tag{11-15}$$

因此,式(11-13)和式(11-15)把参数($\beta_0,\beta_1,\cdots,\beta_k$)与 Y 的标准指数分布形式[式(11-13)]联系起来,可应用式(11-13)对参数 $\beta_0,\beta_1,\cdots,\beta_k$ 进行估计和统计推断。

例如,对于泊松(poisson)分布,可以验证 $b(\theta)=\exp(\theta)$,$\frac{d}{d\theta}b(\theta)=\exp(\theta)=E(Y)=\mu$,$g(\mu)=\ln\mu=\beta_0+\beta_1x_1+\beta_2x_2+\cdots+\beta_kx_k$。所以,样本 $y_i(i=1,\cdots,n)$ 的对数似然函数为:

$$\ln L=\sum_{i=1}^{n}\text{lw}y_i!\ +\sum_{i=1}^{n}y_i\ln[h(\eta_i)]-\sum_{i=1}^{n}h(\eta_i)$$

式中,$h(\eta_i)=\exp(\beta_0+\beta_1x_{i1}+\cdots+\beta_kx_{ik})$ 为 $\beta_0,\beta_1,\cdots,\beta_k$ 的函数。

下面论述如何应用因变量 Y 的标准指数分布形式[式(11-13)]求解参数的极大似然估计。

假设有独立观测样本(X_i,Y_i),$i=1,2,\cdots,n$。则 Y_i 的指数分布形式为:

$$c(y_i)\exp[y_i\theta_i-b(\theta_i)],\quad i=1,2,\cdots,n \tag{11-16}$$

式中,θ_i 与 $X_i=(x_{i1},x_{i2},\cdots,x_{ik})$ 与参数 $\beta=(\beta_0,\beta_1,\cdots,\beta_k)$ 有关,则似然函数为:

$$L=\prod_{i=1}^{n}c(y_i)\exp[y_i\theta_i-b(\theta_i)] \tag{11-17}$$

问题归结为寻找 $\hat{\beta}=(\hat{\beta}_0,\hat{\beta}_1,\cdots,\hat{\beta}_k)$ 使 L 达到最大,$\hat{\beta}$ 就是 β 的极大似然估计(MLE)。对式(11-17)两边取对数:

$$\ln L=\sum_{i=1}^{n}\ln c(y_i)+\sum_{i=1}^{n}[y_i\theta_i-b(\theta_i)] \tag{11-18}$$

由于 $\sum_{i=1}^{n}\ln c(y_i)$ 与参数 β 无关,对估计参数 β 不影响,故可略去。

记 $l_i(\theta_i)=[y_i\theta_i-b(\theta_i)]$,$l(\beta)=\sum_{i=1}^{n}l_i(\theta_i)=\sum_{i=1}^{n}\{y_i\theta_i(\beta)-b[\theta_i(\beta)]\}$。

则似然方程为:

$$\frac{\partial l(\beta)}{\partial\beta}=\sum_{i=1}^{n}\left[y_i-\left.\frac{\partial b(\theta)}{\partial\theta}\right|_{\theta=\theta_i}\right]\frac{\partial\theta_i(\beta)}{\partial\beta}=0 \tag{11-19}$$

式(11-19)的解就是β的极大似然估计,可以应用 Newton-Raphson 算法求解。

11.3.2 假设检验

广义线性模型假设和传统线性假设问题相似。广义线性模型参数假设检验为:

$$H_0:\beta_i=0,\quad i=1,2,\cdots,k$$

这里介绍两种常用的显著性检验方法。

1) Wald 检验

检验统计量为:

$$z=\frac{\hat{\beta}_i}{SE},\quad i=1,2,\cdots,k$$

式中,$\hat{\beta}_i$ 为 β_i 的极大似然估计,SE 为 $\hat{\beta}_i$ 的标准差。在原假设 $\beta_i=0$ 时,z 近似服从标准正态分布。

2) 似然比检验

以 $L(\beta)$ 记对数似然函数。$\hat{\beta}$ 为极大似然估计,β^0 为检验原假设条件下的参数真值,则检验统计量:

$$R=-2[L(\beta^0)-L(\hat{\beta})]$$

可以证明,当原假设成立时,R 渐进服从卡方分布 $\chi^2(r)$。在常用的统计分析软件中,如 SAS 分析软件,卡方(ChiSquare)列中对应的值都是似然比统计量。

§11.4 广义线性模型选择

广义线性模型选择包含以下几个方面。

1) 因变量 Y 的分布选择

因变量选择可以根据因变量 Y 的取值情况来确定。例如,当 Y 只取两个值(0 或 1),则 Y 的分布可选取 0-1 分布(二项分布);当 Y 为连续变量并且其分布对称时,可取正态分布(对应线性模型为线性回归模型);当 Y 可以取所有非负整数值:0,1,2,…时,可选择泊松(Poisson)分布或负二项分布;当 Y 的取值为多个状态时,可以考虑极值分布(对应模型为多项 Logistic 回归模型)。

2) 联系函数选择

联系函数的选择取决于因变量 Y 的分布形式。在常用的统计分析软件中,如 SAS 和 SPSS 中对因变量 Y 的不同分布形式提供相应的联系函数,如表 11-1 所示。

常用分布函数和联系函数表 表 11-1

因变量 Y 的分布	缺省时的联系函数	模　型
正态分布	恒等式:$g(\mu)=\mu$	线性模型
二项分布	Logit 函数:$g(\mu)=\ln\left(\frac{\mu}{1-\mu}\right)$	Logit 回归

续上表

因变量 Y 的分布	缺省时的联系函数	模　　型
泊松分布	对数函数：$g(\nu)=\ln(\mu)$	对数线性
伽马分布	幂函数：$g(\mu)=1/\mu$	—
逆高斯分布	幂函数：$g(\mu)=1/\mu^2$	—

3）自变量选择

自变量的选择更多的是从专业的角度考虑，根据专业知识或经验来确定影响变量。当实际调查数据中有多个候选自变量时，分析人员往往希望能从中挑选出最有影响的变量，可以借助于前面介绍的“多元线性回归分析”一章中介绍的自变量选择准则和选择方法（向前回归法、向后回归法和逐步回归法等）。

§11.5　案例分析

在交通规划领域，广义线性回归模型在交通工程中有着广泛的应用，其被应用于预测交通方式分担比例和出行路线选择问题，尤以 Probit 模型和 Logistic 回归模型为代表，关于其应用的案例将在“Logistic 回归模型”一章中介绍。在交通安全研究领域，广义线性模型被广泛应用于交通事故预测。

例 11-1　表 11-2 是某保险公司与交通事故有关的索赔统计数据。试用广义线性回归模型分析保险索赔数量和事故涉及车辆类型、投保人年龄关系。

交通事故索赔统计数据　　表 11-2

投保数量（人）	保险索赔数量（人）	事故涉及车辆类型	投保人年龄（分组）
500	42	小客车	1
100	1	大型车	1
500	73	中型车	2
1 200	37	中型车	1
400	101	小型车	2
300	14	大型车	2

以保险索赔数量为因变量 Y，以涉及车辆类型和投保人年龄组为自变量车辆，假设索赔保险人数服从泊松分布，并且第 i 个观测均值 λ_i 与车辆类型和索赔人年龄组相关。由于保险所涉及车辆类型为定性变量，定义哑元变量 x_1 与 x_2 来说明不同车辆类型对索赔保险数量的影响：

$$x_1=\begin{cases}1, & \text{车辆类型为大型车}\\0, & \text{其他}\end{cases}$$

$$x_2=\begin{cases}1, & \text{车辆类型为中型车}\\0, & \text{其他}\end{cases}$$

同样，索赔人的年龄是分组统计的，也是定性变量，定义哑元变量：

$$x_3=\begin{cases}1, & \text{索赔人年龄组为 1}\\0, & \text{其他}\end{cases}$$

模型为：

$$\ln(\lambda_i)=\beta_0+\beta_1x_1+\beta_2x_2+\beta_3x_3$$

选取联系函数 $g(\lambda)=\ln(\lambda)$，用泊松(Poisson)回归模型来分析索赔保险人数与车辆类型和年龄之间关系。

由表 11-2 中数据可得到广义线性回归模型如下，参数估计结果如表 11-3 所示：

$$P(Y=y)=e^{\lambda}\frac{\lambda^y}{y!}$$

$$\hat{\lambda}=\exp(-1.3168-1.17643x_1-0.6928x_2-1.3199x_3)$$

模型参数估计结果　　表 11-3

参　数	估 计 值	标 准 误	值	显著性水平
P_a	-1.316 8	0.090 3	212.732 1	0.000 1
β_1	-1.764 3	大型车	41.958 7	0.000 1
β_2	-0.692 8	中型车	29.180 0	0.000 1
β_3	-1.319 937	中型车	94.338 8	0.000 1

数据分析结果表明，车辆类型和投保人的年龄都是影响投保人的索赔行为的显著因素。该分析结果从另一个侧面验证了，交通事故是与车辆类型和驾驶员的年龄相关的。

思　考　题

1. 试给出负二项分布的联系函数。

2. 请应用例题 11-2 中的数据，应用负二项回归模型对索赔保险的人数进行分析，并与文中分析结果对比。

第12章 Logistic 回归分析

Logistic 回归模型是广义线性模型的一种，它在交通工程中有着广泛的应用。例如，以随机效用理论为基础建立起来的 Logistic 回归模型很早就被用于描述人们对出行工具、出行方式和出行路径的选择行为。由于该模型应用广泛，许多分析软件都提供了相应的分析模块。

§12.1 Logistic 线性回归模型

设响应变量 Y 是二值的（不失一般性，不妨假设 Y 取值只有 1 与 0 两种情况，并分别表示“事件发生”和“事件没有发生”），$X=(X_1,X_2,\cdots,X_k)$ 为解释变量。用 $p(x)$ 表示 X 取值 $x=(x_1,x_2,\cdots,x_k)$ 时的概率[一般用 $p(x)$ 表示 $Y=1$ 的概率]。则 Logistic 回归模型为：

$$\ln\left(\frac{p(x)}{1-p(x)}\right)=\beta_0+\beta_1x_1+\beta_2x_2+\cdots+\beta_kx_k \tag{12-1}$$

式(12-1)称为二值 Logistic 线性回归模型，简称 Logistic 回归模型，影响变量 $x=(x_1,x_2,\cdots,x_k)$ 称为模型解释变量（向量），$\beta_0,\beta_1,\beta_2,\cdots,\beta_k$ 称为参数。由式(12-1)可得到 Logistic 回归模型的另一种概率表达形式，即 $Y=1$ 概率为：

$$p(x)=\frac{\exp(\beta_0+\beta_1x_1+\beta_2x_2+\cdots+\beta_kx_k)}{1+\exp(\beta_0+\beta_1x_1+\beta_2x_2+\cdots+\beta_kx_k)} \tag{12-2}$$

关于 Logistic 线性回归模型的统计推断就是以式(12-1)或式(12-2)为基础的。

特别的，当解释变量只有一个时，式(12-2)简化为：

$$p(x)=\frac{\exp(\beta_0+\beta_1x)}{1+\exp(\beta_0+\beta_1x)} \tag{12-3}$$

式(12-3)函数图像呈 S 型，如图 12-1 所示。参数 β_1 决定了函数曲线形状以及增长率。当 $\beta_1>0$ 时，曲线是上升的，增长率随 β_1 的增大而增大；当 $\beta_1<0$ 时，曲线是下降的，下降率随 $|\beta_1|$ 增大而增大；当 $\beta_1=0$ 时，$p(x)$ 为一个常数，则 S 型曲线化为一条水平曲线。

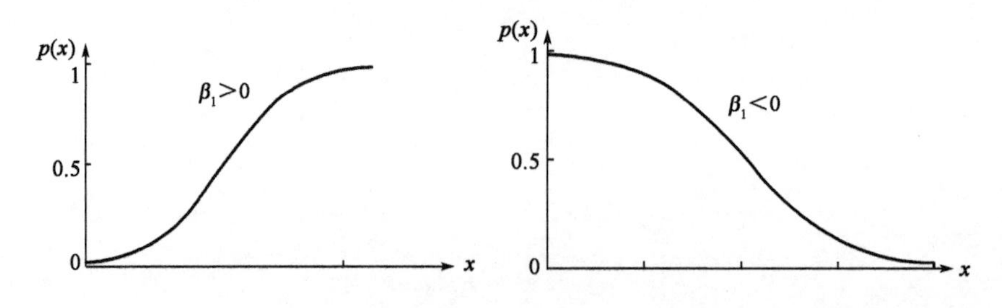

图 12-1 Logistic 回归函数

可以验证 $p(x)$ 在 x 处的斜率为 $\beta_1p(x)[1-p(x)]$，并且在 $p(x)=0.5$ 时，斜率最大，此时 $x=-\beta_0/\beta_1$。可以解释为，在 $x=-\beta_0/\beta_1$ 处，Y 取值为 0 与 1 的概率是相等的，每种结果都是

50% 的概率。因此，$x=-\beta_0/\beta_1$ 又称为中间效应水平。

§12.2 Logistic 回归模型参数估计

12.2.1 极大似然估计

对 Logistic 线性回归模型参数估计常用极大似然估计方法。为了表述的方便，对样本 (Y_i,X_i)，记 Y_i 的分布为：

$$p_i=P(y_i=1\,|\,x_i),1-p_i=P(y_i=0\,|\,x_i)$$

其中，$x_i=(x_{i1},x_{i2},\cdots,x_{ik})$为解释变量的观测值。

假设 $Y_1,Y_2,\cdots,Y_n$ 为观测样本，$y_1,y_2,\cdots,y_n$ 为其观测值，则似然函数为：

$$L(\beta)=\prod_{n=1}^{n}p_i^{\,y_i}(1-p_i)^{1-y_i} \tag{12-4}$$

对数似然函数为：

$$L=\ln[L(\beta)]=\sum_{n=1}^{n}y_i[\ln(p_i)+(1-y_i)\ln(1-p_i)] \tag{12-5}$$

假设 $\hat{\beta}=(\hat{\beta}_0,\hat{\beta}_1,\hat{\beta}_2,\cdots,\hat{\beta}_k)^{\mathrm{T}}$ 为 $\beta=(\beta_0,\beta_1,\beta_2,\cdots,\beta_k)^{\mathrm{T}}$ 的极大似然估计，则：

$$\frac{\partial L}{\partial\beta_0}=\sum_{i=1}^{n}\left[y_i\frac{\partial p_i/\partial\beta_0}{p_i}+(1-y_i)\frac{\partial p_i/\partial\beta_0}{1-p_i}\right]\Bigg|_{\beta_0=\hat{\beta}_0}=0 \tag{12-6}$$

$$\frac{\partial L}{\partial\beta_j}=\sum_{i=1}^{n}\left[y_i\frac{\partial p_i/\partial\beta_j}{p_i}+(1-y_i)\frac{\partial p_i/\partial\beta_j}{1-p_i}\right]\Bigg|_{\beta_j=\hat{\beta}_j}=0,\quad j=1,2,\cdots,k \tag{12-7}$$

特别的，把 $\hat{\beta}=(\hat{\beta}_0,\hat{\beta}_1,\hat{\beta}_2,\cdots,\hat{\beta}_k)^{\mathrm{T}}$ 代入式(12-7)可得：

$$\sum_{i=1}^{n}y_i=\sum_{i=1}^{n}\hat{p}_i \tag{12-8}$$

即 $Y=1$ 的观测值之和等于概率的估计和。这一性质可以用于评价模型的合理性，如果两者差别较大，则应对模型合理性提出质疑。

极大似然估计的数值求解方法如下：

首先应用 Newton-Raphson 算法求解方程式(12-7)。

步骤 0：选择初始值 $\hat{\beta}^{(0)}=(\hat{\beta}_0^{(0)},\hat{\beta}_1^{(0)},\hat{\beta}_2^{(0)},\cdots,\hat{\beta}_k^{(0)})^{\mathrm{T}}$，一般选择 $\hat{\alpha}+\hat{\beta}^{(0)}=(0,0,\cdots,0)^{\mathrm{T}}$。

用 l 表示运算迭代次数，$\hat{\beta}^{(l)}=(\hat{\beta}_0^{(l)},\hat{\beta}_1^{(l)},\hat{\beta}_2^{(l)},\cdots,\hat{\beta}_k^{(l)})^{\mathrm{T}}$ 为第 l 次迭代值。对于初始步 $l=0$；

步骤 1：线性化，即把 $\nabla L=\partial L/\partial\hat{\beta}$ 在 $\hat{\beta}^{(l)}=(\hat{\beta}_0^{(l)},\hat{\beta}_1^{(l)},\hat{\beta}_2^{(l)},\cdots,\hat{\beta}_k^{(l)})^{\mathrm{T}}$ 一阶展开，并令其为 0，即

$$\nabla L(\hat{\beta}^{(l)})+\nabla^2L(\hat{\beta}^{(l)})(\hat{\beta}-\hat{\beta}^{(l)})=0 \tag{12-9}$$

其中，∇L 是为 L 关于参数 $\beta=(\beta_1,\beta_2,\cdots,\beta_k)^{\mathrm{T}}$ 的一阶导数向量，其第 j 个元素为$(\nabla L)_j=\partial L/\partial\beta_j$；$\nabla^2L$ 为二阶导数矩阵，其第 i 行与 j 列元素为$(\nabla^2L)_{ij}=\partial^2L/\partial\beta_i\partial\beta_j$。

步骤 2：求解步骤 1 给出的方程，得到 $l+1$ 次迭代值。

$$\hat{\beta}^{(l+1)} = \hat{\beta}^{(l)} - [\nabla^2 L(\hat{\beta}^{(l)})]^{-1} \nabla L(\hat{\beta}^{(l)}) \tag{12-10}$$

步骤3：判断是否收敛。对给定 η_1 和 η_2（为选定的非常小的正数）。如果：

$$\frac{1}{k}[\sum_{i=1}^{k}(\hat{\beta}_k^{l+1} - \hat{\beta}_{lk}^{l})^2]^{1/2} < \eta_1 \tag{12-11}$$

或：

$$\left|\frac{\hat{\beta}_i^{l+1} - \hat{\beta}_i^{l+1}}{\hat{\beta}_i}\right| < \eta_2, \quad i = 1,2,\cdots,k \tag{12-12}$$

成立，则 $\hat{\beta}^{(l+1)} = (\hat{\beta}_0^{(l+1)}, \hat{\beta}_1^{(l+1)}, \hat{\beta}_2^{(l+1)}, \cdots, \hat{\beta}_k^{(l+1)})^{\mathrm{T}}$ 即为所求数值解，计算停止；否则，令 $l = l+1$，返回步骤1。

一般地，当初始值 $\hat{\beta}^{(0)} = (\hat{\beta}_1^{(0)}, \hat{\beta}_2^{(0)}, \cdots, \hat{\beta}_K^{(0)})^{\mathrm{T}}$ 较接近真实值时，该算法收敛速度是较快的，有时只要几步迭代即可达到收敛的要求。

需要指出的是，对 Logistic 回归模型而言，有 $E(\nabla^2 L) = \nabla^2 L$，所以式(12-10)中直接应用 $\nabla^2 L$；如果不满足此条件，则应用 $E(\nabla^2 L)$ 替代 $\nabla^2 L$，由于不知道参数 β 的真实值，计算中可应用其估计值代替，其第 m 行与 j 列元素估计为：

$$E\left(\frac{\partial^2 L}{\partial\beta_m \partial\beta_j}\right) \cong \sum_{i=1}^{n} \frac{\partial^2[y_i \ln p_i + \ln(1-p_i)]}{\partial\beta_m \partial\beta_j}\bigg|_{\beta=\hat{\beta}}$$

由上述方法得到参数估计 $\hat{\beta}$ 的分布是渐进正态的，近似协方差阵为 $-E(\nabla^2 L)^{-1}$。

极大似然估计方法适用于有个体调查数据的情况，当数据为分组汇总数据时，可采用下面介绍的方法。

12.2.2 最小二乘估计

极大似然估计适用于有个体观测数据的情形。但是，实际中也常常遇到调查数据为分组汇总数据的情况，如表12-1所示。这种情形可考虑采用最小二乘方法估计参数。

Logistic 回归模型分组数据结构 表12-1

$(x_1, x_2, \cdots, x_k)$ 的值	观察值个数	$Y=1$ 的个数	$Y=0$ 的个数
$(x_{11}, x_{12}, \cdots, x_{1k})$	n_1	r_1	$n_1 - r_1$
$(x_{21}, x_{22}, \cdots, x_{2k})$	n_2	r_2	$n_2 - r_2$
⋮	⋮	⋮	⋮
$(x_{g1}, x_{g2}, \cdots, x_{gk})$	n_g	r_g	$n_g - r_g$

由于 Logistic 回归模型

$$\ln\frac{p}{1-p} = \beta_0 + \beta_1 x_1 + \beta_2 x_2 + \cdots + \beta_k x_k \tag{12-13}$$

式(12-13)右边为参数的线性函数，因此，可考虑应用最小二乘法估计参数。

假设 $k = 1, \cdots, g$ 为分组数，n_k 为第 k 组观测样本数，r_k 为第 k 组中 $Y=1$ 的观测个数，因此在 n_k 给定的条件下，r_k 服从二项分布：

$$P(r_k = r) = C_{n_k}^{r}(p_k)^r(1-p_k)^{n_k - r}$$

由二项分布性质：

$$E(r_k) = n_k p_k \tag{12-14}$$

$$Var(r_k) = n_k p_k (1 - p_k)$$

记 $f_k = \frac{r_k}{n_k}$ 为第 k 组中 $Y=1$ 的相对频数，为 p_k 的估计。定义：

$$lf_k = \ln\left(\frac{f_k}{1-f_k}\right), \quad k=1,\cdots,g \tag{12-15}$$

则由式(12-13)近似有

$$lf_k \approx X_k \beta$$

因此，可建立线性回归方程

$$lf_k = X_k \beta^{\mathrm{T}} + \varepsilon_k, k=1,\cdots,g \tag{12-16}$$

参数的求解可转化为求解回归方程式(12-16)的参数估计问题。需要注意的是式(12-16)中 ε_k，由于 $Var(\varepsilon_k) \approx \left[\frac{1}{n_k f_k (1-f_k)}\right]^2$，因此，随机项不是同分布的。可应用加权最小二乘法估计模型参数，权重为：

$$w_k \approx \left[\frac{1}{n_k f_k (1-f_k)}\right]^{-1} = n_k f_k (1-f_k)$$

应用最小二乘方法求解 Logistic 回归模型参数时，要注意以下几个问题：①分组要具有随机性；②每组样本数不能太少；③分组变量要有代表性，即分组变量取值要反映该组中个体的水平和特性。

例 12-1 一次房展会上，有购房意向的顾客和房地产开发商签订意向数和三个月后实际购房汇总数据如表 12-2 所示。实际购房的顾客用 $y=1$ 表示，没有购房的顾客用 $y=0$ 表示。解释变量 x 为家庭年收入（万元/年）。试用 Logistic 回归模型建立购房比例与家庭年收入之间的关系模型。

购房调查数据 表 12-2

序　号	年家庭收入	签订意向书人数 n_k	实际购房人数 m_k	实际购房比例 $f_k = m_k/n_k$	逻辑变换 $lf_k = \ln\left(\frac{f_k}{1-f_k}\right)$	权重 $w_k = n_k f_k (1-f_k)$
1	1.5	25	8	0.320 000	-0.7537 7	5.440
2	2.5	32	13	0.406 250	-0.379 49	7.719
3	3.5	58	26	0.448 276	-0.207 64	14.345
4	4.5	52	22	0.423 077	-0.310 15	12.692
5	5.5	43	20	0.465 116	-0.139 76	10.698
6	6.5	39	22	0.564 103	0.257 829	9.590
7	7.5	28	16	0.571 429	0.287 682	6.857
8	8.5	32	12	0.571 429	0.287 682	5.143
9	9.5	15	10	0.666 667	0.693 147	3.333

模型只有一个解释变量 x 为家庭年收入，考虑建立以下 Logistic 回归方程：

$$p_k = \frac{\exp(\beta_0 + \beta_1 x_k)}{1 + \exp(\beta_0 + \beta_1 x_k)}, \quad k=1,\cdots,g$$

式中，g 为分组数，此例中 $g=9$。

记$f_k=\dfrac{m_k}{n_k}$为第 k 组中 $Y=1$ 的相对频数，为 p_k 的估计，定义：

$$lf_k=\ln\left(\frac{f_k}{1-f_k}\right),\quad k=1,\cdots,g$$

因此，变换后的线性回归方程为：

$$lf_k=\beta_0+\beta_1 x_k+\varepsilon_k,\quad k=1,\cdots,g$$

上式为普通的线性回归方程，因此，可以直接应用最小二乘方法求解模型参数，ε_k 不是同分布的，$Var(\varepsilon_k)\approx\left[\dfrac{1}{n_k f_k(1-f_k)}\right]^2$，故应用加权最小二乘法，权重为 $w_k\approx n_k f_k(1-f_k)$，估计结果为：

$$\hat{p}_k=\frac{\exp(-0.849+0.149x)}{1+\exp(-0.849+0.149x)}$$

上式可以对不同收入家庭准备近期购房的比例做出预测。

需要指出的是，分组数据的 Logistic 回归方法只适用于大样本的分组数据，对样本比较小的情况不适用。由于分组后，分组数为样本量，大大减少了样本数据，会使得估计精度降低。因此，对于没有分组的数据不建议采用分组的方法求解模型，而是应用极大似然估计方法。

§12.3 模型检验

下面给出 Logistic 回归模型的拟合优度检验和参数假设检验。

12.3.1 拟合优度检验

常用似然比来度量 Logistic 回归模型对数据的拟合程度，定义如下：

$$\rho^2=1-\frac{L(\hat{\beta})}{L(0)} \tag{12-17}$$

式中，$L(\hat{\beta})$为对数似然函数的极大值，$\hat{\beta}=(\hat{\beta}_0,\hat{\beta}_1,\hat{\beta}_2,\cdots,\hat{\beta}_k)^{\mathrm{T}}$ 为参数 $\beta=(\beta_0,\beta_1,\beta_2,\cdots,\beta_k)^{\mathrm{T}}$ 的极大似然估计；$L(0)$为 $\beta=(0,0,\cdots,0)^{\mathrm{T}}$ 时的对数似然函数值（可理解为没有引入模型时对应的情况）：

$$L(0)=\sum_{i=1}^{n}\left[y_i\ln\left(\frac{1}{2}\right)+(1-y_i)\ln\left(\frac{1}{2}\right)\right]=-n\ln 2$$

如果 $L(\hat{\beta})=L(0)$，则 $\rho^2=0$，即引入模型和没有引入模型是一样的，说明模型对观测数据拟合程度较低；另一种极端情形是模型预测结果和实际结果一致，此时 $L(\hat{\beta})=0$，$\rho^2=1$，ρ^2 取得最大值。由于 $L(0)\leqslant L(\hat{\beta})$［否则 $\hat{\beta}=(\hat{\beta}_0,\hat{\beta}_1,\hat{\beta}_2,\cdots,\hat{\beta}_k)^{\mathrm{T}}$ 就不是极大似然估计］，所以，$0\leqslant\rho^2\leqslant 1$，并且该值越接近于1，表示模型的拟合程度愈高，这与回归模型的判定系数 R^2 有点类似，但两者意义却不同：前者表示引入模型后，似然函数增加的百分比［可由 $\rho^2=\dfrac{L(0)-L(\hat{\beta})}{L(0)}$ 得到］；而后者则表示回归变量的变差可由回归模型解释的程度。

另一个拟合优度检验指标是 $\bar{\rho}^2$，其考虑了估计参数个数 K 的影响，可以看作是对 ρ^2 的修正，其计算为：

$$\bar{\rho}^2 = 1 - [L(\hat{\beta}) - K]/L(0) \tag{12-18}$$

12.3.2 假设检验

Logistic 回归模型假设检验主要有以下几种：

(1)几个参数为 0 的情形：$\beta_1 = \beta_2 = \cdots = \beta_m = 0$；

(2)几个参数相等但不为 0：$\beta_1 = \beta_2 = \cdots = \beta_m$；

(3)参数之间存在其他关系。

记原假设为 H_0(H_0 为上述几种情形之一)，并记：

$$R = L(\hat{\beta}^{H_0}) - L(\hat{\beta}) \tag{12-19}$$

其中，$\hat{\beta}^{H_0}$ 为假设 H_0 成立条件下的参数极大似然估计，$\hat{\beta}$ 为无约束条件下的极大似然估。由概率论知识可知，$-2\log R \sim \chi^2$ 分布，自由度为 $K - K_r$(K 为无约束条件下参数个数，K_r 为约束条件下自由参数的个数)。所以，检验统计量为 $-2[L(\hat{\beta}^{H_0}) - L(\hat{\beta})]$，当其统计值大于临界值 χ^2_α 则拒绝接受原假设 H。考虑以下两种特殊情形。

(1) $H_0: \beta_1 = \beta_2 = \cdots = \beta_K = 0$ 时，即假设所有的参数的值为零，则统计量

$$R = -2[L(0) - L(\hat{\beta})] \tag{12-20}$$

服从自由度为 K 的 χ^2 分布。对给定的显著性水平 α(通常 $\alpha = 5\%$)和临界值 χ^2_α，如果 $-2[L(0) - L(\hat{\beta})] > \chi^2_\alpha$，则不能接受假设 H_0；反之，则不能拒绝 H_0。

(2)H_0：常数项为不为 0，而其他系数全为 0，即检验 $\beta_0 \neq 0, \beta_1 = \beta_2 = \cdots = \beta_k = 0$，用以下统计量：

$$R = -2[L(C) - L(\hat{\beta})] \tag{12-21}$$

式(12-21)服从 χ^2 分布，自由度为 $K-1$，其中：$L(C) = n_1 \ln(\frac{n_1}{n}) + (n - n_1)\ln(\frac{n - n_1}{n})$，$n_1$ 为 $Y=1$ 的样本个数，n 为样本量。

12.3.3 显著性检验

另一种常用检验是显著性检验。该检验常用于检验某个解释变量 x_i 的影响是否显著。因此，原假设为 $H_0: \beta_i = 0$[即 $Y=1$ 的概率 $p(x)$ 不依赖于解释变量 x_i]。对于大样本，可构造统计量

$$z = \hat{\beta}_j / \sqrt{V_j} \tag{12-22}$$

其中，$\hat{\beta}_j$ 为 $\hat{\beta} = (\hat{\beta}_1, \hat{\beta}_2, \cdots, +\hat{\beta}_k)^{\mathrm{T}}$ 第 j 个分量；$V_j = Var(\hat{\beta}_j)$，可由 $\hat{V} = E[-\nabla^2 L(\hat{\beta})]^{-1}$ 的对角线上第 j 个元素估计。在 $\beta_j = 0$ 时，z 服从标准正态分布。因此，对给定的显著水平 $\alpha(0 < \alpha \leqslant 1)$，从正态分布表中查得 $z_{\alpha/2}$。如果 $|z| > z_{\alpha/2}$，不能接受原假设；反之，当 $|z| \leqslant z_{\alpha/2}$，则有理由认为原假设成立，可考虑将变量 X_j 从模型中剔除，并重新估计参数。

例 12-2 为了分析双车道公路上驾驶员超车行为及其影响因素，采用超车试验研究了超车过程中同向的车流间隙对驾驶人换车道的影响。此次试验共采集到有效样本数据 342 条，表 12-3 给出了部分实验数据整理结果。

车头间隙数据(部分) 表 12-3

速度(km/h)	车头间距(m)	车头时距(s)	(超车)成功/失败
26.5	23.1	2.6	失败
34.5	23.1	3.2	成功
40.9	23.4	3.0	成功
37.9	24.0	2.6	成功
41.3	24.0	3.2	成功
38.1	24.0	3.2	成功
24.9	24.3	2.8	失败
37.2	24.3	2.7	成功
40.2	24.3	3.2	成功
26.7	24.4	1.6	失败
41.2	24.8	3.1	成功
16.4	25.3	3.1	失败

对本次试验而言(没有考虑对向车道上车辆的影响),每次超车则对应着每次换车道是否成功和失败两种结果之一。因此,超车过程中的换车道行为可以用 Logistic 线性回归模型描述:

$$P_{\mathrm{a}} = \frac{\exp(\beta_0 + \sum_{j=1}^{k}\beta_j x_j)}{1 + \exp(\beta_0 + \sum_{j=1}^{k}\beta_j x_j)}$$

$$P_{\mathrm{r}} = 1 - P_{\mathrm{a}}$$

其中,P_{a} 和 P_{r} 分别表示超车成功概率和超车失败概率;x_j 为影响因素,β_j 为参数($j=1$,$2\cdots k$)。根据调查结果,确定影响因素主要有:被超车和其前车之间的车头间距 s、车头时距 t 和被超车行驶速度 v。因此,分析中主要考虑了这三个因素的影响。

试验过程中采集到超车结果只有两种"成功"或"失败",为了满足分析的需要,需要把其转化成数学的语言,记

$$y_i = \begin{cases} 1,第\,i\,次超车成功 \\ 0,第\,i\,次超车失败 \end{cases}$$

则似然函数为:

$$L^* = \prod_{i=1}^{n} P_{\mathrm{a}}^{\ y_i} P_r^{\ 1-y_i}$$

对数似然函数为:

$$L = \ln(L^*) = \sum_{i=1}^{n}[y_i \ln(P_{\mathrm{a}}) + (1-y_i)\ln(1-P_{\mathrm{a}})]$$

应用 Newton-Raphson 法求解极大似然解,如表 12-4 所示。

模型参数估计结果 表 12-4

参　数	参数估计值	参数估计方差	参数估计标准差	t 值
β_0	-5.904 95	1.466 45	1.2109 71	-4.876 21
β_1	0.576 507	0.007 706	0.087 784	6.567 348
β_2	-1.056 15	0.038 778	0.196 92	-5.363 33

似然比为 $\rho^2 = 1 - L(\hat{\beta})/L(0) = 0.82$。由表 12-4 给出的结果可推断,被超车和其前车间距越大(或车头时距越大)则越容易被超车驾驶员接受,被超车行驶速度越大则超车越困难。根据估计结果,得到以下模型:

$$P_a(s,v)=\frac{\exp(-5.90495+0.576507s-1.05615v)}{1+\exp(-5.90495+0.576507s-1.05615v)}$$

其中,s 为被超车和其前面车辆的车头间距,t 为同向车道车头时距,v 为被超车车辆行驶速度。

例 12-3 假设某城市上班族只有私人小汽车和公共汽车两种交通方式可供选择,旅行时间 t 是影响选择的唯一重要因素,用 Logistic 线性回归模型分析旅行时间对这两种交通方式选择概率影响。数据如表 12-5 所示。

由 Logistic 回归模型可知,选择小汽车的概率为:

$$p=\frac{e^{\beta_0+\beta_1 t}}{1+e^{\beta_0+\beta_1 t}}$$

选择公共汽车的概率为:

$$1-P=\frac{1}{1+e^{\beta_0+\beta_1 t}}$$

则由表 12-5 给出的数据,求解参数的极大似然估计,结果如表 12-6 所示。

出行方式观测数据 表 12-5

观　测	私人汽车旅行时间	公共汽车旅行时间	y_i
1	52.9	4.4	1
2	4.1	28.5	1
3	4.1	86.9	0
4	56.2	31.6	1
5	51.8	20.2	1
6	0.2	91.2	0
7	27.6	79.7	0
8	89.9	2.2	1
9	41.5	24.5	1
10	95.0	43.5	1
11	99.1	8.4	1
12	18.5	84.0	0
13	82.0	38.0	0
14	8.6	1.6	1
15	22.5	74.1	0
16	51.4	83.8	0
17	81.0	19.2	1
18	51.0	85.0	0
19	62.2	90.1	0
20	95.1	22.2	1
21	41.6	91.5	0

Logistic 回归模型参数估计结果 表 12-6

参数名称	估计值	近似标准误	t 值
β_0	-0.2375	0.7505	-0.32
β_1	-0.0531	0.0206	2.57

$n=21, L(0)=-14.556, L(C)=-14.532, L(\hat{\beta})=-6.166, -2[L(0)-L(\hat{\beta})]=16.780, -2[L(C)-L(\hat{\beta})]=16.732, \rho^2=0.576, \bar{\rho}^2=0.439$

由表 12-6 所列出的统计和计算结果,可以得到以下结论:

(1)参数的极大似然估计:$\hat{\beta}_1 = -0.237\ 5$,$\hat{\beta}_2 = -0.053\ 1$;

(2) $-2[L(0)-L(\hat{\beta})] \sim \chi^2$ 自由度为 $K=2$,对显著水平 $\alpha=0.05$,查分布表可知$\chi^2_{0.05}=5.99$,所以,$-2[L(0)-L(\hat{\beta})]=16.780>5.99$,即不能接受 $\beta_1=\beta_2=0$ 的假设;

(3)$\rho^2=0.576$,$\bar{\rho}^2=0.439$。

(4)由于不能判定参数 β_1 为正值或负值,所以考虑双边假设检验:$\beta_1 \neq 0$。由 $\hat{\beta}_1$ 和其近似标准误差求得 $t=-0.32$,显著水平 $\alpha=0.05$,可查得 $t_{0.025}=12.706>0.32$,所以接受 $\beta_1 \neq 0$;由于旅行时间越长,效益越小,所以参数 β_2 为负值,考虑单边假设:$\beta_2<0$,根据估计结果计算得:$t=-0.2.57$;显著水平 $\alpha=0.05$,查表得分位点为 $t_{0.05}=-6.314<-0.257$,所以可以接受 $\beta_2<0$假设成立。

§12.4 Logistic 回归模型效果评价

Logistic 回归模型精度评价和一般线性回归模型评价一样,可以通过对比响应变量的观测值与估计值的差异来评价模型精度。假设参数估计值为 $\hat{\beta}=(\hat{\beta}_0,\hat{\beta}_1,\hat{\beta}_2,\cdots,\hat{\beta}_k)^{\mathrm{T}}$,则由解释变量观测值$(x_{i1},x_{i2},\cdots,x_{ik})$可得到 $y_i=1$ 的概率估计值

$$\hat{p}(x_i)=\frac{\exp(\hat{\beta}_0+\hat{\beta}_1x_{i1}+\hat{\beta}_2x_{i2}+\cdots+\hat{\beta}_kx_{ik})}{1+\exp(\hat{\beta}_0+\hat{\beta}_1x_{i1}+\hat{\beta}_2x_{i2}+\cdots+\hat{\beta}_kx_{ik})} \tag{12-23}$$

由于响应变量 Y 只取两个值:0 或 1,因此,可根据 $\hat{p}(x)$ 的数值大小对 Y 的取值 y 进行估计。当 $\hat{p}(x)>0.5$ 时,$\hat{y}=1$;$\hat{p}(x)\leqslant 0.5$ 时,$\hat{y}=0$。

定义:

$$敏感度=P(\hat{y}=1\,|\,y=1) \tag{12-24}$$

$$特异度=P(\hat{y}=0\,|\,y=0) \tag{12-25}$$

敏感度与特异度可认为是估计结果与观测结果一致的概率;敏感度度量了"事件发生"的观测中,估计结果也是"事件发生"的概率;特异度度量了"事件没有发生"的观测中,估计结果也是"事件没有发生"的概率。为了计算敏感度和特异度可以根据观测结果和估计结果构造列联表(表 12-7)。

Logistic 回归模型预测效果评价 表 12-7

实际情况	预测情况		总和
	$\hat{y}=1$	$\hat{y}=0$	
$y=1$	n_{11}	n_{12}	$n_{1+}=n_{11}+n_{12}$
$y=0$	n_{21}	n_{22}	$n_{+1}=n_{21}+n_{22}$

表 12-7 中,n_{11}为$(y=1,\hat{y}=1)$的频数,n_{12}为$(y=1,\hat{y}=0)$的频数,n_{21}为$(y=0,\hat{y}=1)$的频数,n_{22}为$(y=0,\hat{y}=0)$的频数。灵敏度和特异度分别可用式(12-26)与式(12-27)估计:

$$P(\hat{y}=1\,|\,y=1)=\frac{n_{11}}{n_{1+}} \tag{12-26}$$

$$P(\hat{y}=0|y=0)=\frac{n_{22}}{n_{+1}} \tag{12-27}$$

此外,也可以用式(12-28)来度量模型精度:

$$\begin{aligned}
&P(\hat{y}=1,y=1)+P(\hat{y}=0,y=0)\\
&=P(\hat{y}=1|y=1)P(y=1)+P(\hat{y}=0|y=0)P(y=0)\\
&=\frac{n_{11}}{n_{1+}}\cdot\frac{n_{1+}}{n_{1+}+n_{+1}}+\frac{n_{22}}{n_{+1}}\cdot\frac{n_{+1}}{n_{1+}+n_{+1}}\\
&=\frac{n_{11}+n_{22}}{n_{1+}+n_{+1}}
\end{aligned} \tag{12-28}$$

式(12-28)综合考虑了$(y=1,\hat{y}=1)$与$(y=0,\hat{y}=0)$两部分信息,更全面度量了模型的精度。由式(12-28)推导过程可知,其为灵敏度与特异度的"加权"平均。

§12.5 Logistic 回归模型解释

12.5.1 解释变量对"优势比"的影响

当影响变量只有一个时,Logistic 回归模型为:

$$p(x)=\frac{\exp(\beta_0+\beta_1x_1)}{1+\exp(\beta_0+\beta_1x_1)}$$

解释变量对模型影响可以通过"优势比"解释。经过变换可以得到

$$\frac{p(x)}{1-p(x)}=e^{\beta_0}(e^{\beta_1})^{x_1} \tag{12-29}$$

式(12-29)度量了响应变量Y取值1相对于取值0的"优势",意味着当解释变量x_1每增加一个单位,Y取值1的优势增加e^{β_1}倍,特别的,当$\beta_1=0$时,Y取值1的优势不受x_1的变化影响。当解释变量不止一个时,可理解为当控制其他解释变量不变时,x_1每变化1个单位对优势比的影响为相应e^{β_1}倍。

12.5.2 解释变量对回归模型的影响

解释变量取值$x=(x_1,x_2,\cdots,x_k)$时,则$y=1$的概率估计值为:

$$p(x_0)=\frac{\exp(\beta_0+\beta_1x_1+\beta_2x_2+\cdots+\beta_kx_k)}{1+\exp(\beta_0+\beta_1x_1+\beta_2x_2+\cdots+\beta_kx_k)}$$

当控制其他解释变量不变时,第j个解释变量x_{0j}每变化1个单位相应于$p(x_0)$近似变化了$\beta_jp(x_0)[1-p(x_0)]$。

对于 Logistic 回归模型,也存在比较具有不同单位的影响变量效应的问题。与线性回归模型处理方法一样,可以用标准化影响变量$(x_j-\bar{x}_j)/s_{x_j}$代替x_j建立 Logistic 回归模型。则基于标准化影响变量的回归模型系数估计值$\hat{\beta}_j$就可以代表每个影响变量效应的大小。

§12.6 多项 Logistic 回归模型

以上介绍了的 Logistic 回归模型响应变量Y是二值的,即$Y=1$和$Y=0$的情形。实际问题

中,响应变量 Y 的取值可能是多值的,如一次出行可以选择交通工具有私家小汽车、出租车、自行车、公交车等,这意味着可以对 Y 定义多个值来描述不同的选择。针对这种情形,研究人员提出了多项 Logistic 回归模型,可以看作二项 Logistic 回归模型的一种自然推广。

多项 Logistic 回归模型通常有两种不同的类型,针对这两种不同情形,应分别处理。一种情形:响应变量为定类变量;另一种情形是:响应变量为定序变量。下面分别对这两种情形进行论述。

12.6.1 响应变量为定类变量

假设 Y 是有 J 个类别的定类变量,$\{p_1,\cdots,p_J,\}$ 为其概率(简单理解为 p_j 是 $Y=j$ 的概率)。常用处理的方法是把其中一个"响应值"作为基准(参照)。一般采用最后一个"响应值"作为基准,则模型有以下形式

$$\ln\left(\frac{p_j}{p_J}\right)=\beta_{j0}+\beta_{j1}x_1+\beta_{j2}x_2+\cdots+\beta_{jk}x_k,\quad j=1,2,\cdots,J-1 \tag{12-30}$$

式(12-30)是由 $J-1$ 个 Logistic 方程组成,且每个方程有不同的参数。当 $J=2$ 时,就是前面介绍的 Logistic 回归模型。

不妨以响应变量 Y 取值有三种情形为例。假设 $Y=1,Y=2,Y=3$(Y 的取值只表示类别,不表示排序或级别,不然就是定序变量了),其对应的概率为 p_1,p_2 和 $p_3,x_1,x_2,\cdots,x_k$ 为解释变量,按照上述的处理方法,选取 $Y=3$ 作为参照,建立多项 Logistic 回归模型:

$$\begin{cases}\ln\dfrac{p_1}{p_3}=\beta_{10}+\beta_{11}x_1+\beta_{12}x_2+\cdots+\beta_{1k}x_k\\[2ex]\ln\dfrac{p_2}{p_3}=\beta_{20}+\beta_{21}x_1+\beta_{22}x_2+\cdots+\beta_{2k}x_k\end{cases}$$

则:

$$\begin{cases}p_1=\dfrac{e^{\beta_{10}+\beta_{11}x_1+\beta_{12}x_2+\cdots+\beta_{1k}x_k}}{1+e^{\beta_{10}+\beta_{11}x_1+\beta_{12}x_2+\cdots+\beta_{1k}x_k}+e^{\beta_{20}+\beta_{21}x_1+\beta_{22}x_2+\cdots+\beta_{2k}x_k}}\\[2ex]p_2=\dfrac{e^{\beta_{20}+\beta_{21}x_1+\beta_{22}x_2+\cdots+\beta_{2k}x_k}}{1+e^{\beta_{10}+\beta_{11}x_1+\beta_{12}x_2+\cdots+\beta_{1k}x_k}+e^{\beta_{20}+\beta_{21}x_1+\beta_{22}x_2+\cdots+\beta_{2k}x_k}}\\[2ex]p_3=\dfrac{1}{1+e^{\beta_{10}+\beta_{11}x_1+\beta_{12}x_2+\cdots+\beta_{1k}x_k}+e^{\beta_{20}+\beta_{21}x_1+\beta_{22}x_2+\cdots+\beta_{2k}x_k}}\end{cases}$$

容易验证:

$$0\leqslant P_j\leqslant 1,\quad \sum_{j=1}^{k}P_j=1 \tag{12-31}$$

可采用极大似然估计方法估计模型中的参数。

12.6.2 响应变量为定序变量

当响应变量为定序变量时,其处理方法与二项 Logistic 回归模型有着相似之处。具体的处理方法时,每次只考虑一个响应值,而把其他的响应值归为一类处理,逐步分析。例如,假设响应变量 Y 取四值:$Y=1,Y=2,Y=3,Y=4$ 其对应的概率为 p_1,p_2,p_3 和 p_4。则在第一步把 $Y=1$ 看作一种取值,$Y=2$, $Y=3$ 和 $Y=4$ 看作另一种取值情形;p_1 与 $1-p_1$ 就是 Y 取值为 1 和取值不为 1 的概率;第二步则把 $Y=1$ 和 $Y=2$ 看作一种取值情形,$Y=3$ 与 $Y=4$ 看作另一种情形;相应的 p_1+p_2 与 $1-(p_1+p_2)$ 分别为响应变量 Y 取值为第一种情形($Y=1$ 或 $Y=2$)的概率和

第二种情形（响应变量 Y 取值不是 $Y=1$ 或 $Y=2$）的概率；第三步把 $Y=1$，$Y=2$ 和 $Y=3$ 看作一种取值情形，$Y=4$ 看作另一种情形；相应的 $p_1+p_2+p_3$ 与 $1-(p_1+p_2+p_3)$ 分别为响应变量 Y 取值为第一种情形（$Y=1$ 或 $Y=2$ 或 $Y=3$）的概率和第二种情形（响应变量 Y 取值不是 $Y=1$ 或 $Y=2$ 或 $Y=3$）的概率。因此，可得到有序响应变量的多项 Logistic 回归模型：

$$
\begin{cases}
\ln\left(\dfrac{p_1}{1-p_1}\right)=\beta_{10}+\beta_1x_1+\beta_2x_2+\cdots+\beta_kx_k \\
\ln\left(\dfrac{p_1+p_2}{1-(p_1+p_2)}\right)=\beta_{20}+\beta_1x_1+\beta_2x_2+\cdots+\beta_kx_k \\
\ln\left(\dfrac{p_1+p_2+p_3}{1-(p_1+p_2+p_3)}\right)=\beta_{30}+\beta_1x_1+\beta_2x_2+\cdots+\beta_kx_k
\end{cases} \tag{12-32}
$$

$$
\begin{cases}
p_1=\dfrac{e^{\beta_{10}+\beta_1x_1+\beta_2x_2+\cdots+\beta_kx_k}}{1+e^{\beta_{10}+\beta_1x_1+\beta_2x_2+\cdots+\beta_kx_k}} \\
p_2=\dfrac{e^{\beta_{20}+\beta_1x_1+\beta_2x_2+\cdots+\beta_kx_k}}{1+e^{\beta_{20}+\beta_1x_1+\beta_2x_2+\cdots+\beta_kx_k}}-\dfrac{e^{\beta_{10}+\beta_1x_1+\beta_2x_2+\cdots+\beta_kx_k}}{1+e^{\beta_{10}+\beta_1x_1+\beta_2x_2+\cdots+\beta_kx_k}} \\
p_3=\dfrac{e^{\beta_{30}+\beta_1x_1+\beta_2x_2+\cdots+\beta_kx_k}}{1+e^{\beta_{30}+\beta_1x_1+\beta_2x_2+\cdots+\beta_kx_k}}-\dfrac{e^{\beta_{20}+\beta_1x_1+\beta_2x_2+\cdots+\beta_kx_k}}{1+e^{\beta_{20}+\beta_1x_1+\beta_2x_2+\cdots+\beta_kx_k}}-\dfrac{e^{\beta_{10}+\beta_1x_1+\beta_2x_2+\cdots+\beta_kx_k}}{1+e^{\beta_{10}+\beta_1x_1+\beta_2x_2+\cdots+\beta_kx_k}} \\
p_3=1-p_1-p_2
\end{cases} \tag{12-33}
$$

多项 Logistic 回归模型的参数估计、模型诊断等问题可以参照二值 Logistic 线性回归模型，模型分析结果则可以参照例 12-2 进行解释。

思 考 题

1. 例 12-1 应用了加权最小二乘方法对模型参数进行估计，请用最小二乘方法对模型参数进行重新估计，并比较两者的差异。

2. 表 12-8 为汽车事故数据。以性别、事故地点和个体是否使用安全带作为解释变量。响应类型为①未受伤，②受伤但不要紧急医疗服务，③受伤并得到紧急医疗服务但未住院，④受伤并住院但未死亡，⑤受伤并死亡。用分组数据的 Logistic 回归模型分析受伤程度和安全带使用的关系。

汽车事故数据 表 12-8

性 别	地 点	安全带	受 伤 程 度				
			1	2	3	4	5
女性	城市	否	7 287	175	720	91	10
		是	11 587	126	577	48	8
	农村	否	3 246	73	710	159	31
		是	6 134	94	564	82	17
男性	城市	否	10 381	136	566	96	14
		是	10 969	83	259	37	1
	农村	否	6 123	141	710	188	45
		是	6 693	74	353	74	12

附　录

附表 1　标准正态分布函数表

$$\Phi(z) = \frac{1}{\sqrt{2\pi}}\int_{-\infty}^{z} e^{-\frac{u^2}{2}} du = P\{Z \leqslant z\}$$

z	0	1	2	3	4	5	6	7	8	9
0.0	0.500 0	0.504 0	0.508 0	0.512 0	0.516 0	0.519 9	0.523 9	0.527 9	0.531 9	0.535 9
0.1	0.539 8	0.543 8	0.547 8	0.551 7	0.555 7	0.559 6	0.563 6	0.567 5	0.571 4	0.575 3
0.2	0.579 3	0.583 2	0.587 1	0.591 0	0.594 8	0.598 7	0.602 6	0.606 4	0.610 3	0.614 1
0.3	0.617 9	0.621 7	0.625 5	0.629 3	0.633 1	0.636 8	0.640 4	0.644 3	0.648 0	0.651 7
0.4	0.655 4	0.659 1	0.662 8	0.666 4	0.670 0	0.673 6	0.677 2	0.680 8	0.684 4	0.687 9
0.5	0.691 5	0.695 0	0.698 5	0.701 9	0.705 4	0.708 8	0.712 3	0.715 7	0.719 0	0.722 4
0.6	0.725 7	0.729 1	0.732 4	0.735 7	0.738 9	0.742 2	0.745 4	0.748 6	0.751 7	0.754 9
0.7	0.758 0	0.761 1	0.764 2	0.767 3	0.770 3	0.773 4	0.776 4	0.779 4	0.782 3	0.785 2
0.8	0.788 1	0.791 0	0.793 9	0.796 7	0.799 5	0.802 3	0.805 1	0.807 8	0.810 6	0.813 3
0.9	0.815 9	0.818 6	0.821 2	0.823 8	0.826 4	0.828 9	0.835 5	0.834 0	0.836 5	0.838 9
1.0	0.841 3	0.843 8	0.846 1	0.848 5	0.850 8	0.853 1	0.855 4	0.857 7	0.859 9	0.862 1
1.1	0.864 3	0.866 5	0.868 6	0.870 8	0.872 9	0.874 9	0.877 0	0.879 0	0.881 0	0.883 0
1.2	0.884 9	0.886 9	0.888 8	0.890 7	0.892 5	0.894 4	0.896 2	0.898 0	0.899 7	0.901 5
1.3	0.903 2	0.904 9	0.906 6	0.908 2	0.909 9	0.911 5	0.913 1	0.914 7	0.916 2	0.917 7
1.4	0.919 2	0.920 7	0.922 2	0.923 6	0.925 1	0.926 5	0.927 9	0.929 2	0.930 6	0.931 9
1.5	0.933 2	0.934 5	0.935 7	0.937 0	0.938 2	0.939 4	0.940 6	0.941 8	0.943 0	0.944 1
1.6	0.945 2	0.946 3	0.947 4	0.948 4	0.949 5	0.950 5	0.951 5	0.952 5	0.953 5	0.953 5
1.7	0.955 4	0.956 4	0.957 3	0.958 2	0.959 1	0.959 9	0.960 8	0.961 6	0.962 5	0.963 3
1.8	0.964 1	0.964 8	0.965 6	0.966 4	0.967 2	0.967 8	0.968 6	0.969 3	0.970 0	0.970 6
1.9	0.971 3	0.971 9	0.972 6	0.973 2	0.973 8	0.974 4	0.975 0	0.975 6	0.976 2	0.976 7
2.0	0.977 2	0.977 8	0.978 3	0.978 8	0.979 3	0.979 8	0.980 3	0.980 8	0.981 2	0.981 7
2.1	0.982 1	0.982 6	0.983 0	0.983 4	0.983 8	0.984 2	0.984 6	0.985 0	0.985 4	0.985 7
2.2	0.986 1	0.986 4	0.986 8	0.987 1	0.987 4	0.987 8	0.988 1	0.988 4	0.988 7	0.989 0
2.3	0.989 3	0.989 6	0.989 8	0.990 1	0.990 4	0.990 6	0.990 9	0.991 1	0.991 3	0.991 6
2.4	0.991 8	0.992 0	0.992 2	0.992 5	0.992 7	0.992 9	0.993 1	0.993 2	0.993 4	0.993 6
2.5	0.993 8	0.994 0	0.994 1	0.994 3	0.994 5	0.994 6	0.994 8	0.994 9	0.995 1	0.995 2

续上表

z	0	1	2	3	4	5	6	7	8	9
2.6	0.995 3	0.995 5	0.995 6	0.995 7	0.995 9	0.996 0	0.996 1	0.996 2	0.996 3	0.996 4
2.7	0.996 5	0.996 6	0.996 7	0.996 8	0.996 9	0.997 0	0.997 1	0.997 2	0.997 3	0.997 4
2.8	0.997 4	0.997 5	0.997 6	0.997 7	0.997 7	0.997 8	0.997 9	0.997 9	0.998 0	0.998 1
2.9	0.998 1	0.998 2	0.998 2	0.998 3	0.998 4	0.998 4	0.998 5	0.998 5	0.998 6	0.998 6
3.0	0.998 7	0.998 7	0.998 7	0.998 8	0.998 8	0.998 9	0.998 9	0.998 9	0.999 0	0.999 0
3.1	0.999 0	0.999 1	0.999 1	0.999 1	0.999 2	0.999 2	0.999 2	0.999 2	0.999 3	0.999 3
3.2	0.999 3	0.999 3	0.999 4	0.999 4	0.999 4	0.999 4	0.999 4	0.999 5	0.999 5	0.999 5
3.3	0.999 5	0.999 5	0.999 5	0.999 6	0.999 6	0.999 6	0.999 6	0.999 6	0.999 6	0.999 7
3.4	0.999 7	0.999 7	0.999 7	0.999 7	0.999 7	0.999 7	0.999 7	0.999 7	0.999 7	0.999 8

附表2　t 分布临界值(t_{α})表

$$P\{t(n) > t_{\alpha}(n)\} = \alpha$$

n	$a=0.25$	0.10	0.05	0.025	0.01	0.005
1	1.000 0	3.077 7	6.313 8	12.706 2	31.820 7	63.657 4
2	0.816 5	1.885 6	2.920 0	4.302 7	6.964 6	9.924 8
3	0.764 9	1.637 7	2.353 4	3.182 4	4.540 7	5.840 9
4	0.740 7	1.533 2	2.131 8	2.776 4	3.746 9	4.604 1
5	0.726 7	1.475 9	2.015 0	2.570 6	3.364 9	4.032 2
6	0.717 6	1.439 8	1.943 2	2.446 9	3.142 7	3.707 4
7	0.711 1	1.414 9	1.894 6	2.364 6	2.998 0	3.499 5
8	0.706 4	1.396 8	1.859 5	2.306 0	2.896 5	3.355 4
9	0.702 7	1.383 0	1.833 1	2.262 2	2.821 4	3.249 8
10	0.699 8	1.372 2	1.812 5	2.228 1	2.763 8	3.169 3
11	0.697 4	1.363 4	1.795 9	2.201 0	2.718 1	3.105 8
12	0.695 5	1.356 2	1.782 3	2.178 8	2.681 0	3.054 5
13	0.693 8	1.350 2	1.770 9	2.160 4	2.650 3	3.012 3
14	0.692 4	1.345 0	1.761 3	2.144 8	2.624 5	2.976 8
15	0.691 2	1.340 6	1.753 1	2.131 5	2.602 5	2.946 7
16	0.690 1	1.336 8	1.745 9	2.119 9	2.583 5	2.920 8
17	0.689 2	1.333 4	1.739 6	2.109 8	2.566 9	2.898 2
18	0.688 4	1.330 4	1.734 1	2.100 9	2.552 4	2.878 4
19	0.687 6	1.327 7	1.729 1	2.093 0	2.539 5	2.860 9
20	0.867 0	1.325 3	1.724 7	2.086 0	2.528 0	2.845 3
21	0.686 4	1.323 2	1.720 7	2.079 6	2.517 7	2.831 4
22	0.685 8	1.321 2	1.717 1	2.073 9	2.508 3	2.818 8
23	0.685 3	1.319 5	1.713 9	2.068 7	2.499 9	2.807 3
24	0.684 8	1.317 8	1.710 9	2.063 9	2.492 2	2.796 9
25	0.684 4	1.316 3	1.708 1	2.059 5	2.485 1	2.787 4
26	0.684 0	1.315 0	1.705 6	2.055 5	2.478 6	2.778 7
27	0.683 7	1.313 7	1.703 3	2.051 8	2.472 7	2.770 7
28	0.683 4	1.312 5	1.701 1	2.048 4	2.467 1	2.763 3
29	0.683 0	1.311 4	1.699 1	2.045 2	2.462 0	2.756 4
30	0.682 8	1.310 4	1.697 3	2.042 3	2.457 3	2.750 0
31	0.682 5	1.309 5	1.695 5	2.039 5	2.452 8	2.744 0
32	0.682 2	1.308 6	1.693 9	2.036 9	2.448 7	2.738 5

续上表

n	$a=0.25$	0.10	0.05	0.025	0.01	0.005
33	0.682 0	1.307 7	1.692 4	2.034 5	2.444 8	2.733 3
34	0.681 8	1.307 0	1.690 9	2.032 2	2.441 1	2.728 4
35	0.681 6	1.306 2	1.689 6	2.030 1	2.437 7	2.723 8
36	0.681 4	1.305 5	1.688 3	2.028 1	2.434 5	2.719 5
37	0.681 2	1.304 9	1.687 1	2.026 2	2.431 4	2.715 4
38	0.681 0	1.304 2	1.686 0	2.024 4	2.428 6	2.711 6
39	0.680 8	1.303 6	1.684 9	2.022 7	2.425 8	2.707 9
40	0.680 7	1.303 1	1.683 9	2.021 1	2.423 3	2.704 5
41	0.680 5	1.302 5	1.682 9	2.019 5	2.420 8	2.701 2
42	0.680 4	1.302 0	1.682 0	2.018 1	2.418 5	2.698 1
43	0.680 2	1.301 6	1.681 1	2.016 7	2.416 3	2.6951
44	0.680 1	1.301 1	1.680 2	2.015 4	2.414 1	2.692 3
45	0.680 0	1.300 6	1.679 4	2.014 1	2.412 1	2.689 6

附表3 χ^2 分布分位数表

$$P\{\chi^2(n) > \chi_\alpha^2(n)\} = \alpha$$

n	$\alpha=0.995$	0.99	0.975	0.95	0.90	0.75	0.10	0.05	0.025	0.01	0.005
1	—	—	0.001	0.004	0.016	0.102	2.706	3.841	5.024	6.635	7.879
2	0.010	0.020	0.051	0.103	0.211	0.575	4.605	5.991	7.378	9.210	10.597
3	0.072	0.115	0.216	0.352	0.584	1.213	6.251	7.815	9.348	11.345	12.838
4	0.207	0.297	0.484	0.711	1.064	1.923	7.779	9.488	11.143	13.277	14.860
5	0.412	0.554	0.831	1.145	1.610	2.675	9.236	11.070	12.833	15.086	16.750
6	0.676	0.872	1.237	1.635	2.204	3.455	10.645	12.592	14.449	16.812	18.548
7	0.989	1.239	1.690	2.167	2.833	4.255	12.017	14.067	16.013	18.475	20.278
8	1.344	1.646	2.180	2.733	3.490	5.071	13.362	15.507	17.535	20.090	21.955
9	1.735	2.088	2.700	3.325	4.168	5.899	14.684	16.919	19.023	21.666	23.589
10	2.156	2.558	3.247	3.940	4.865	6.737	15.987	18.307	20.483	23.209	25.188
11	2.603	3.053	3.816	4.575	5.578	7.584	17.275	19.675	21.920	24.725	26.757
12	3.074	3.571	4.404	5.226	6.304	8.438	18.549	21.026	23.337	26.217	28.300
13	3.565	4.107	5.009	5.892	7.042	9.299	19.812	22.362	24.736	27.688	29.819
14	4.075	4.660	5.629	6.571	7.790	10.165	21.064	23.685	26.119	29.141	31.319
15	4.601	5.229	6.262	7.261	8.547	11.037	22.307	24.996	27.488	30.578	32.801
16	5.142	5.812	6.908	7.962	9.312	11.912	23.542	26.296	28.845	32.000	34.267
17	5.697	6.408	7.564	8.672	10.085	12.792	24.769	27.587	30.191	33.409	35.718
18	6.265	7.015	8.231	9.390	10.865	13.675	25.989	28.869	31.526	34.805	37.156
19	6.844	7.633	8.907	10.117	11.651	14.562	27.204	30.144	32.852	36.191	38.582
20	7.434	8.260	9.591	10.851	12.443	15.452	28.412	31.410	34.170	37.566	39.997
21	8.034	8.897	10.283	11.591	13.240	16.344	29.615	32.671	35.479	38.932	41.401
22	8.643	9.542	10.982	12.338	14.042	17.240	30.813	33.924	36.781	40.289	42.796
23	9.260	10.196	11.689	13.091	14.848	18.137	32.007	35.172	38.076	41.638	44.181
24	9.886	10.856	12.401	13.848	15.659	19.037	33.196	36.415	39.364	42.980	45.559
25	10.520	11.524	13.120	14.611	16.473	19.939	34.382	37.652	40.646	44.314	46.928
26	11.160	12.198	13.844	15.379	17.292	20.843	35.563	38.885	41.923	45.642	48.290
27	11.808	12.879	14.573	16.151	18.114	21.749	36.741	40.113	43.194	46.963	49.645
28	12.461	13.565	15.308	16.928	18.939	22.657	37.916	41.337	44.461	48.278	50.993
29	13.121	14.257	16.047	17.708	19.768	23.567	39.087	42.557	45.722	49.588	52.336
30	13.787	14.954	16.791	18.493	20.599	24.478	40.256	43.773	46.979	50.892	53.672
31	14.458	15.655	17.539	19.281	21.434	25.390	41.422	44.985	48.232	52.191	55.003
32	15.134	16.362	18.291	20.072	22.271	26.304	42.585	46.194	49.480	53.486	56.328
33	15.815	17.074	19.047	20.807	23.110	27.219	43.745	47.400	50.725	54.776	57.648

续上表

n	$a=0.995$	0.99	0.975	0.95	0.90	0.75	0.10	0.05	0.025	0.01	0.005
34	16.501	17.789	19.806	21.664	23.952	28.136	44.903	48.602	51.966	56.061	58.964
35	17.192	18.509	20.569	22.465	24.797	29.054	46.059	49.802	53.203	57.342	60.275
36	17.887	19.233	21.336	23.269	25.613	29.973	47.212	50.998	54.437	58.619	61.581
37	18.586	19.960	22.106	24.075	26.492	30.893	48.363	52.192	55.668	59.892	62.883
38	19.289	20.691	22.878	24.884	27.343	31.815	49.513	53.384	56.896	61.162	64.181
39	19.996	21.426	23.654	25.695	28.196	32.737	50.660	54.572	58.120	62.428	65.476
40	20.707	22.164	24.433	26.509	29.051	33.660	51.805	55.758	59.342	63.691	66.766
41	21.421	22.906	25.215	27.326	29.907	34.585	52.949	53.942	60.561	61.950	68.053
42	22.138	23.650	25.999	28.144	30.765	35.510	54.090	58.124	61.777	66.206	69.336
43	22.859	24.398	26.785	28.965	31.625	36.430	55.230	59.304	62.990	67.459	70.606
44	23.584	25.143	27.575	29.787	32.487	37.363	56.369	60.481	64.201	68.710	71.893
45	24.311	25.901	28.366	30.612	33.350	38.291	57.505	61.656	65.410	69.957	73.166

附表4　F分布的分位数表

$\alpha=0.10$

n_2 \ n_1	1	2	3	4	5	6	8	12	24	∞
1	39.86	49.50	53.59	55.83	57.24	58.20	59.44	60.71	62.00	63.33
2	8.53	9.00	9.16	9.24	9.29	9.33	9.37	9.41	9.45	9.49
3	5.54	5.46	5.36	5.32	5.31	5.28	5.25	5.22	5.18	5.13
4	4.54	4.32	4.19	4.11	4.05	4.01	3.95	3.90	3.83	3.76
5	4.06	3.78	3.62	3.52	3.45	3.40	3.34	3.27	3.19	3.10
6	3.78	3.46	3.29	3.18	3.11	3.05	2.98	2.90	2.82	2.72
7	3.59	3.26	3.07	2.96	2.88	2.83	2.75	2.67	2.58	2.47
8	3.46	3.11	2.92	2.81	2.73	2.67	2.59	2.50	2.40	2.29
9	3.36	3.01	2.81	2.69	2.61	2.55	2.47	2.38	2.28	2.16
10	3.29	2.92	2.73	2.61	2.52	2.46	2.38	2.28	2.18	2.06
11	3.23	2.86	2.66	2.54	2.45	2.39	2.30	2.21	2.10	1.97
12	3.18	2.81	2.61	2.48	2.39	2.33	2.24	2.15	2.04	1.90
13	3.14	2.76	2.56	2.43	2.35	2.28	2.20	2.10	1.98	1.85
14	3.10	2.73	2.52	2.39	2.31	2.24	2.15	2.05	1.94	1.80
15	3.07	2.70	2.49	2.36	2.27	2.21	2.12	2.02	1.90	1.76
16	3.05	2.67	2.46	2.33	2.24	2.18	2.09	1.99	1.87	1.72
17	3.03	2.64	2.44	2.31	2.22	2.15	2.06	1.96	1.84	1.69
18	3.01	2.62	2.42	2.29	2.20	2.13	2.04	1.93	1.81	1.66
19	2.99	2.61	2.40	2.27	2.18	2.11	2.02	1.91	1.79	1.63
20	2.97	2.59	2.38	2.25	2.16	2.09	2.00	1.89	1.77	1.61
21	2.96	2.57	2.36	2.23	2.14	2.08	1.98	1.87	1.75	1.59
22	2.95	2.56	2.35	2.22	2.13	2.06	1.97	1.86	1.73	1.57
23	2.94	2.55	2.34	2.21	2.11	2.05	1.95	1.84	1.72	1.55
24	2.93	2.54	2.33	2.19	2.10	2.04	1.94	1.83	1.70	1.53
25	2.92	2.53	2.32	2.18	2.09	2.02	1.93	1.82	1.69	1.52
26	2.91	2.52	2.31	2.17	2.08	2.01	1.92	1.81	1.68	1.50
27	2.90	2.51	2.30	2.17	2.07	2.00	1.91	1.80	1.67	1.49
28	2.89	2.50	2.29	2.16	2.06	2.00	1.90	1.79	1.66	1.48
29	2.89	2.50	2.28	2.15	2.06	1.99	1.89	1.78	1.65	1.47
30	2.88	2.49	2.28	2.14	2.05	1.98	1.88	1.77	1.64	1.46
40	2.84	2.44	2.23	2.09	2.00	1.93	1.83	1.71	1.57	1.38
60	2.79	2.39	2.18	2.04	1.95	1.87	1.77	1.66	1.51	1.29
120	2.75	2.35	2.13	1.99	1.90	1.82	1.72	1.60	1.45	1.19
∞	2.71	2.30	2.08	1.94	1.85	1.17	1.67	1.55	1.38	1.00

$\alpha = 0.05$

n_2 \ n_1	1	2	3	4	5	6	8	12	24	∞
1	161.4	199.5	215.7	224.6	230.2	234.0	238.9	243.9	249.0	254.3
2	18.51	19.00	19.16	19.25	19.30	19.33	19.37	19.41	19.45	19.50
3	10.13	9.55	9.28	9.12	9.01	8.94	8.84	8.74	8.64	8.53
4	7.71	6.94	6.59	6.39	6.26	6.16	6.04	5.91	5.77	5.63
5	6.61	5.79	5.41	5.19	5.05	4.95	4.82	4.68	4.53	4.36
6	5.99	5.14	4.76	4.53	4.39	4.28	4.15	4.00	3.84	3.67
7	5.59	4.74	4.35	4.12	3.97	3.87	3.73	3.57	3.41	3.23
8	5.32	4.46	4.07	3.84	3.69	3.58	3.44	3.28	3.12	2.93
9	5.12	4.26	3.86	3.63	3.48	3.37	3.23	3.07	2.90	2.71
10	4.96	4.10	3.71	3.48	3.33	3.22	3.07	2.91	2.74	2.54
11	4.84	3.98	3.59	3.36	3.20	3.09	2.95	2.79	2.61	2.40
12	4.75	3.88	3.49	3.26	3.11	3.00	2.85	2.69	2.50	2.30
13	4.67	3.80	3.41	3.18	3.02	2.92	2.77	2.60	2.42	2.21
14	4.60	3.74	3.34	3.11	2.96	2.85	2.70	2.53	2.35	2.13
15	4.54	3.68	3.29	3.06	2.90	2.79	2.64	2.48	2.29	2.07
16	4.49	3.63	3.24	3.01	2.85	2.74	2.59	2.42	2.24	2.01
17	4.45	3.59	3.20	2.96	2.81	2.70	2.55	2.38	2.19	1.96
18	4.41	3.55	3.16	2.93	2.77	2.66	2.51	2.34	2.15	1.92
19	4.38	3.52	3.13	2.90	2.74	2.63	2.48	2.31	2.11	1.88
20	4.35	3.49	3.10	2.87	2.71	2.60	2.45	2.28	2.08	1.84
21	4.32	3.47	3.07	2.84	2.68	2.57	2.42	2.25	2.05	1.81
22	4.30	3.44	3.05	2.82	2.66	2.55	2.40	2.23	2.03	1.78
23	4.28	3.42	3.03	2.80	2.64	2.53	2.38	2.20	2.00	1.76
24	4.26	3.40	3.01	2.78	2.62	2.51	2.36	2.18	1.98	1.73
25	4.24	3.38	2.99	2.76	2.60	2.49	2.34	2.16	1.96	1.71
26	4.22	3.37	2.98	2.74	2.59	2.47	2.32	2.15	1.95	1.69
27	4.21	3.35	2.96	2.73	2.57	2.46	2.30	2.13	1.93	1.67
28	4.20	3.34	2.95	2.71	2.56	2.44	2.29	2.12	1.91	1.65
29	4.18	3.33	2.93	2.70	2.54	2.43	2.28	2.10	1.90	1.64
30	4.17	3.32	2.92	2.69	2.53	2.42	2.27	2.09	1.89	1.62
40	4.08	3.23	2.84	2.61	2.45	2.34	2.18	2.00	1.79	1.51
60	4.00	3.15	2.76	2.52	2.37	2.25	2.10	1.92	1.70	1.39
120	3.92	3.07	2.68	2.45	2.29	2.17	2.02	1.83	1.61	1.25
∞	3.84	2.99	2.60	2.37	2.21	2.09	1.94	1.75	1.52	1.00

附表5　柯尔莫哥洛夫检验的临界值表

$$P(D_n > D_{n,\alpha}) = \alpha$$

n \ α	0.20	0.10	0.05	0.02	0.01
1	0.900 00	0.950 00	0.975 00	0.990 00	0.995 00
2	0.683 77	0.776 39	0.841 89	0.900 00	0.929 29
3	0.564 81	0.636 04	0.707 60	0.784 56	0.829 00
4	0.492 65	0.565 22	0.623 94	0.688 87	0.734 24
5	0.446 98	0.509 45	0.563 23	0.627 18	0.668 53
6	0.410 37	0.467 99	0.519 26	0.577 41	0.616 61
7	0.381 48	0.436 07	0.483 42	0.538 44	0.575 81
8	0.358 31	0.409 62	0.454 27	0.506 54	0.541 79
9	0.339 10	0.387 46	0.430 01	0.479 60	0.513 32
10	0.322 60	0.368 66	0.409 25	0.456 62	0.488 93
11	0.308 29	0.352 42	0.391 22	0.436 70	0.467 70
12	0.295 77	0.338 15	0.375 43	0.419 18	0.449 05
13	0.284 70	0.325 49	0.361 43	0.403 62	0.432 47
14	0.274 81	0.314 17	0.348 90	0.389 70	0.417 62
15	0.265 83	0.303 97	0.337 60	0.377 13	0.404 20
16	0.257 78	0.294 72	0.327 33	0.365 71	0.392 01
17	0.250 39	0.286 27	0.317 96	0.355 28	0.380 86
18	0.243 60	0.278 51	0.309 36	0.345 69	0.370 62
19	0.237 35	0.271 36	0.301 43	0.336 85	0.361 17
20	0.231 56	0.264 73	0.294 03	0.328 66	0.352 41
21	0.226 17	0.258 58	0.287 24	0.321 04	0.344 27
22	0.221 15	0.252 83	0.280 87	0.313 94	0.336 66
23	0.216 45	0.247 46	0.274 90	0.307 23	0.329 54
24	0.212 05	0.242 42	0.269 36	0.301 04	0.322 86
25	0.207 90	0.237 63	0.264 04	0.295 16	0.316 57
26	0.203 99	0.233 20	0.259 07	0.289 62	0.310 64
27	0.200 30	0.223 93	0.254 33	0.284 38	0.305 02
28	0.196 80	0.224 97	0.249 93	0.279 42	0.299 71
29	0.193 48	0.221 17	0.245 71	0.274 71	0.294 66
30	0.190 32	0.217 56	0.241 70	0.270 23	0.289 87

续上表

n \ α	0.20	0.10	0.05	0.02	0.01
31	0.187 32	0.214 12	0.237 88	0.265 96	0.285 30
32	0.184 45	0.210 85	0.234 24	0.261 89	0.280 94
33	0.181 71	0.207 71	0.230 76	0.258 01	0.276 77
34	0.179 09	0.204 72	0.227 43	0.254 29	0.272 79
35	0.176 59	0.201 85	0.224 25	0.250 73	0.268 97
36	0.174 18	0.199 10	0.221 19	0.247 32	0.265 32
37	0.171 88	0.196 46	0.218 26	0.244 04	0.261 80
38	0.169 66	0.193 92	0.215 44	0.240 89	0.258 43
39	0.167 53	0.191 48	0.212 73	0.237 86	0.255 18
40	0.165 47	0.189 13	0.210 12	0.234 94	0.252 05
41	0.163 49	0.186 87	0.207 60	0.232 13	0.249 04
42	0.161 58	0.184 68	0.205 17	0.229 41	0.246 13
43	0.159 74	0.182 57	0.202 83	0.226 79	0.243 32
44	0.157 96	0.180 53	0.200 56	0.224 26	0.240 60
45	0.156 23	0.173 56	0.198 37	0.221 81	0.237 98
46	0.154 57	0.176 65	0.196 25	0.219 44	0.235 44
47	0.152 95	0.174 81	0.194 20	0.217 15	0.232 93
48	0.151 39	0.173 02	0.192 21	0.214 93	0.230 59
49	0.149 87	0.171 23	0.190 28	0.212 77	0.228 28
50	0.148 40	0.169 59	0.188 41	0.210 68	0.226 04
55	0.141 64	0.161 86	0.179 81	0.201 07	0.215 74
60	0.135 73	0.155 11	0.172 31	0.192 67	0.206 73
65	0.130 52	0.149 13	0.165 67	0.185 25	0.198 77
70	0.125 86	0.143 81	0.159 75	0.178 63	0.191 67
75	0.121 67	0.139 01	0.154 42	0.172 63	0.185 28
80	0.117 37	0.134 67	0.149 60	0.167 28	0.179 49
85	0.114 42	0.130 72	0.145 20	0.162 36	0.174 21
90	0.111 25	0.127 09	0.141 17	0.157 86	0.169 33
95	0.108 33	0.123 75	0.137 46	0.153 71	0.164 93
100	0.105 63	0.120 67	0.134 03	0.149 37	0.160 81

附表6 计算 W 的系数 $\{a_{n+1-i}\}$（正态性检验）

i	n									
		2	3	4	5	6	7	8	9	10
1		0.707 1	0.707 1	0.687 2	0.664 6	0.643 1	0.623 3	0.605 2	0.588 8	0.573 9
2		—	0.000	0.167 7	0.241 3	0.280 6	0.303 1	0.316 4	0.324 4	0.329 1
3		—	—	—	—	0.087 5	0.140 1	0.173 4	0.197 6	0.214 1
4		—	—	—	—	—	0.000	0.056 1	0.094 7	0.122 4
5		—	—	—	—	—	—	—	0.000 0	0.039 9

	11	12	13	14	15	16	17	18	19	20
1	0.560 1	0.547 5	0.535 9	0.525 1	0.515	0.505 6	0.496 8	0.488 6	0.480 8	0.473 4
2	0.331 5	0.332 5	0.332 5	0.331 8	0.330 6	0.329	0.327 3	0.325 3	0.323 2	0.321 1
3	0.226	0.234 7	0.241 2	0.246	0.249 5	0.252 1	0.254	0.255 3	0.256 1	0.256 5
4	0.142 9	0.158 6	0.170 7	0.180 2	0.187 8	0.193 9	0.198 8	0.202 7	0.205 9	0.208 5
5	0.069 5	0.092 2	0.109 9	0.124	0.135 3	0.144 7	0.152 4	0.158 7	0.164 1	0.168 6
6	0.000	0.030 3	0.539	0.072 7	0.088	0.100 5	0.110 9	0.119 7	0.127 1	0.133 4
7	—	—	0.000	0.024	0.043 3	0.059 3	0.072 5	0.083 7	0.093 2	0.101 3
8	—	—	—	—	0.000	0.019 6	0.035 9	0.049 6	0.061 2	0.071 1
9	—	—	—	—			0.000	0.016 3	0.030 3	0.042 2
10	—	—	—	—	—	—	—	—	0.000 0	0.014

	21	22	23	24	25	26	27	28	29	30
1	0.464 3	0.459	0.454 2	0.449 3	0.445	0.440 7	0.436 6	0.432 8	0.429 1	0.425 4
2	0.318 5	0.315 6	0.312 6	0.309 8	0.306 9	0.304 3	0.301 8	0.299 2	0.296 8	0.294 4
3	0.257 8	0.257 1	0.256 3	0.255 4	0.254 3	0.253 3	0.252 2	0.251	0.249 9	0.248 7
4	0.211 9	0.213 1	0.213 9	0.214 5	0.214 8	0.215 1	0.215 2	0.215 1	0.215	0.214 8
5	0.173 6	0.176 4	0.178 7	0.180 7	0.182 2	0.183 6	0.184 8	0.185 7	0.186 4	0.187
6	0.139 9	0.144 3	0.148	0.151 2	0.153 9	0.156 3	0.158 4	0.160 1	0.161 6	0.163
7	0.109 2	0.115	0.120 1	0.124 5	0.128 3	0.131 6	0.134 6	0.137 2	0.139 5	0.141 5
8	0.080 4	0.087 8	0.094 1	0.099 7	0.104 6	0.108 9	0.112 8	0.116 2	0.119 2	0.121 9
9	0.053	0.061 8	0.069 6	0.076 4	0.082 3	0.087 6	0.092 3	0.096 5	0.100 2	0.103 6

续上表

i	n									
	21	22	23	24	25	26	27	28	29	30
10	0.026 3	0.036 8	0.045 9	0.053 9	0.061	0.067 2	0.072 8	0.077 8	0.082 2	0.086 2
11	0.000	0.012 2	0.022 8	0.032 1	0.040 3	0.047 6	0.054	0.059 8	0.065	0.069 7
12	—	—	0.000	0.010 7	0.02	0.028 4	0.035 8	0.042 4	0.048 3	0.053 7
13	—	—	—	—	0.000	0.009 4	0.017 8	0.025 3	0.032	0.038 1
14	—	—	—	—	—	—	—	0.008 4	0.015 9	0.022 7
15	—	—	—	—	—	—	—	—	0.000	0.007 6
	31	32	33	34	35	36	37	38	39	40
1	0.422	0.418 8	0.415 6	0.412 7	0.409 6	0.406 8	0.404	0.401 5	0.398 9	0.396 4
2	0.292 1	0.289 8	0.287 6	0.285 4	0.283 4	0.281 3	0.279 4	0.277 4	0.275 5	0.273 7
3	0.247 5	0.246 3	0.245 1	0.243 9	0.242 7	0.241 5	0.240 3	0.239 1	0.238	0.236 8
4	0.214 5	0.214 1	0.213 7	0.213 2	0.212 7	0.212 1	0.211 6	0.211	0.210 4	0.209 8
5	0.187 4	0.187 8	0.188	0.188 2	0.188 3	0.188 3	0.188 3	0.188 1	0.188	0.187 8
6	0.164 1	0.165 1	0.166	0.166 7	0.167 3	0.167 8	0.168 3	0.168 6	0.168 9	0.169 1
7	0.143 3	0.144 9	0.146 3	0.147 5	0.148 7	0.149 6	0.150 5	0.151 3	0.152	0.152 6
8	0.124 3	0.126 5	0.128 4	0.130 1	0.131 7	0.133 1	0.134 4	0.135 6	0.136 6	0.137 6
9	0.106 6	0.109 3	0.111 8	0.114	0.116	0.117 9	0.119 6	0.121 1	0.122 5	0.123 7
10	0.089 9	0.093 1	0.096 1	0.098 8	0.101 3	0.103 6	0.105 6	0.107 5	0.109 2	0.110 8
11	0.073 9	0.077 7	0.081 2	0.084 4	0.087 3	0.09	0.092 4	0.094 7	0.096 7	0.098 6
12	0.058 5	0.062 9	0.066 9	0.070 6	0.073 9	0.077	0.078 9	0.082 4	0.084 8	0.087
13	0.043 5	0.048 5	0.053	0.057 2	0.061	0.064 5	0.067 7	0.070 6	0.073 3	0.075 9
14	0.028 9	0.034 4	0.039 5	0.044 1	0.048 4	0.052 3	0.055 9	0.059 2	0.062 2	0.065 1
15	0.014 4	0.020 6	0.026 2	0.031 4	0.036 1	0.040 4	0.044 4	0.048 1	0.051 5	0.054 6
16	0.000	0.006 8	0.013 1	0.018 7	0.023 9	0.028 7	0.033 1	0.037 2	0.040 69	0.044 4
17	—	—	0.000	0.006 2	0.011 9	0.017 2	0.022	0.026 4	0.030 5	0.034 3
18	—	—	—	—	0.000	0.005 7	0.011	0.015 8	0.020 3	0.024 4
19	—	—	—	—	—	—	0.000	0.005 3	0.010 1	0.014 6
20	—	—	—	—	—	—	—	—	0.000	0.004 9
	41	42	43	44	45	46	47	48	49	50
1	0.394	0.391 7	0.389 4	0.387 2	0.385	0.383	0.388	0.378 9	0.377	0.375 1
2	0.271 9	0.270 1	0.268 4	0.266 7	0.265 1	0.263 5	0.262	0.260 4	0.258 9	0.257 4
3	0.235 7	0.234 5	0.233 4	0.232 3	0.231 3	0.230 2	0.229 1	0.228 1	0.227 1	0.226

续上表

i	n									
	41	42	43	44	45	46	47	48	49	50
4	0.209 1	0.208 5	0.207 8	0.207 2	0.206 5	0.205 8	0.205 2	0.204 5	0.203 8	0.203 2
5	0.187 6	0.187 4	0.187 1	0.186 8	0.186 5	0.186 2	0.185 9	0.185 5	0.185 1	0.184 7
6	0.169 3	0.169 4	0.169 5	0.169 5	0.169 5	0.169 5	0.169 5	0.169 3	0.169 2	0.169 1
7	0.153 1	0.153 5	0.153 9	0.154 2	0.154 5	0.154 8	0.155	0.155 1	0.155 3	0.155 4
8	0.138 4	0.139 2	0.139 8	0.140 5	0.141	0.141 5	0.142	0.142 3	0.142 7	0.143
9	0.124 9	0.125 9	0.126 9	0.127 8	0.128 6	0.129 3	0.13	0.130 6	0.131 2	0.131 7
10	0.112 3	0.113 6	0.114 9	0.116	0.117	0.118	0.118 9	0.119 7	0.120 5	0.121 2
11	0.100 4	0.102	0.103 5	0.104 9	0.106 2	0.107 3	0.108 5	0.109 5	0.110 5	0.111 3
12	0.089 1	0.090 9	0.092 7	0.094 3	0.095 9	0.097 2	0.098 6	0.099 8	0.101	0.102
13	0.078 2	0.080 4	0.082 4	0.084 2	0.086	0.087 6	0.089 2	0.090 6	0.091 9	0.093 2
14	0.067 7	0.070 1	0.072 4	0.074 5	0.076 5	0.078 3	0.080 1	0.081 7	0.083 2	0.084 6
15	0.057 5	0.060 2	0.062 8	0.065 1	0.067 3	0.069 4	0.071 3	0.073 1	0.074 8	0.076 4
16	0.047 6	0.050 6	0.053 4	0.056	0.058 4	0.060 7	0.062 8	0.064 8	0.066 7	0.068 5
17	0.037 9	0.041 1	0.044 2	0.047 1	0.049 7	0.052 2	0.054 6	0.056 8	0.058 8	0.060 8
18	0.028 3	0.031 8	0.035 2	0.038 3	0.041 2	0.043 9	0.046 5	0.048 9	0.051 1	0.053 2
19	0.018 8	0.022 7	0.026 3	0.029 6	0.032 8	0.035 7	0.038 5	0.041 1	0.043 6	0.045 9
20	0.009 4	0.013 6	0.017 5	0.021 1	0.024 5	0.027 7	0.030 7	0.033 5	0.036 1	0.038 6
21	0.000	0.004 5	0.008 7	0.012 6	0.016 3	0.019 7	0.022 9	0.025 9	0.028 8	0.031 4
22	—	—	0.000	0.004 2	0.008 1	0.011 8	0.015 3	0.018 5	0.021 5	0.024 4
23	—	—	—	—	0.000	0.003 9	0.007 6	0.011 1	0.014 3	0.017 4
24	—	—	—	—	—	—	0.000	0.003 7	0.007 1	0.010 4
25	—	—	—	—	—	—	—	—	0.000	0.003 5

附表 7　W 统计量分位数(正态性检验)

$$P(W \leqslant W_{\alpha}) = \alpha$$

	α								
n	0.01	0.02	0.05	0.1	0.5	0.9	0.95	0.98	0.99
3	0.753	0.756	0.767	0.789	0.959	0.998	0.999	1	1
4	0.687	0.707	0.748	0.792	0.935	0.987	0.992	0.996	0.997
5	0.686	0.715	0.762	0.806	0.927	0.979	0.986	0.991	0.993
6	0.713	0.743	0.788	0.826	0.927	0.974	0.981	0.986	0.989
7	0.73	0.76	0.803	0.838	0.928	0.972	0.979	0.985	0.988
8	0.749	0.778	0.818	0.851	0.932	0.972	0.978	0.984	0.987
9	0.764	0.791	0.829	0.859	0.935	0.972	0.978	0.984	0.986
10	0.781	0.806	0.842	0.869	0.938	0.972	0.978	0.983	0.986
11	0.792	0.817	0.85	0.876	0.94	0.973	0.979	0.984	0.986
12	0.805	0.828	0.859	0.883	0.943	0.973	0.979	0.984	0.986
13	0.814	0.837	0.866	0.889	0.945	0.974	0.979	0.984	0.986
14	0.825	0.846	0.874	0.895	0.947	0.975	0.979	0.984	0.986
15	0.835	0.855	0.881	0.901	0.95	0.975	0.981	0.984	0.987
16	0.844	0.863	0.887	0.906	0.952	0.976	0.981	0.985	0.987
17	0.851	0.869	0.892	0.91	0.954	0.977	0.981	0.985	0.987
18	0.858	0.874	0.897	0.914	0.956	0.978	0.982	0.986	0.988
19	0.863	0.879	0.901	0.917	0.957	0.978	0.982	0.986	0.988
20	0.868	0.884	0.905	0.92	0.959	0.979	0.983	0.986	0.988
21	0.873	0.888	0.908	0.923	0.96	0.98	0.983	0.987	0.989
22	0.878	0.892	0.911	0.926	0.961	0.98	0.984	0.987	0.989
23	0.881	0.895	0.914	0.928	0.962	0.981	0.984	0.987	0.989
24	0.884	0.898	0.916	0.93	0.963	0.981	0.984	0.987	0.989
25	0.888	0.901	0.918	0.931	0.964	0.981	0.985	0.988	0.989
26	0.891	0.904	0.92	0.933	0.965	0.982	0.985	0.988	0.989
27	0.894	0.906	0.923	0.935	0.965	0.982	0.985	0.988	0.99
28	0.896	0.908	0.924	0.936	0.966	0.982	0.985	0.988	0.99
29	0.898	0.91	0.926	0.937	0.966	0.982	0.985	0.988	0.99
30	0.9	0.912	0.927	0.939	0.967	0.983	0.985	0.988	0.9
31	0.902	0.914	0.929	0.94	0.967	0.983	0.986	0.988	0.99
32	0.904	0.915	0.93	0.941	0.968	0.983	0.986	0.988	0.99
33	0.906	0.917	0.931	0.942	0.968	0.983	0.986	0.989	0.99
34	0.908	0.919	0.933	0.943	0.969	0.983	0.986	0.989	0.99

续上表

				α					
n	0.01	0.02	0.05	0.1	0.5	0.9	0.95	0.98	0.99
35	0.91	0.92	0.934	0.944	0.969	0.984	0.986	0.989	0.99
36	0.912	0.922	0.935	0.945	0.97	0.984	0.986	0.989	0.99
37	0.914	0.924	0.936	0.946	0.97	0.984	0.986	0.989	0.99
38	0.916	0.925	0.938	0.947	0.971	0.984	0.987	0.989	0.99
39	0.917	0.927	0.939	0.948	0.971	0.984	0.987	0.989	0.991
40	0.919	0.928	0.94	0.949	0.972	0.985	0.987	0.989	0.991
41	0.92	0.929	0.941	0.95	0.972	0.985	0.987	0.989	0.991
42	0.922	0.93	0.942	0.951	0.972	0.985	0.987	0.989	0.991
43	0.923	0.932	0.943	0.951	0.973	0.985	0.987	0.99	0.991
44	0.924	0.933	0.944	0.952	0.973	0.985	0.987	0.99	0.991
45	0.926	0.934	0.945	0.953	0.973	0.985	0.988	0.99	0.991
46	0.927	0.935	0.945	0.953	0.974	0.985	0.988	0.99	0.991
47	0.928	0.936	0.946	0.954	0.974	0.985	0.988	0.99	0.991
48	0.929	0.937	0.947	0.954	0.974	0.985	0.988	0.99	0.991
49	0.929	0.937	0.947	0.955	0.974	0.985	0.988	0.99	0.991
50	0.93	0.938	0.947	0.955	0.974	0.985	0.988	0.99	0.991

附表8　t 化分布极差统计量 $q_\alpha(r,f)$ 的分位数表

$\alpha = 0.10$

f \ r	2	3	4	5	6	7	8	9	10	15	20
1	8.93	13.40	16.40	18.50	20.2	21.50	22.6	23.6	24.50	27.60	29.70
2	4.13	5.73	6.77	7.54	8.14	8.63	9.05	9.41	9.72	10.90	11.70
3	3.33	4.47	5.20	5.74	6.16	6.51	6.81	7.06	7.29	8.12	8.68
4	3.01	3.98	4.59	5.03	5.39	5.68	5.93	6.14	6.33	7.02	7.50
5	2.85	3.72	4.26	4.66	4.98	5.24	5.46	5.65	5.82	6.44	6.86
6	2.75	3.56	4.07	4.44	4.73	4.97	5.17	5.34	5.50	6.07	6.47
7	2.68	3.45	3.93	4.28	4.55	4.78	4.97	5.14	5.28	5.83	6.19
8	2.63	3.37	3.83	4.17	4.43	4.65	4.83	4.99	5.13	5.64	6.00
9	2.59	3.32	3.76	4.08	4.34	4.54	4.72	4.87	5.01	5.51	5.85
10	2.56	3.27	3.70	4.02	4.26	4.47	4.64	4.78	4.91	5.40	5.73
11	2.54	3.23	3.66	3.96	4.2	4.4	4.57	4.71	4.84	5.31	5.63
12	2.52	3.20	3.62	3.92	4.16	4.35	4.51	4.65	4.78	5.24	5.55
13	2.50	3.18	3.59	3.88	4.12	4.30	4.46	4.60	4.72	5.18	5.48
14	2.49	3.16	3.56	3.85	4.08	4.27	4.42	4.56	4.68	5.12	5.43
15	2.48	3.14	3.54	3.83	4.05	4.23	4.39	4.52	4.64	5.08	5.38
16	2.47	3.12	3.52	3.8	4.03	4.21	4.36	4.49	4.61	5.04	5.33
17	2.46	3.11	3.50	3.78	4.00	4.18	4.33	4.46	4.58	5.01	5.30
18	2.45	3.10	3.49	3.77	3.98	4.16	4.31	4.44	4.55	4.98	5.26
19	2.45	3.09	3.47	3.75	3.97	4.14	4.29	4.42	4.53	4.95	5.23
20	2.44	3.08	3.46	3.74	3.95	4.12	4.27	4.40	4.51	4.92	5.20
24	2.42	3.05	3.42	3.69	3.90	4.07	4.21	4.34	4.44	4.85	5.12
30	2.40	3.02	3.39	3.65	3.85	4.02	4.16	4.28	4.38	4.77	5.03
40	2.38	2.99	3.35	3.6	3.80	3.96	4.1	4.21	4.32	4.69	4.95
60	2.36	2.96	3.31	3.56	3.75	3.91	4.04	4.16	4.25	4.62	4.86
120	2.34	2.93	3.28	3.52	3.71	3.86	3.99	4.10	4.19	4.54	4.78
	2.33	2.90	3.24	3.48	3.66	3.81	3.93	4.04	4.13	4.47	4.69

$\alpha = 0.05$

f \ r	2	3	4	5	6	7	8	9	10	15	20
1	18	27	32.8	37.1	40.4	43.1	45.4	47.4	49.1	55.4	59.6
2	6.08	8.33	9.8	10.9	11.7	12.4	13	13.5	14	15.7	16.8
3	4.5	5.91	6.82	7.5	8.04	8.48	8.85	9.18	9.46	10.05	11.2
4	3.93	5.04	5.76	6.29	6.71	7.05	7.35	7.6	7.83	8.66	9.23
5	3.64	4.6	5.22	5.67	6.03	6.33	6.58	6.8	6.99	7.72	8.21
6	3.46	4.34	4.9	5.3	5.63	5.9	6.12	6.32	6.49	7.14	4.59
7	3.34	4.16	4.68	5.06	5.36	5.61	5.82	6	6.16	6.76	7.17
8	3.26	4.04	4.53	4.89	5.17	5.4	5.6	5.77	5.92	6.48	6.87
9	3.2	3.95	4.41	4.76	5.02	5.24	5.43	5.59	5.74	6.28	6.64
10	3.15	3.88	4.33	4.65	5.91	5.12	5.3	5.46	5.6	6.11	6.47
11	3.11	3.82	4.26	4.57	4.82	5.03	5.2	5.35	5.49	5.98	6.33
12	3.08	3.77	4.2	4.51	4.75	4.95	5.12	5.27	5.39	5.88	6.21
13	3.06	3.73	4.15	4.45	4.69	4.88	5.05	5.19	5.32	5.79	6.11
14	3.03	3.7	4.11	4.41	4.64	4.83	4.99	5.13	5.25	5.71	6.03
15	3.01	3.67	4.08	4.37	4.59	4.78	4.94	5.08	5.2	5.65	5.96
16	3	3.65	4.05	4.33	4.56	4.74	4.9	5.03	5.15	5.59	5.9
17	2.98	3.63	4.02	4.3	4.52	4.7	4.86	4.99	5.11	5.54	5.84
18	2.97	3.61	4	4.28	4.49	4.67	4.82	4.96	5.07	5.5	5.79
19	2.96	3.59	3.98	4.25	4.47	4.65	4.79	4.92	5.04	5.46	5.75
20	2.95	3.58	3.96	4.23	4.45	4.62	4.77	4.9	5.01	5.43	5.71
24	2.92	3.53	3.9	4.17	4.37	4.54	4.68	4.81	4.92	5.32	5.59
30	2.98	3.49	3.85	4.1	4.3	4.46	4.6	4.72	4.82	5.21	5.47
40	2.86	3.44	3.79	4.04	4.23	4.39	4.52	4.63	4.73	5.11	5.36
60	2.83	3.4	3.74	3.98	4.16	4.31	4.44	4.55	4.65	5	5.24
120	2.8	3.36	3.68	3.92	4.1	4.24	4.36	4.47	4.56	4.9	5.13
	2.77	3.31	3.63	3.86	4.03	4.17	4.29	4.39	4.47	4.8	5.01

参考文献

[1] 谢邦昌. 抽样调查的理论及其应用方法[M]. 北京:中国统计出版社,1998.

[2] 冯士雍,倪加勋,邹国华. 抽样调查理论与方法[M]. 北京:中国统计出版社,2014.

[3] 阿兰·阿格莱斯蒂. 分类数据分析[M]. 齐亚强,译. 重庆:重庆出版社,2012.

[4] 保罗·C 科兹比,斯科特·C 贝茨. 心理与行为科学研究方法[M]. 张彤,译. 北京:机械工业出版社,2014.

[5] 诺曼·布拉德伯恩,希摩·萨德曼,布莱恩·万辛克. 问卷设计手册[M]. 赵锋,沈崇麟,译. 重庆:重庆出版社,2011.

[6] 罗纳德·扎加,约翰·布莱尔. 抽样调查设计导论[M]. 沈崇麟,译. 重庆:重庆出版社,2007.

[7] 柯惠新,丁立宏. 市场调查与分析[M]. 北京:中国统计出版社,2000.

[8] 魏丽英. 城市交通调查[M]. 北京:北京交通大学出版社,2014.

[9] 王建军,严宝杰. 交通调查与分析[M]. 北京:人民交通出版社,1997.

[10] 赵平. 定性数据的统计分析[M]. 北京:社会科学文献出版社,2014.

[11] 张尧庭. 定性资料的统计分析[M]. 广西:广西师范大学出版社,1991.

[12] Alan A. 属性数据分析引论[M]. 张淑梅,王睿,曾莉,译. 北京:高等教育出版社,2008.

[13] 茆诗松,周纪芗,陈颖. 实验设计[M]. 北京:中国统计出版社,2004.

[14] 陈希孺. 数理统计学简史[M]. 长沙:湖南教育出版社,2002.

[15] 王静龙. 定性数据分析[M]. 上海:华东师范大学出版社,2005.

[16] Hoaglin D C,Mosteller F,Tukey J W. 探索性数据分析[M]. 陈忠琏,郭德媛,译. 北京:中国统计出版社,1998.

[17] 王松桂. 线性模型的理论及其应用[M]. 合肥:安徽教育出版社,1986.

[18] 陈希孺. 广义线性模型(一)[J]. 数理统计与管理,2002,21(5):54-61.

[19] 陈希孺. 广义线性模型(五)[J]. 数理统计与管理,2003,22(3):56-63.

[20] Ben-Akiva M E,Lerman S R. Discrete choice analysis: theory and application to travel demand[J]. Journal of the Operational Research Society,1987(4):370-371.

[21] 何晓群. 多元统计分析[M]. 北京:中国人民大学出版社,2007.

[22] 王济川,郭志刚. Logistic 回归模型——方法与应用[M]. 北京:高等教育出版社,2001.

[23] 丹尼尔·鲍威斯,谢宇. 分类数据分析的统计方法[M]. 任强,巫锡炜,穆峥,赖庆,译. 北京:社会科学文献出版社,2009.

参考文献